LA RACE
SÉMITIQUE

PAR

THÉODORE VIBERT

PARIS

AUGUSTE GHIO, ÉDITEUR

PALAIS-ROYAL, 1, 3, 5, 7 et 11, GALERIE D'ORLÉANS

—

1883

Tous droits réservés.

LA RACE
SÉMITIQUE

OUVRAGES DE THÉODORE VIBERT

POÉSIES.

Les Girondins, poème en 12 chants, 3ᵉ édition...	1 vol.
Les Quatre Morts, poème. 7ᵉ édition	1 vol.
Rimes d'un vrai libre-penseur, poésies diverses	1 vol.
Martura, poème	1 vol.
Les Quarante, sonnets	1 vol.
Le Peuple, poème	1 vol.
Rimes plébéiennes, poésies diverses	1 vol.

ROMANS.

Edmond Reille	2 vol.
Le Conseiller Renaud	1 vol.

HISTOIRE.

I. Le Droit divin de la Démocratie	1 vol.
II. La Race Sémitique	1 vol.

Pour paraître :

III. La Race Chamitique	1 vol.
IV. Les Races primitives de l'Amérique	1 vol.

OUVRAGES DE PAUL VIBERT.

POÉSIES

Sonnets parisiens, 3ᵉ édition	1 vol.
— — (traduction en sonnets italiens).	1 vol.

POLÉMIQUE

La Démocratie Impériale	1 vol.
Arsène Thévenot, sa vie, ses œuvres	1 vol.
Affaire Sardou, mémoire à la Presse	1 vol.

THÉATRE

L'Affairé, traduction de L. Holberg, par A. Flinch et P. Vibert.	1 vol.

Paris. — Imp. de l'*Étoile*, BOUDET, directeur, rue Cassette, 1.

LA RACE SÉMITIQUE

PAR

THÉODORE VIBERT

PARIS

AUGUSTE GHIO, ÉDITEUR

PALAIS-ROYAL, 1, 3, 5, 7 et 11, GALERIE D'ORLÉANS

—

1883

Tous droits réservés.

AVANT-PROPOS

A MON FILS

Il n'est que juste, cher Paul, que je te dédie cette étude; tu m'as trop secondé dans mes recherches pour que ce témoignage de mon affection profonde pour toi ne te soit pas dû. Sans toi je n'aurais jamais pu me procurer les nombreux ouvrages que j'ai été dans la nécessité de consulter, soit pour les réfuter, soit pour appuyer la vérité qui, ici comme toujours, est l'objet de ma plus constante tendresse. Rien n'est difficile comme de déraciner les erreurs, qui ne sont pas ainsi que le croit le vulgaire, l'apanage du Peuple, mais bien des savants. Le Peuple, ignorant de ce que les sots appellent la science, se fie à ce que les docteurs lui enseignent, sans avoir ni le temps, ni le moyen de contrôler la vérité ou le mensonge des assertions des classes qui passent pour être plus instruites que lui, mais qui au fond n'en savent pas beaucoup plus, et n'ont de la science que la vaine apparence, absolument comme une statuette de zinc doré n'a que l'apparence d'une œuvre d'art en métal précieux.

Lorsque tu rencontreras le public sur ton chemin, dis-lui bien que mon livre, n'est pas une œuvre de savant, mais le cri de la conscience d'un honnête homme; j'ai en horreur les savants ; depuis que je suis sur cette terre, et il y a déjà bien longtemps, je leur ai entendu dire et vu faire tant de sottises, tranchons le mot, tant de bêtises[1], que, ma parole d'honneur, j'aimerais autant boire un bouillon en pleine mer, que de m'affubler du bonnet de docteur ; un instant, j'ai craint de le voir tomber sur ma tête, comme un éteignoir sur une lumière ; il me semblait que mes oreilles prenaient des dimensions anormales pour la race humaine, mais qui sieent si bien à la grande famille des docteurs, des licenciés et des bacheliers de toute couleur, de toute espèce et de tout format, qu'ils soient habillés en veau, en requin ou en peau d'âne ; mais il m'a suffi de jeter un coup d'œil sur un miroir pour être rassuré ! Non ! Dieu merci, je ne suis pas un savant ; je ne suis, et j'en suis fier, qu'un simple ami du peuple qui cherche à l'éclairer en s'éclairant lui-même.

Hélas ! le savant est resté aujourd'hui ce qu'il était hier : l'ignorance, la suffisance, l'intolérance, la pédanterie, la charlatanerie incarnée !

---

1. Je ne citerai que les niaiseries qui ont été débitées sur l'*âge de pierre*, ce dont les savants se seraient dispensés, *s'ils avaient su* que toute l'antiquité païenne avait usé d'armes et d'instruments de pierre, que même, certains alliés de Xerxès (480 ans avant Jésus-Christ) avaient combattu à Salamine avec de telles armes, (Hérodote, l. VII, LXIX) et que les Juifs opéraient la Circoncision avec des couteaux de pierre. (Exode, ch. IV, 25. — Josué, ch. V, 2.)

« Les sciences ne pouvaient guère être sans charlatanerie. On veut faire recevoir ses opinions ; le docteur profond veut régner seul. Chacun bâtit son système de physique, de métaphysique, de théologie scolastique, c'est à qui fera valoir sa marchandise. Vous avez des courtiers qui la vantent, des sots qui vous croient, des protecteurs qui vous appuient.

« Y a-t-il une charlatanerie plus grande que de mettre les mots à la place des choses, et de vouloir que les autres croient ce que vous ne croyez pas vous-mêmes ?

« L'un établit des tourbillons de matière subtile, rameuse, globuleuse, striée, cannelée, l'autre des éléments de matière qui ne sont point matière, et une harmonie préétablie qui fait que l'horloge du corps sonne l'heure quand l'horloge de l'âme la montre par son aiguille. Ces chimères trouvent des partisans pendant quelques années. Quand ces drogues sont passées de mode, de nouveaux énergumènes montent sur le théâtre ambulant ; ils bannissent les germes du monde, ils disent que la mer a produit les montagnes, et que *les hommes ont autrefois été poissons...* [1]. »

Ce pauvre M. d'Assier qui est convaincu qu'il descend d'une huître, doit être désolé de n'avoir pas inventé la poudre.

De ce passage de Voltaire je serai bien obligé de conclure que le patriarche de Ferney, le commensal de Frédéric le Grand, l'auteur *tant admiré de la pucelle*,

---

1. Voltaire, Dictionnaire philosophique, au mot Charlatan

ce chef-d'œuvre si patriotique et si moral, qui, à tant de titres, lui a mérité les honneurs du palais Mazarin et du Panthéon, a parfois, quand il s'oublie, du bon ; l'arsenic et l'aconit eux-mêmes, quand on sait s'en servir, ne produisent-ils pas des effets merveilleux en médecine ? Ce que dit des savants, des écrivains de son temps, le père putatif des libres-penseurs, peut encore malheureusement être dit des docteurs de notre époque et pourra probablement être attribué à tous ceux des âges à venir.

Une femme de beaucoup d'esprit, et que j'aime infiniment à ce titre, Madame Camille Delaville, a dit du *Droit divin de la démocratie* :

« M. Vibert dans son amour des *petits* (c'est un vrai chrétien, celui-là), croit que le peuple lira son excellent livre, *son contenu est un peu trop élevé pour être compris des illettrés*, mais sera apprécié de tous ceux qui se sont préoccupés des grandes questions sociales et de l'apaisement de notre Société enfiévrée, au point de vue de la religion tant discutée aujourd'hui...[1]. »

L'on comprendra toute ma désolation d'être obligé de contredire un aussi charmant écrivain, qui publie d'aussi jolies choses, mais en ce qui concerne les aptitudes du peuple, il se trompe : toutefois son erreur est bien pardonnable, car d'autres qui auraient dû le mieux apprécier, et dont le métier et la prétention sont de le connaître, se sont entièrement mépris sur son caractère. Je me souviens, à cette occasion, qu'un

---

[1]. *Presse* du mercredi 12 janvier 1881.

jour, il y a longtemps de cela, vers 1860, je me trouvais chez M. X..., *ouvrier poète*, qui avait, comme beaucoup de ses confrères, cru devoir adresser une pièce de vers à Hugo. Au moment même où j'entrais chez lui le facteur lui remettait une lettre du *Grand homme*; inénarrable joie, avant d'avoir ouvert l'enveloppe, mais quelle déception après avoir savouré la perle du poète : sur une feuille de *papier à chandelles*, il avait écrit avec une allumette :

« *Du poète au poète, de l'ouvrier à l'ouvrier, merci.* » Signé : V. Hugo.

Mon ami se mit dans une colère bleue : — « Ah ça, pour qui nous prend-il ? N'aurait-il donc pas pu acheter une feuille de *Bath*, à six liards le cahier, deux pour quinze centimes et une plume d'oie ou de fer à quatre pour un sou ? Cela ne l'aurait pas ruiné ! Il ne s'est guère mis non plus en frais d'imagination ; que diable a-t-il bien voulu dire ? Je n'en sais ma foi rien. *Du poète au poète*, je comprends cela, il est poète et moi aussi ; mais *de l'ouvrier à l'ouvrier*, je ne comprends pas. Si je suis ouvrier, il ne l'est guère avec ses deux ou trois cents mille francs de rente; il n'a cependant pas dû vouloir se moquer de moi ?

« Pourquoi ce style de Pythonisse ou de Sibylle ? je jette ma langue aux chats ; j'ai pourtant été bien poli avec lui. Ah ! On voit bien que je ne suis qu'un ouvrier, et dire que j'avais mis huit jours à lui ciseler une jolie pièce de vers, que je l'avais écrite de ma plus belle encre, avec ma meilleure plume, sur du magnifique papier de Bristol ! Et lui me répond avec une allumette, sur du papier à chandelles ; nous serons toujours des niais, nous traitons ces gens-là comme des princes, mais eux nous traitent comme des voyous ! » —

Je me vis dans la nécessité de calmer mon ami, l'ouvrier poète, et de plaider en faveur du vieux vicomte et ancien pair de France, les circonstances atténuantes. Dieu ! à quelle extrémité est-on parfois réduit dans la vie.

— « Bah ! s'écria le chansonnier un peu apaisé et dont la verve et la note gaie reprenaient le dessus, après tout, c'est un autographe et cela vaudra toujours bien quarante sous. » —

Le peuple, je veux dire la masse intelligente de la nation, qui travaille pour vivre et élever sa famille, est fier, courageux, honnête et a droit à tous nos respects, il aime à étudier les grandes questions, les problèmes ardus ; il est apte à tout apprendre. Si, pour un grand nombre de ses enfants, vous mettiez dans leur main une plume en place du rabot, de la truelle ou du marteau, ils raisonneraient certainement mieux dans les journaux que la plupart des écrivains de profession. Mais s'il conçoit aisément, il n'aime pas qu'on le trompe et que l'on se moque de lui.

Il est au savant ce que la terre à modeler naturelle est à la terre cuite : il est susceptible de toutes les empreintes ; le savant, lui, comme la terre cuite, conserve rigide, éternellement *incorrigeables* les faux plis, les vices de forme de l'empreinte d'avant la cuisson, augmentés des boursoufflures, des défauts causés par la chaleur. Tant mieux, si l'artiste qui l'a formé était habile et n'a pas fait un être pédant, ignare ou monstrueux et si la cuisson ne l'a pas trop déformé et ne lui a pas donné de coups de feu, car le mal est sans remède ; tant qu'il ne sera pas brisé et jeté à la voirie, il conservera les preuves de l'ineptie du potier et du chauffeur qui en auront fait un être ridicule. Comme un vieux pot, il gardera jusqu'à la mort sa forme grotesque; bien heureux encore si le temps ou l'usage ne l'a pas fêlé.

Cher fils, tu le sais, toi, le confident de mes intimes pensées, voué depuis ma jeunesse à l'instruction du prolétaire, dont le but constant a été de semer dans l'âme du petit les idées vraies, patriotiques, nobles, grandes, saines, justes, morales et religieuses, je me suis dans cet ouvrage, comme dans tous les précédents et notamment dans le *Droit divin de la démocratie*, efforcé d'être à la hauteur du Peuple : je sais qu'il ne parle ni grec, ni hébreu, nisanscrit, ce dont je le félicite, aussi, toutes les fois que j'ai été forcé d'employer des mots de langues dont l'alphabet est différent du nôtre, je les ai écrits avec les lettres latines.

Mais je n'ai pas craint d'aborder les questions les plus graves, convaincu que je suis que le Peuple est digne et capable de tout comprendre : jamais le mensonge n'est sorti de ma bouche ; à l'encontre du *grand apôtre du mensonge*, l'académicien Renan, je crois que celui qui sciemment trompe le Peuple, devrait être chassé de la République comme un être indigne et dangereux.

Et certes depuis Voltaire, ce roi de la libre-pensée,

ceux qui ont attaqué la Bible ne se sont pas fait faute de mentir, comme on le verra dans le corps de cet ouvrage : mais ici nous ne voulons citer qu'un seul mensonge du grand maître, afin de bien établir qu'il n'y a aucune foi à avoir dans les ennemis de la religion ; au mot *impuissance*, il dit dans son dictionnaire philosophique :

« La loi juive permettait au mari de renvoyer celle de ses femmes qui lui déplaisait, sans spécifier la cause.

« Si elle ne trouve pas grâce devant ses yeux, cela suffit ».

« C'est la loi du plus fort, c'est le genre humain dans sa pure et barbare nature. » Et pour qu'il n'y ait pas d'erreur sur son mensonge il cite effrontément, en note, le Deutéronome, ch. XXIV, V, I. — Eh bien Voltaire a impudemment et sciemment menti. En effet voici ce que dit la Bible au verset cité par le philosophe :

« Quand quelqu'un aura pris une femme, et qu'il sera marié avec elle, *s'il arrive qu'elle ne trouve pas grâce devant les yeux de cet homme-là, parce qu'il aura trouvé en elle quelque chose d'infâme*, il lui écrira une lettre de divorce et la lui ayant mise entre les mains, il la renverra hors de sa maison. »

Si acceperit homo uxorem, et habuerit eam, *et non invenerit gratiam ante oculos ejus propter aliquam fœditatem* : Scribet...

Ainsi, *il ne suffit* pas que la femme cesse de trouver grâce devant les yeux du mari pour qu'il puisse la répudier, il faut encore que cette femme ait commis *quelque chose d'infâme*. Donc Voltaire est un impudent menteur, ce que tout le monde sait du reste, mais ce qu'il fallait prouver pour éclairer le Peuple.

Il faut croire que les livres de Moïse sont un monument bien invulnérable pour que le roi des philosophes ait cru ne pouvoir le saper efficacement que par le mensonge.

Depuis le jour où l'amour du peuple anima ma plume de son souffle fraternel, j'ai reçu des milliers de lettres ; des centaines d'articles de journaux ou de revues ont été, dans le monde entier, écrits sur mes ouvrages, le plus grand nombre a applaudi avec enthousiasme à mes efforts ; quelques-uns m'ont prodigué la seule chose apparemment que leur âme pouvait distiller, le sarcasme et l'injure.

J'ai naturellement voué une reconnaissance éternelle aux premiers, non pour moi, qui ne suis qu'une unité dans la grande famille humaine, mais pour le Peuple dont je défends les droits sacrés [1].

Quant aux autres, si les injures qu'ils ont débitées ont caressé agréablement leurs lèvres, chatouillé voluptueusement leurs narines, grand bien leur fasse ; il

---

1. Parmi les hommes de cœur et d'intelligence qui ont encouragé mes travaux, je dois mettre en première ligne les membres du comité de la Société nationale d'encouragement au bien, et notamment M. Honoré Arnoul, son secrétaire général, et M. Giraud, député, son président.

Les trois médailles d'honneur qu'ils ont bien voulu accorder à mes ouvrages sont la plus douce récompense de mes labeurs. Je les en remercie chaleureusement au nom de la cause que je défends.

est de certains animaux qui se délectent dans l'ordure, on ne doit pas leur en vouloir, c'est leur nature qui le veut ainsi. Pour moi je suis loin de les en blâmer ; leur colère n'a certes pas été, en ce qui concerne ma ligne de conduite, sans valeur, elle m'a fait comprendre que j'étais dans le vrai, et que j'avais touché fortement la corde sensible ; autrement elle n'aurait pas résonné avec tant de vigueur, ni avec tant d'âpreté.

Celui qui se voue tout à la fois, à la défense du Peuple et de la Religion, ces deux termes du binôme humain, qui ne peuvent sur ce globe aller l'un ennemi de l'autre, sans que la nation périclite, et que des politiques à courte-vue s'efforcent toujours en vain de séparer, a naturellement contre lui tous ceux qui exploitent le Peuple. Il doit s'attendre à toute leur colère, mais il lui faut, impassible, suivre son chemin sans s'inquiéter des injures ou des criailleries de quelques énergumènes ; car le Peuple n'est jamais ingrat, il n'abandonne et ne conspue que ceux qui l'ont trompé ou jeté dans une fausse voie ; et jamais, tu le sais bien, toi, le mensonge n'a effleuré de son aile de chauve-souris, mes lèvres ou ma plume.

Parmi les articles et les lettres qui ont applaudi à mes travaux et souri à mes efforts, articles et lettres émanés des plus grandes intelligences de ce temps ou de l'âme fraternelle et naïve de simples prolétaires, il n'en est aucune qui m'ait autant captivé que celle qu'un ouvrier horloger de Paris, il y a juste vingt ans, mais qui semble écrite d'hier tant les questions qu'elle traite sont palpitantes à l'heure qui sonne au cadran politique, a adressée à un excellent poète de ses amis à l'occasion de la publication de mes *Girondins*. Elle est d'une telle actualité et prouve à un tel point que le Peuple de Paris, aussi bien du reste que celui de toute la France, est capable de discuter les problèmes qui intéressent son existence et que l'on peut sérieusement raisonner avec lui, que je n'hésite pas à te la rappeler ici afin que tu puisses la mettre sous les yeux de la classe ouvrière :

Lettre à mon ami Emile D..., sur le poème de M. Théodore Vibert.

Mon cher poète,

« Zoïle à ce qu'il paraît n'aime pas le poème [1] aime-t-il mieux la préface ?... J'en doute !... moi, je ne suis pas aussi savant que Zoïle ; j'aime assez la préface, mais je préfère le poème... Cela tient peut-être à ce que l'une n'est qu'en prose, tandis que l'autre naturellement est en vers... Quoi qu'il en soit, je crois y voir la preuve que M. Th. Vibert est véritablement poète. Car les poètes parlent presque toujours mieux en vers qu'en prose... Si je préfère le poème, ce n'est pas que je dédaigne la préface, oh non ! je n'ai pas fermé les yeux sur les saillies, la verve et le tour malicieux qui s'y trouvent ; et certes en dégustant cette préface on doit penser que M. Vibert n'est pas un mauvais avocat ! mais en lisant le poème, je trouve qu'il est encore meilleur poète.

1. Le poème des *Girondins*.

« Dans cette préface qui fourmille d'idées originales, il y a bien certains points sur lesquels je ne serai pas de l'avis de M. Vibert ; je ne discuterai pas sur la monarchie démocratique et sur la République aristocratique, sur le pouvoir temporel, etc., et bien d'autres questions délicates.

« Il faudrait les ailes d'un aigle pour suivre M. Vibert dans des régions aussi élevées !... et encore je ne m'y fierais pas !... Je craindrais de me perdre dans le vague des discussions à perte de vue... que dis-je ?... C'est plutôt à perte de temps qu'il faudrait dire, puisque nous perdrions chacun notre temps à vouloir mutuellement nous convaincre. Et puis je ne suis pas de force à lutter avec la vélocité des évolutions du style... Ça tourne !... ça tourne... c'est comme la canne d'un tambour maître !... il ne fait pas bon de s'y frotter... Cependant il y a un certain coup de canne que je voudrais parer... Mais ce sera au moment où M. Vibert y pensera le moins... En attendant quittons la préface et parlons du poème... Mais j'y reviendrai !...

« C'est toujours à vous, mon cher E..., que je m'adresse, je n'ai pas l'honneur de connaître M. Vibert, et avec vous je pourrai garder mon franc parler, mais soyez assuré que je tâcherai d'être juste et impartial... les éloges et les critiques que vous allez lire, sont l'expression sincère de ma pensée sur l'ouvrage de M. Th. Vibert.

« Il est malheureux pour l'auteur d'avoir publié cet ouvrage dans un temps où l'on s'occupe si peu de poésie et encore moins de poème en douze chants... Dans un temps plus favorable, cet ouvrage eut fait la gloire et peut être la fortune de son auteur, dans un temps pareil à celui où Lamartine et Hugo jetaient tant d'éclats à leur aurore, M. Th. Vibert aurait eu sa part de gloire et de renommée littéraire!... On ne peut pas choisir son époque et M. Vibert a bien fait de ne pas attendre!... et cependant qui sait si un souffle poétique ne viendra pas reposer nos âmes, calmer nos esprits, et apporter une trêve à notre effervescence politique !

« Honneur à ceux qui, ainsi que M. Vibert, et comme vous particulièrement, ont conservé leur confiance, et travaillent en espérant des temps moins positifs et moins calculateurs ! Moi j'oserai dire que M. Vibert, tout en méritant des éloges sincères de ma part, n'a pas pris un bon chemin.

« En effet, est-ce avec un ouvrage, très bien exécuté d'ailleurs, mais essentiellement politique, qu'on peut arriver au but dont je parle ?... Bien au contraire !... Mais ce n'est pas là le but que M. Vibert se propose, son but n'est pas aussi ambitieux, c'est seulement celui d'être lu par le petit nombre de ceux qui ont encore le feu sacré ; à tous les poètes bons ou mauvais il fait parvenir son livre, c'est ce qui fait que vous, mon cher E..., vous, un véritable poète, vous m'avez confié à moi, qui ne le suis guère, un ouvrage dont je sais toutefois apprécier tout le mérite !... Je vous remercie tout en félicitant M. Vibert de s'être adressé à vous : il pouvait tomber plus mal !...

✶✶

« Maintenant je vais vous parler du travail.

« En général tout le travail m'a plu, et un bon nombre de passages ont excité mon admiration. Les tableaux, les descriptions, une surtout, celle de l'orgie dans l'église qui est tracée de main de maître ; mais celle qui m'a charmé le plus, c'est celle dans le chant dixième, pages 231 et suivantes, c'est un paradis terrestre !...

« Il y en a bien d'autres que je pourrais citer, mais ce serait trop long, pourtant je ne veux pas passer sous silence la description des enfers, je ne connais pas le Dante, mais je crois qu'il ne peut avoir fait mieux, je citerai encore la scène de Brutus avec Chabot, où le maître est obligé d'obéir au valet, qui me semble digne de nos meilleures comédies, etc. etc., dans ce poème, une foule de vers harmonieux, hardis, expressifs, et vrais pourraient être cités comme modèles.

« Oui, je reconnais un talent réel, et c'est pourquoi je me suis fait la question suivante :

« Pourquoi dans les deux premiers chants se trouve-t-il quelques rares imperfections ? Avec un peu de travail, les petits défauts auraient pu disparaître, et le poème eut été un chef-d'œuvre complet. M. Vibert qui est plus savant que moi et d'autres, puisqu'il est avocat, a bien pu s'apercevoir de ces petits délits, pourquoi les avoir laissés ? J'en parle parce que c'est dommage pour cette belle œuvre.

« C'est peut être à cause de cela que le poème n'est pas aimé de Zoïle. Moi, je lui dirai : Mon bon monsieur Zoïle, un fruit peut être beau et bon quoiqu'ayant quelques taches, moi, j'avoue que je serais honteux de citer les fautes dont je parle, elles sont si rares et si faibles, ce serait être trop vétilleux ! J'aime mieux admirer les dix derniers chants qui sont irréprochables et dire à M. Théodore Vibert : Très bien ! très bien !... J'arrive, mon cher Emile, à vous parler de la pensée du poème : Ah ! dame ! nous ne sommes plus d'accord avec M. Th. Vibert... Nous dire dans un poème en douze chants, et le bien dire en très beaux vers, que Marat et Robespierre, etc., sont des monstres, c'est très bien ! mais ce n'est pas neuf...

« Il y a si longtemps qu'on le dit et qu'on nous le chante, que nous sommes bien forcés de le croire ; mais nous en avons les oreilles rebattues !... à cet espèce d'axiome, beaucoup et la plupart diront :

« C'est vrai ! » moi, je dirai : Je n'en sais rien !... Dirai-je que Napoléon Ier est un monstre ? Parce que des milliers d'hommes sont restés sur le champ de batailles ?... Oh ! non.

« J'admire le grand homme, malgré le sang versé, car c'était pour la France ? Qu'est-ce donc quelques centaines de victimes de nos discordes, auprès des milliers de braves qui n'ont jamais revu leurs foyers ? On est rarement juste dans les sujets historiques, on considère les faits avec une lorgnette, on regarde par le gros ou le petit bout selon que l'on veut diminuer ou grossir les faits, afin qu'ils soient conformes à notre opinion personnelle... Un mystère plane sur l'histoire au sujet des malheureux désordres de la terreur ; moi je ne crois pas que ce soit la soif du sang qui ait poussé les terroristes à cette extrémité. J'aime mieux croire que c'était dans l'intérêt du pays, intérêt mal compris à cause du vertige qui s'empare des esprits dans des pareils moments, et qui, alors se manifestait d'une manière déplorable [1]!... que l'on se reporte en esprit à cette époque désolée, que verrons-nous?...

« Le peuple affamé, abruti par la misère, et qui ayant reconquis quelques droits est obligé de les défendre... La France presque ruinée, incessamment minée par les conspirations du dehors et du dedans... Des armées nombreuses à repousser... Des provinces entières à délivrer, car de tout côté la France est envahie... La France est à deux doigts de sa perte... La France est sur le point d'être... partagée!... à ce tableau nous sentons bouillir notre sang et nous comprenons que dans des circonstances aussi malheureuses, il a fallu se soumettre à des nécessités à jamais regrettables!... c'est alors qu'il fallait une grande âme douée des sentiments les plus patriotiques pour assumer sur sa tête une responsabilité aussi grande, et braver les reproches des générations futures, et dire :

« Je voue mon nom à l'infamie! à la réprobation des siècles, mais au moins, la France sera sauvée!... Voilà, mon cher Emile, voilà je crois le mobile des grands crimes de la terreur... à ce point de vue, les monstres ne sont plus aussi noirs qu'ils nous sem-

---

1. Hélas! l'intérêt du pays entre pour bien peu de chose dans la conduite des ambitieux. Leur intérêt personnel est le seul mobile qui les fait agir, qu'ils s'appellent Robespierre ou Napoléon.

blaient d'abord, on est tenté de les plaindre et peut-être de les admirer tout en les maudissant... et puisqu'il faut les condamner, on leur doit au moins la faveur des circonstances atténuantes.

« Nous devons être humains même avec les monstres [1] et ce n'est pas à nous d'être moins clément que Dieu !... Qui sait si Dieu, dans sa grande justice, n'a pas été indulgent pour eux, à cause de leur intention et leur dévouement à la cause du peuple ?

« Dieu n'a pas une justice à courte-vue comme la nôtre, parce qu'il connaît notre âme, notre conscience et nos plus secrètes pensées.

« Peut-être leur a-t-il pardonné, comme il a dû assurément pardonner à Charlotte Corday... j'ai lu un ouvrage où on la représente comme une héroïne mais aussi Marat est dessiné comme un héros...

« Je regrette que M. Vibert n'ait pas eu cette impartialité... les hommes ont tous des vertus et des vices, pourquoi donner toutes les vertus aux uns et tous les vices aux autres ?...

« Pourquoi d'ailleurs, rapetisser les grandes figures de cette grande époque qui a eu tant d'influence sur les destinées de l'Europe ? Quel avantage peut-on tirer pour la France de crier à l'Univers qu'elle a enfanté des monstres ?... Ah ! si j'avais le talent de M. Vibert et qu'il me soit donné d'écrire sur cette grande page de notre histoire, tout en les déplorant, je voilerais les

---

1. Oui, nous devons être humains même avec les monstres, mais nous devons surtout être juste et les flageller comme ils le méritent, car l'avenir de la République et de la Patrie en dépend.

crimes de ces hommes sous de grandes vertus, et cela non pas pour satisfaire à une opinion personnelle, mais seulement pour l'honneur de la France !... A ce que je viens de dire, on peut répondre : que ce ne sont pas les crimes de la terreur qui ont sauvé la France. Mon intention n'est pas de soutenir cette thèse, peut-être soutenable, je n'ai seulement voulu qu'indiquer une des ressources dont on peut user d'une manière impartiale dans tout poème ou la fiction est admise. D'ailleurs, cette hypothèse est peut-être vraie, en tout cas, elle est plus noble et plus naturelle ! Le dévouement à la Patrie n'est-il pas un mobile plus acceptable en cette occasion que la soif du sang ?... Et il y avait là des scènes pathétiques qui n'auraient pas déparé le poème de M. Vibert.

« Reposons-nous un peu, mon cher Emile, quittons un instant ces belles phrases ! et parlons d'autre chose... Vous savez ce que c'est que la Cabaliste ?... Oui, eh bien ! Dans ces luttes parlementaires qui se terminaient par l'échafaud, dans ces rivalités entre Girondins et Montagnards, entre Thermidoriens et Jacobins, je vois les funestes effets de la Cabaliste... Vous le savez : dans toute société non organisée, la Cabaliste ne produit que du désordre ; jugez alors, au milieu du chaos de la révolution, quel désordre cela devait faire ! Si vous en doutiez, je vous rappellerais nos petites réunions d'autrefois où les rivalités s'enflammaient jusqu'à la haine, malgré l'unité du but... Nous avons beau nous en garder, la Cabaliste est plus forte que notre raison, car elle est un des ressorts que Dieu a mis dans notre âme... Mais je vous parle de Cabaliste et M. Vibert ne s'en occupe guère... Alors je reprends au sujet de Robespierre et Marat en redisant qu'il y a mystère, incertitude... M. Vibert lui-même est-il bien éclairé? J'en doute, si j'ai bien compris, il donne à penser que les terroristes ont été des instruments dont les Bourbons se servaient pour reconquérir leur trône...

« M. Vibert n'y pense pas, car alors, les Bourbons seraient de bien grands coupables qui auraient pris des moyens odieux pour arriver à leur but, et on aurait tort de charger seuls les terroristes d'une responsabilité dont les Bourbons pourraient revendiquer une bonne part. Oh! non, j'estime assez les Bourbons pour ne pas partager l'idée de M. Vibert à ce sujet; je crois que dans ces circonstances, ils se seraient plutôt adressés aux Girondins [1] :

« Dans tout cela, je le répète, il y a incertitude et pour rester dans le vrai, j'aime mieux redire mon mot : Je n'en sais rien... ici, on doit observer que dans les luttes des partis, bien des calomnies font fortune en prenant des airs de vérité. De nos jours, n'avons-nous pas eu une calomnie absurde qui a été reçue, redite et répétée comme une vérité réelle. Les socialistes sont des partageux... M. Vibert lui-même à l'air d'y croire. Que sera-ce donc quand cet axiôme sera redit et répété

---

1. L'auteur des Girondins n'a pas attaqué les Bourbons, il s'est emparé de la légende, voilà tout ; et ce qui se passe aujourd'hui, au sujet des bombes de l'affaire de Montceau-les-Mines et de la Roche-Servière, prouve qu'il était dans le vrai.

aux ignorants. Aussi le mot a fait son chemin! Dans notre Société aveugle et menteuse, la vérité reste dans son puits, mais dites une calomnie, elle est accueillie par le plus grand nombre, sans examen, les bonnes gens la répète de bonne foi... C'est ce qui fait que M. Vibert a dit :

« Le *socialisme* n'en veut qu'à notre bourse... » J'ai connu des socialistes et vous aussi, je pense, nous ne nous sommes jamais aperçu de leurs mauvais procédés envers notre bourse. Mais peut-être M. Vibert a-t-il des raisons que j'ignore pour s'en plaindre, en ce cas je le remercie de cet avertissement ; je prendrai des précautions si j'ai le malheur d'en rencontrer... Mais je crois que ces craintes sont chimériques ; j'ai lu, dans le temps, des ouvrages traitant de la science sociale et je puis affirmer que M. Vibert se trompe... Je lui conseille de mieux étudier cette question afin de parler plus juste à cet égard. M. Vibert y verra que les vrais socialistes n'en veulent à la bourse de personne. Ils ont la manie de trouver que tout n'est pas pour le mieux, ils ont la folie de croire que si on appliquait leurs théories et que si on les mettait en pratique, il n'y aurait plus de guerres, de mensonges, de misère et de crimes !... Et que l'on pourrait supprimer les abus en faisant le bonheur de tout le monde. J'admettrais tout au plus avec M. Vibert, que ce sont des rêveurs, des fous, des utopistes... Mais non pas ce qu'il a l'air d'en dire... Voilà le coup de canne paré...

« Voilà, mon cher Emile, voilà en abrégé, écrit à la

hâte et très mal dit, les réflexions qui me sont venues à la lecture du poème de M. Th. Vibert. Un mot pour finir ; nous devons déplorer les malheurs de notre Révolution, d'abord parce qu'ils étaient d'une injustice brutale, mais aussi parce que l'on a trop longtemps exploité les excès, pour en tirer des conséquences contre son but qui était en tout louable... On fait semblant d'oublier que cette Révolution, ce n'est pas tout le peuple qui l'a faite, que les abus, les injustices dont il avait été si longtemps victimes, on peut dire avec vérité que c'est le manque de justice et de charité des grands envers les petits, qui a amené le manque de justice et de charité des petits envers les grands.

« Je crois avoir été impartial autant qu'on peut l'être dans ces sortes de discussions... j'aurais fait passer le cortège des iniquités révoltantes dont le peuple était abreuvé, j'aurais pu en tirer quelques conséquences qui auraient pu en quelque sorte, justifier les excès de la colère et relever des noms que l'on réprouve .. Mais ne récriminons pas... Acceptons les faits accomplis et n'excitons pas de haine, afin qu'ils ne se renouvellent plus... La France est dans une bonne voie d'ordre et de progrès ! Ayons confiance en Dieu !... Espérons et souhaitons que son règne de justice et de vérité s'accomplisse ! »

Paris, décembre 1862.

Cette lettre, à laquelle je n'ai absolument rien changé et que j'ai reproduite dans tous ses développements naïfs, est intéressante à plusieurs points de vue : en premier lieu, ainsi que je l'ai dit précédemment, elle prouve que le Peuple est capable non-seulement de saisir les questions sociales les plus ardues, mais de raisonner sur ces mêmes problèmes ; il en remontrerait à beaucoup d'écrivains qui s'imaginent que le destin leur a donné la mission d'instruire seuls les classes prolétaires. Aussi suis-je surpris de ce qu'à dit un auteur à ce sujet :

« Quant à s'élever à la compréhension des fatalités économiques sous lesquelles ils fléchissent (les ouvriers), cela leur serait absolument impossible.

« Dépourvu d'instruction, n'éprouvant pas même le désir de rien savoir en dehors de l'apprentissage de leur métier, voués à l'abjection, aux mœurs crapuleuses, ni plus ni moins que les riches oisifs, ayant perdu jusqu'au sentiment de la dignité humaine, ces malheureux ne voient qu'un seul moyen de réagir contre le mal qui les étreint : *la révolte brutale*[1]. »

Celui qui a avancé cette contre-vérité et ce tableau peu flatté des classes ouvrières, est pourtant un écrivain qui n'est pas dénué de valeur et qui s'intéresse, du moins je le crois, sincèrement au bien-être des prolétaires ; mais il ne connaît pas le Peuple et il le calomnie inconsciemment.

---

1. Emile Chevalet, *La Question sociale*, II, ch. III. M. Sarcey, dans le *XIXe Siècle* du 5 décembre dernier, dit que cet écrivain est un ancien ouvrier. Si cela est vrai, son volume tout entier est une protestation énergique et flagrante contre son assertion que le Peuple est absolument inhabile « *à s'élever à la compréhension des fatalités économiques.* » Après cela il est peut-être ouvrier à la façon d'Hugo.

L'ouvrier, répétons-le encore, est capable de comprendre toutes les questions, tous les problèmes qui intéressent son sort. Il n'a pas toujours le temps de s'en occuper sérieusement, et il est circonvenu par une oule d'ambitieux qui font leur possible pour l'entraîner à l'assaut de la société afin de renverser le gouvernement du jour, à leur profit.

Le Peuple sait tout cela, mais avouez qu'il lui faut une forte dose de philosophie, dans la situation pénible où il se trouve, pour ne pas se laisser tenter par ceux qui font miroiter à ses yeux le mirage de la fortune acquise par le bouleversement. De lui-même, il ne fera jamais une révolution, il n'en a pas les moyens. Il ne marche que lorsqu'il est lancé par une partie de la bourgeoisie qui, avant le mouvement, le flatte, le cajole, lui promet monts et merveilles, et qui lorsqu'elle a obtenu l'objet de ses convoitises, qu'elle est repue et qu'il crie, lui, par ses millions de bouches : J'ai faim ! trouve qu'il est bien gourmand. Le Peuple sait par expérience que les révolutions étant préparées dans un intérêt qui n'est pas le sien, sont fatalement faites à son détriment ; puisqu'elles brisent entre ses mains l'instrument avec lequel il gagne le pain de sa femme et de ses enfants ; il ne sait que trop qu'on se sert de lui, mais qu'on ne le sert pas et il est convaincu qu'il reste après chaque révolution aussi misérable qu'avant.

D'un autre côté, cette lettre jette une lueur sur les jugements trop indulgents que la classe ouvrière porte sur les faits de certains acteurs de la grande

Révolution, dont le philosophe est forcé de condamner les agissements farouches et sanguinaires, en même temps que désastreux pour la Patrie et pour l'idée républicaine qu'ils s'arrogeaient despotiquement le droit de défendre.

Robespierre, Marat, Couthon et vingt autres sont inexcusables d'avoir fait couler le sang. Jamais je n'admettrai que la raison d'Etat, d'où qu'elle émane, d'un roi, d'un empereur, d'un président, d'un stathouder, d'un consul ou d'une chambre, puisse autoriser des crimes. Verser le sang innocent sera éternellement à quelque point de vue qu'on se place de l'horizon social, la plus pernicieuse des politiques, en même temps qu'elle s'attirera toujours la réprobation des honnêtes gens. Mais de plus, je nie qu'il fût utile pour le Pays et même pour le Peuple de faire tomber une seule tête et à plus forte raison de commettre toutes les infamies qu'enfanta la fatale année de Quatre-Vingt-Treize.

Je vais même beaucoup plus loin :

Si la République qui, en principe, est incontestablement le plus beau, le plus juste, le plus vrai, le plus parfait de tous les gouvernements, a tant de mal à s'enraciner chez nous, cela tient aux terribles souvenirs que cette année néfaste a semés dans l'esprit de la nation. Si, comme l'a dit Montesquieu, cette admirable forme gouvernementale a, plus que toute autre, besoin pour être mise en pratique, de vertu, pourquoi conspuer la Religion, cette unique source de vertu et loin de laquelle cette même vertu n'est plus qu'un vain nom [1] ?

---

1. Si au lieu de poursuivre des moines inoffensifs, M. Gambetta,

Vois combien ce que je dis est empreint du sceau de la vérité, aussitôt que quelque parti anarchiste fait craindre par ses agissements son accession au pouvoir, les yeux de la Patrie se tournent effarés vers ce phare

qui n'était pourtant pas sans talent politique, et dont le projet de réforme judiciaire, bien qu'incomplet, et dirigé plutôt contre les hommes que contre les abus, renfermait certainement de bonnes idées, avait poursuivi sérieusement les réformes, il n'aurait pas mécontenté la partie saine et éclairée de la population, sans pour cela satisfaire les exaltés : (Chevalet, l'Evangile du prolétaire, p. 279.) Et M. Félix Pyat, l'implacable logicien a malheureusement trop raison quand il dit :

« Or, des hommes, à Montceau-les-Mines, ont imité ces fonctionnaires, ils ont supprimé sur les routes ce que l'on trouvait mauvais dans les écoles et dans les cimetières, et, au lieu de leur accorder les mêmes récompenses qu'à ces fonctionnaires, on les met en prison alors qu'on aurait dû tout au plus les réprimander pour excès de zèle. »

(Salle Rivoli, 11 décembre 1882. *Liberté* du 12 du même mois).

Que voulez-vous en effet que pense et que fasse le Peuple, quand l'exemple lui est donné de si haut ? On a condamné les coupables. C'est bien, ils le méritaient sans doute, mais que de circonstances atténuantes à leurs crimes. A toute politique qui peut diviser les citoyens entr'eux, la République démocratique préfèrera toujours les mesures qui diminueront la misère du prolétaire. Mieux vaudrait assurément donner du pain à cent mille pauvres affamés que d'*embêter* mille citoyens, quand on aurait pour soi les meilleures lois du monde, ce qui n'est pas prouvé.

Ce serait là du bon républicanisme démocratique, en même temps que cela serait loin d'être contraire à la *Liberté*, à l'*Egalité* à la *Fraternité*, qui doivent toujours régner seules dans une démocratie.

Ventre affamé n'a pas d'oreilles, dit le proverbe ; bien plus vrai serait-il de dire : *ventre rassasié n'a pas de bouche* : autrement dit plus la masse des heureux est grande, moins les gouvernements, quels qu'ils soient, ont à craindre.

Il y a donc sagesse à satisfaire ceux qui ont faim et à ne pas trop tourmenter les autres. La République ne s'en portera pas plus mal.

✸✸✸

sanglant de Quatre-Vingt-Treize qui projette jusqu'à nous, à travers les dernières années du siècle passé, une sinistre lueur ; et les citoyens les moins timorés se demandent avec anxiété si la République ne finira pas par sombrer dans le despotisme.

Quatre-Vingt-Treize fait autant de mal à l'idée républicaine que la Saint-Barthélemy en a fait jadis à l'idée royaliste et que l'inquisition en a fait à l'idée religieuse. Tout vrai républicain devrait repousser loin de lui tout ce qui peut être soupçonné de mener à la tyrannie de quelque nom qu'on l'appelle. Cher fils, dis bien aux ouvriers, nos amis, que s'ils veulent sauver le gouvernement de leur choix, d'une troisième catastrophe, qui pourrait emporter la France avec elle, il faut de toute nécessité qu'il soit humain, paisible, pacifique, laborieux, franchement et sincèrement libéral,

Et je suis persuadé que si M. Gambetta n'était pas mort de sa blessure, il eût été convaincu de cette vérité, que l'amour du Peuple — et par Peuple j'entends ici toutes les classes de la société — est le seul que doive rechercher un homme d'Etat digne de ce nom, que ce n'est pas toujours la robe du moine la plus dangereuse, et qu'un homme d'Etat complet n'a pas le droit de professer l'athéisme. Si M. Gambetta avait en lui toutes les qualités qui font le Tyran, il était loin de posséder celles qui sont indispensables à l'homme d'Etat, et son discours de Romans a été un cri de guerre et non un programme politique, on ne gouverne pas un peuple en en mettant une majeure partie en suspicion. Jamais homme n'a rendu un plus signalé service à une idée politique, que ne l'a fait cet ambitieux, en mourant, à l'idée qu'il prétendait défendre. Aussi le peuple de Paris a-t-il été bien avisé en lui faisant de somptueuses funérailles, car avec lui, il enterrait le despotisme. S'il eût vécu, il y a mille à parier contre un qu'il aurait absorbé complètement la République, et que le règne de la démocratie n'aurait été, encore une fois de plus, qu'un beau rêve.

mais surtout, mais pardessus tout, moral; par moral, j'entends la manière de vivre qui découle de la religion. Bien naïf est celui qui s'imagine qu'il peut y avoir une morale en dehors de toute religion.

Le Mahométisme permet d'avoir quatre femmes; chez nous celui qui en a deux est condamné par la loi religieuse et par le Code pénal basé sur la foi chrétienne. Le Boudhiste peut en avoir tant qu'il en veut aussi bien que le Juif. Toutes les religions antiques, à l'exception de celles des Juifs ont permis ou même ordonné la destruction des enfants mal conformés ou seulement laids[1]. Dans l'Europe chrétienne ou musulmane la mère qui détruit son fruit est sévèrement punie.

Le noble Spartiate ou Aria pouvait impunément dérober, nos lois modernes châtient sans pitié le voleur. Dans la majeure partie de l'antiquité païenne le mariage était permis entre ascendants et descendants; il ferait beau voir qu'une loi, méprisant la morale chrétienne, permît de nos jours de semblables unions.

Si vous abolissez toute religion, autoriserez-vous les maris à avoir deux femmes? Les fils à épouser leurs mères? Les frères à s'unir à leurs sœurs? Les philosophes à aimer de beaux garçons ou même leur vache? A tuer leurs enfants mal faits? A voler leurs inférieurs ou à les assassiner s'ils y trouvent leur profit? Les fils à tuer et à manger leurs pères et mères, comme

---

1. En Grèce, les Thébains furent le seul peuple qui défendit de pratiquer cette atroce coutume, Elien, l. II, ch. VII.

le faisaient les Derbices, les Calaties et les Massagètes? Si l'on vous le demande au nom de la liberté et que vous ne le permettiez pas; au nom de quel principe le défendrez-vous ? Au nom de la morale éternelle ? Nous venons de voir ce qu'elle était chez les peuples anciens. Qu'est-ce qu'une morale qui n'a pour sanction que la main des gendarmes, et qui pourra varier selon les chefs du jour ?

Que l'on soit bien convaincu que la Religion est la seule, l'unique sauvegarde de la liberté vraie, de l'égalité la plus absolue et de la fraternité complète. En la détruisant vous faites ce que feraient ceux qui détruiraient les garde-fous d'un pont jeté sur un abîme.

Mais si la République doit être morale, paisible et religieuse, afin de rassurer la masse de la nation, elle doit être aussi progressive afin de satisfaire aux aspirations justes et raisonnables du Peuple qui ne se tourne vers les esprits exagérés, comme Marat et Robespierre, au risque de perdre la Patrie, que parce que les partis qui se disent modérés ne s'agitent que dans leur propre intérêt et pour occuper les hautes places. C'est le peuple qui paye, c'est lui qui vote, c'est lui qui se fait tuer quand il faut défendre la frontière, il a bien droit à autre chose qu'au spectacle navrant de nos discordes. Et cependant, que de réformes à faire pour que ces trois mots presque divins, *Liberté*, *Fraternité*, *Egalité*, soient une vérité : Suppression des avoués, ces rongeurs de la fortune publique, réglementation du notariat, de façon que ramenés au rôle de fonctionnaires, les notaires ne fassent plus des fortunes scandaleuses aux dépens des petits qu'ils dépouillent impunément ; réduction des charges d'huissiers [1] ; retraite à l'ouvrier honnête pour ses vieux jours, de telle sorte qu'il termine sa vie autrement qu'entre les quatre murs lugubres, froids et impassibles d'un hôpital, loin des joies et des consolations de la famille : instruction et éducation *également gratuite* pour le chrétien aussi bien que pour l'indifférent, ou le libre-penseur [2] ; repos facultatif du dimanche, sans que le salaire hebdomadaire ait à en souffrir en quoi que ce soit ; épargnes du petit placées en pro-

---

1. Le produit de 9,774 études de notaires est de 147 millions de fr. celui de 3,152 études d'avoués de 33 millions de fr. celui de 7,150 charges d'huissiers de 10,900,000 de fr. soit en tout 190,900,000 fr. Le budget du ministère de la Justice a été pour l'année 1870, (budget définitif, 5 août 1882, Bulletin des Lois du 30 octobre 1882) de 35,116,827 fr. 16 c.

Les notaires à eux seuls gagnent plus de quatre fois autant que tous les magistrats de France — conseillers d'Etat, de cassation, de cours d'appel, juges de tribunaux de première instance, de paix, de commerce et de police. A quoi donc servent les révolutions ?

2. La République suisse, une vieille démocratie et qui mérite les hommages de tous ceux qui aiment cette forme gouvernementale et la préfèrent à toute autre, vient de donner, le 27 novembre dernier, par 306,709 voix contre 169,230, une grande leçon de modération politique et sociale ainsi que de liberté démocratique, à tous les libéraux de l'univers.

Il est bien certain que du moment que les écoles des catholiques, des protestants et des juifs ne sont pas subventionnées par l'Etat et que l'instruction est gratuite dans les écoles du gouvernement, les pères de famille chrétiens et juifs payent non-seulement pour faire instruire leurs propres enfants directement ; mais ils payent encore, indirectement par l'impôt, pour faire instruire les enfants de leurs concitoyens ; ce qui est contraire à l'égalité et à tout sentiment de fraternité républicaine ; par conséquent, c'est aristocratique.

priétés foncières, à l'abri même de la ruine des fonds publics.

Loyers à bon marché ; abolition graduelle de l'intérêt de l'argent[1] ; extinction de la dette[2] et, conséquemment, diminution des impôts, notamment de ceux de consommation et d'habitation. Sur ce chapitre, il y a tant à dire et tant à faire, qu'il faudrait un gros volume pour développer ma pensée.

Cher fils, ceux qui sont au pouvoir et qui ne font pas le nécessaire pour procurer au peuple la plus grande somme de bonheur sur ce globe, sont coupables dans une mesure inappréciable. S'ils sont capables, ils trahissent la mission qui leur a été confiée ;

---

1. *Droit divin de la démocratie*, ch. VII, de l'extinction du Paupérisme.

2. Nous avons démontré dans le *Droit divin de la Démocratie* qu'en moins de vingt ans, si l'on voulait, il serait facile d'amortir toute la dette publique : La grande République Américaine en donne un vaillant exemple qu'il serait raisonnable de suivre, dans la dernière année financière, il a été remboursé, avec un budget de 2,115 millions de francs (403,000,000 de dollars), environ 871 millions de francs de la dette publique (166,000,000 de dollars). C'est merveilleux ! Ce serait là un des grands moyens d'éteindre le paupérisme ; la dette amortie, les impôts considérablement réduits, on pourrait consacrer encore de fortes sommes à subvenir aux frais d'établissement et d'entretien d'une caisse de retraite pour la vieillesse du prolétaire et au repos du dimanche, et à l'établissement de banques populaires, non pas que je croie à la panacée du crédit populaire, préconisée par M. Emile Chevalet, pour éteindre le paupérisme ; mais cela peut être utile à une certaine portion de la population ouvrière, cela suffit pour que l'expérience soit tentée. Il est de toute justice que la société fasse vivre honorablement le travailleur. Que lui importe que vous lui bâtissiez de beaux palais, si vous le laissez mourir de faim dedans.

s'ils sont ineptes, ils sont sans excuse, puisqu'ils ont toujours la ressource et même le devoir de se retirer.

Dans le *Droit divin de la Démocratie,* j'ai montré le peuple juif comme la nation modèle, qui avait servi de type à toutes les sociétés humaines qui ont joué un rôle dans le monde[1]. J'ai prouvé qu'il possédait la forme la plus pure et la plus parfaite de gouvernement et qu'il serait éternellement le pôle de la civilisation vers lequel convergeraient toutes les nations démocratiques. Dans l'ouvrage que je donne aujourd'hui au public, je démontre d'une façon irréfutable, par l'histoire, par les lois, les coutumes, les mœurs, ainsi que par les langues, que les Grecs, les Arias et tous les peuples qui en descendent et qui parlent un langage

---

1. Il est vrai que les nations modernes, fondées par l'égoïsme humain, et basées sur la conquête et le despotisme n'ont, jusqu'à ce jour, suivi que fort imparfaitement ce modèle sublime, mais je suis convaincu que plus les hommes s'éclaireront, plus le peuple, *cette vile multitude de M. Thiers,* s'instruira par lui-même en dehors des enseignements d'une bourgeoisie égoïste et intéressée à le tenir loin de la lumière, plus les lois de Moïse seront imitées sérieusement. Je suis heureux de m'être rencontré sur ce point avec M. Philippson, de Berlin. (Le développement de l'idée religieuse dans le Judaïsme, le Christianisme et l'Islamisme, traduction de M. Lévy-Bing). Quand une idée est ainsi défendue par deux hommes qui ne se connaissent pas, écrivant dans deux langues différentes, n'ayant pas la même religion, appartenant à deux peuples rivaux, et cependant arrivant à la même conclusion sociale, ou peu s'en faut, il est indubitable que cette idée est grande, généreuse et vraie. J'aime à constater qu'un esprit aussi élevé que l'auteur du *Développement de l'idée religieuse,* a reconnu que, sans le Christ, jamais les lois de Moïse ne seraient sorties de la Judée où elles seraient à tout jamais restées ensevelies, car elles sont trop belles, trop morales, trop démocratiques et trop justes pour séduire les savants.

phonétique, sont issus des Hébreux et, conséquemment, d'Abraham et de Sem, le fils béni de Noé [1].

Dans une étude subséquente, si Dieu veut bien m'en donner le temps et les forces, je ferai en sorte d'établir que les Chinois et certains peuples de l'Asie, les Colchidiens entr'autres, descendent des Egyptiens et, conséquemment, de Cham [2], par les Ethiopiens; qu'en un mot, toute la civilisation dans quelque pays qu'elle se soit révélée sur le globe, est partie des rives du Nil, d'où deux grands fleuves humains ont inondés de leurs flots noirs et blancs toute la surface de la terre.

L'Amérique d'avant Colomb sera l'objet d'un travail tout particulier. Je prouverai que les peuples qui l'occupaient alors descendaient de deux sources principales, l'une Phénicienne, conséquemment Hébraïque, par l'Occident, et l'autre Chinoise, c'est-à-dire Egyptienne par l'Orient.

Jamais je ne me séparerai de l'histoire, qui jusqu'à ma dernière heure sera ma compagne préférée. C'est parce que tous les écrivains qui jusqu'à ce jour se sont occupés de ces matières, l'ont méprisée et mise

---

1. Sem, vient de l'hébreu *Shem*, renommée. M. François Lenormant, tombant dans l'erreur commune, fait descendre les Grecs et les Arias de Japhet. (H. ancienne de l'Orient, ch. Ier, p. 4, IV, — ch. IX, p. 1er, I. et suivants). La race de Japhet qui avait d'abord peuplé l'Europe et une partie de l'Asie Mineure, a partout été refoulée par les descendants des Hébreux. L'analogie des langues l'a mis dedans comme un vulgaire libre-penseur. Mais comme cet historien est un honnête homme, je suis persuadé que s'il vient à lire cet ouvrage il sera convaincu qu'il s'est trompé, emporté par le tourbillon de la fausse science moderne.

2. Cham vient de l'hébreu *Camar*, brûler, d'où le mot sanscrit, *Kam*, aimer.

de côté, qu'ils ont si profondément erré et qu'ils ont sombré dans un océan d'absurdités.

Quand on écrit pour le peuple, on ne saurait trop le répéter, la Vérité doit nous éclairer de son flambeau, et loin de l'histoire, ce flambeau s'éteint et nous laisse plongés dans des ténèbres opaques et profondes qui nous enveloppent de toute part, au sein desquelles nous enfantons des systèmes fantastiques tous plus ridicules les uns que les autres.

Mon but, tu le sais, mon unique but, celui vers lequel ont convergé toutes les forces de mon existence est de prouver irréfragablement que toute la civilisation moderne procède de la Bible et qu'en dehors des lois de Moïse, étendues par le Christ à toute la terre, il n'y a parmi les nations que misère, despotisme et infamie ; le peuple juif fut le seul qui ne connut pas le paupérisme ni l'esclavage et qui jouit de la liberté, de l'égalité la plus étendue que l'on puisse rêver et de la fraternité la plus idéale, ainsi que des mœurs les plus pures.

Si je viens à mourir avant d'avoir pu mettre la dernière main à l'accomplissement de ma tâche, cher fils, tu la continueras en te souvenant toujours que lorsque l'on a l'honneur de travailler sincèrement pour le peuple, pour son bien-être, pour sa moralisation, pour son instruction, et non par ambition personnelle, il n'y a ni peines, ni déboires, ni ennuis, ni injustices [1], ni sacrifices qui doivent nous coûter.

---

1. Je dois toutefois remercier ici toute la Presse libérale, tant en France qu'à l'étranger, qui m'a soutenu, lors du rapt de ce littérateur madré qui m'a si bien emprunté l'un de mes poèmes, *Martura*.

Comme tant d'autres, j'aurais pu intriguer pour asservir la fortune. En 1852, je me trouvais, jeune encore, chez Emile Jay, à une réunion présidée par Grévy, où l'on protesta contre le coup d'Etat, et où je me fis le défenseur du vote universel, fortement compromis à cette époque, aux yeux des libéraux. J'aurais pu exploiter ces souvenirs pour arriver aux honneurs, j'ai préféré rester en dehors de toute lutte de parti ; j'ai même *subi l'injustice* pour n'avoir pas voulu y entrer en soutenant une personnalité remuante, et n'avoir voulu obéir qu'aux *ordres* de ma conscience, convaincu que le *philosophe* doit, pour juger sainement, vivre loin de toutes les ambitions politiques : modeste spectateur, il voit mieux de sa loge ce qui se passe sur la scène et est plus apte à étudier le fort et le faible de l'action, que les acteurs remplissant les premiers rôles et les mieux doués, eux-mêmes.

Paris, 1er Février 1883.

LA
RACE SÉMITIQUE

LIVRE I

L'Age de la Race humaine

Dans le second volume de son roman, qu'il intitule fastueusement par antiphrase : « *Histoire universelle* », puisqu'il ne dit pas un mot d'histoire, Monsieur Marius Fontane écrit[1] :

« Si l'histoire ne devait être qu'une nomenclature de faits, étiquetés chacun à sa date, et seulement inscrits lorsque le chronologiste en aurait définitivement fixé le classement, un corps d'historiens brevetés pourrait administrer suffisamment cette science, en exposer les résultats.

« Une histoire ainsi voulue, qui serait privée du stimulant des hypothèses, qui devrait tenir dans le cadre étroit d'un programme, que lierait cette obligation de « *dater* » tout fait cité, serait condamnée dans son projet même, puisque c'est le propre des commencements historiques d'apparaître à l'historien éclairés d'abord par

---

1. Page 335.

une lueur d'intuition que des études viennent ensuite fixer. »

J'en suis désolé pour l'écrivain qui a dicté ces lignes, mais il n'a pas compris le rôle de l'historien ; l'historien *enregistre* les faits qui lui sont connus ; il reproduit ceux qui lui sont racontés ; il en discute la valeur ; il en tire les conséquences qu'il lui convient, mais il ne lui est pas permis de faire des *hypothèses*, sous peine de tomber dans le domaine du conte, de la légende ou du roman [1] : Evidemment, quand les faits n'ont été racontés par personne, il peut s'élancer sur les ailes du rêve, mais alors il n'est plus historien, il est poète !

N'en déplaise à l'aimable conteur, la date précise, ou tout au moins approximative, des grands faits historiques a une importance capitale, car c'est d'après cette date seule que les races peuvent établir leur paternité sur le genre humain : Evidemment peu nous importe de savoir quel jour Napoléon a joué aux échecs ou a eu la colique, mais il est d'une utilité de premier ordre de ne pas ignorer quel jour et quelle année il a renversé la République, quel jour l'Empire a été déclaré, quel jour il a gagné la bataille d'Austerlitz, celle d'Eylau, celle de la Moscowa et quel jour il a perdu celle de Waterloo. Ainsi, par exemple, il est d'une utilité magistrale de savoir la date de la découverte de l'Amérique, car s'appuyant un jour sur la blancheur de la peau des Américains et sur leurs différents langages ressemblants à s'y méprendre aux langues européennes, des savants de l'avenir pourraient, sans cette date, prétendre que les Européens descendent des Canadiens, des Colombiens, des Mexicains, des Péruviens ou des habitants des États-Unis ; et, certes, ils ne seraient pas plus fous que tous ceux qui prétendent aujourd'hui que nous descendons des Arias ; nos savants modernes ont-ils autre chose que la couleur de la peau et la fraternité des langues pour appuyer

---

1. En fait de romans historiques, nous préférons, cent fois, ceux d'Alexandre Dumas, à ceux de M. Marius Fontane, car, en étant plus vrais, ils sont infiniment plus amusants et ne sont point prétentieux.

leurs belles découvertes au sujet des races des rives de l'Indus ?

Aussi les libres-penseurs ne s'y sont pas trompés. Ils ont pris la balle au « bond », à cheval sur cet animal aux longues oreilles que l'on appelle un savant[1], ils se sont élancés à l'assaut des livres saints.

Depuis un siècle, afin de détruire l'autorité des dogmes de la Bible, ils se sont efforcés de prouver que Moïse avait menti; M. Fontane le premier; à la page 339 du même ouvrage, il ajoute : « De l'isolement des Iraniens en Iran, jusqu'au vIII^e siècle, il résulte que Zoroastre vécut entre l'an 3000 et l'an 800 avant notre ère. »

Comment, monsieur, vous vous intitulez historien, votre éditeur publie *urbi* et *orbi* qu'après vous il faudra tirer l'échelle, et quand les preuves abondent contre votre assertion, vous n'avez pu arriver à une marge plus étroite que celle de 2200 ans? Vous avouerez, que vos recherches ne vous ont pas donné d'entorses, et que les auteurs anciens, même les profanes, sont restés muets comme des souches pour vous ! D'après la Bible, Noé vivait de 2979 à 2020 avant Jésus-Christ, et le déluge avait eu lieu 2328 ans avant l'ère vulgaire. C'est donc sans preuve et bénévolement, de parti-pris, vous imaginant que l'on vous croira sur parole, que vous avez infligé un démenti *hypothétique*, au seul historien authentique de ces temps reculés : car, enfin, les Iraniens n'ont pas existé avant le déluge; et si votre hypothèse la plus reculée est vraie, Moïse nous a trompés. C'est bien léger ! Quoi, vous avez un auteur sérieux, grave entre les plus graves, profond entre les plus profonds, sublime entre les plus sublimes, qui vous affirme que tel fait s'est passé à telle époque ; et sans preuve aucune, de votre autorité privée, qui a si agréablement été sur-

---

[1] On comprendra ici que nous ne voulons pas parler des véritables savants, comme les Cuvier, les Elie de Beaumont, les Pasteur et autres qui mettent leurs études, leur temps et leurs efforts à dérober ses secrets à la nature pour faire profiter leurs frères de leurs découvertes, mais de ces pseudo-savants hélas, si nombreux, qui usent leur âme et leur vie, pour faire dire à la nature, à l'histoire, aux langues ce qu'elles ne veulent pas dire.

faite par votre éditeur, vous mettez en doute sa bonne foi ! Que diriez-vous d'un écrivain qui viendrait imprimer aujourd'hui que la bataille de Pharsale a pu avoir lieu entre l'an 5000 avant Jésus-Christ et l'an 1800 de notre ère ? Qu'il ne mérite guère le nom d'historien : Cette réponse est votre condamnation [1]. Eh bien ! l'histoire d'une main et le bon sens de l'autre, nous prouverons, tout à l'heure, que Moïse n'a pas menti et que vous ne connaissez pas le premier mot de l'*Histoire universelle*, nous voulons dire des commencements du monde. Par commencements du monde, nous entendons l'histoire depuis Noé ; car, bien malin, en dehors de la Bible, qui dirait ce qui s'est passé avant cette époque : Pour ceux qui n'admettent pas le déluge, nous prouverons que le monde ne peut exister depuis plus de 4 à 5000 ans.

Aussi M. Marius Fontane, à la suite de vingt autres, en excellent mouton qu'il est, et contre toutes les assises du sens commun, dira-t-il en forme de conclusion :

« Aux Aryas de l'Inde et aux Iraniens de la Bactriane nous tenons par de tels liens, notre civilisation a tant emprunté à ces civilisations antiques que notre histoire n'est, en réalité, que la continuation de la grande vie historique des Aryas et des Iraniens [2]. »

Est-il permis d'être plus inconséquent ? Quoi, vous dites que les Iraniens ont vécu entre 3000 et 800 ans avant Jésus-Christ ; mais s'ils ont vécu 800 ans seulement avant Jésus-Christ, et votre doute nous permet de faire cette supposition, comment des nations comme les Républiques grecques qui ont été fondées 1500 ans avant l'Ère chrétienne ont-elles pu emprunter leurs lois, leurs langues et leur histoire aux Iraniens ?

Un autre auteur, plus hardi, n'émet plus aucun doute, il affirme, carrément, quoique sans preuve, ce dont

---

1. C'est ainsi, sans plus de preuves, qu'il donne 5004 ans à l'Egypte avant J.-C. — Les Egyptes, ch. I.
2. *Histoire universelle*, les Iraniens, p. 338.

il se vante dans sa préface, tant l'ignorance a de fatuité :

« Je me permets, dit-il, de répondre à ces reproches (de n'avoir pas cité les textes), que je n'ai pas eu l'intention de faire une œuvre savante, mais sincère, précise et à la portée de tout le monde [1]. »

Avec ce système, il n'est pas possible de constater la mauvaise foi de l'auteur, c'est peut-être habile, mais ce n'est pas honnête.

Aussi l'auteur vous dira-t-il avec un aplomb égal à son ignorance :

« Moïse, *ce prophète-jongleur*, avait persuadé au peuple Juif, que Jéovah, son Dieu, en avait fait son peuple favori et l'avait *destiné à opprimer tous les autres peuples.* » Ce qui prouve qu'il n'a pas lu le Pentateuque, car Moïse est le seul législateur qui ait ordonné d'aimer l'étranger comme un frère [2].

« Les écritures saintes de l'Inde, dit ce bavard [3], ont aussi leur péché originel, et chose étrange et qui prouve que Moïse ne s'est pas mis en frais d'imagination pour imposer cette *inepte bourde* à l'esprit humain, elles ont aussi leur premier homme et leur première femme, et, coïncidence plus étrange encore, l'homme s'appelle Adima et la femme Héva ! Et qu'on ne vienne pas contester l'antériorité des écritures saintes de l'Inde, *car la critique a multiplié les preuves que ces écritures existaient des siècles avant Moïse*, et parmi ces preuves, je n'en prends qu'une seule, c'est que les écritures indoues sont écrites dans une langue, le Sanscrit, qui, des siècles avant Moïse, *avait cessé d'être parlée*, après avoir servi de souche à presque toutes les langues orientales et même occidentales, comme il est prouvé, aujourd'hui, irréfutablement. »

Si la critique a multiplié ses preuves, M. Gossi ne multiplie pas les siennes, car il n'en donne aucune. Et

---

1. *Histoire du Christianisme*, par Max Gossi.
2. *Deut.*, ch, XIV, 29. — Max Gossi, p. 29.
3. *Hist. du Christ.*, p. 139.

il parle du Sanscrit, des Arias, de Moïse, des livres sacrés de l'Inde et de la Judée, au moins aussi bien qu'un aveugle parlerait des couleurs. L'ignorance de ce monsieur est vraiment admirable, elle est assurément à la hauteur de son aplomb ; des assertions tant qu'on voudra, il vous en donne à bouche que veux-tu ? Des preuves, il paraît que ce gibier ne s'est jamais trouvé au bout de son faucheux. C'est un libre-penseur, donc il nous faut le croire sur parole : un philosophe chrétien, il lui faudrait des tombereaux de preuves ! Et si nous ne croyons pas toutes ses niaiseries et si nous ne nous inclinons pas devant ce monument d'absurdité, nous serons des *ignorants*, des *fanatiques* comme il le dit gracieusement dans cent de ses passages en parlant des hommes religieux : « De ces paroles la messe est sortie, et *Jésus est mangé et bu* tous les jours pour l'édification ou l'*abrutissement des ignorants et des fanatiques* [1]. »

Mais admettons pour un moment que le Sanscrit (c'est-à-dire la fille) ait précédé sa mère la langue hébraïque, de ce qu'un historien Indou aurait raconté avant Moïse l'histoire d'Adam, s'en suivrait-il que l'histoire serait fausse ?

Quoi, M. Thiers a raconté, *après d'autres*, l'histoire de Napoléon, et il en faudra conclure qu'à cause de cela il a menti : Voilà pourtant la force du raisonnement de ces malins de la libre-pensée, vraiment, ils n'ont pas inventé la poudre. Quoi ! de ce que deux témoins affirment un fait, il en résulte fatalement que l'un des deux a menti et il en résulte que ce fait est faux. Quoi, de ce que les livres indous, les livres grecs, les livres américains [2] racontent le déluge, chacun à sa façon, il s'en suivra que Moïse nous a trompés ? Mais vous faites donc bien peu de cas de ces écrivains indous que vous nous jetez à la tête ? Comment donc est bâtie la cervelle d'un libre-penseur ? Il n'y a donc pas d'alvéole pour y loger le bon sens ?

---

1. Hist. du Christianisme, p. 57.
2. Popol Vuh, le Livre sacré Quiché, ch. III, trad. de Brasseur de Bourbourg.

En voici un autre, presque d'aussi bonne foi que lui, qui sans preuve aussi, affirme que « la première et l'unique fois qu'une société aryane absolument pure de tout mélange se manifesta, ce fut dans les plaines qu'elle appela elle-même l'Ayrianem-Vaëgo. *Les grecs donnèrent à ce pays le nom d'Ariane.* C'est là que fut parlé l'Aryaque primitif, père du Zend, du Sanskrit et du Celtique, à une époque dont il est impossible de préciser la date, mais qui remonte probablement au delà de soixante-dix ou quatre-vingt siècles avant l'ère vulgaire [1]. »

D'abord ce ne sont pas les Grecs qui appelèrent ces peuplades blanches des bords du Cophès, Aryas [2].

Ce sont elles-mêmes qui prirent ce nom, comme nous le prouverons dans la suite, d'*Ariane*, femme de Bacchus et fille de Minos. Ensuite comment le malin savant qui dit que l'existence de ce peuple remonte à une date *impossible de préciser* ajoute-t-il qu'il est né à une époque probablement antérieure à soixante-dix ou quatre-vingt siècles ? S'il est impossible de rien préciser, il ne peut pas savoir davantage si cela remonte à une date ou à une autre ; en voilà donc encore un du même calibre que son prédécesseur ; ajoutons qu'il est aussi fat et pétri de forfanterie.

« C'est donc le Sémitisme Nazaréen, quel qu'il soit, qu'il vienne de Rome, de Genève ou de Berlin, que nous devons prendre corps à corps, serrer fortement dans l'étreinte irrésistible de la logique, du sens commun et de la vérité, et rejeter *flasque, vide* et *mou* sur le sol [3]... »

Ce pauvre savant qui parle « *d'étreinte irrésistible de la logique, de sens commun et de vérité* » quand tout son ouvrage n'est qu'un tissu de non sens, de déraisonnements et de mensonges. Ah ! il y aura de longs siècles que vous serez mort et enterré, quand ce christianisme que vous condamnez à mort se rira encore de vos pareils.

---

1. Les Sémites et le Sémitisme, par Eug. Gellion-Danglar. Chapitre III.
2. Arya, Noble, Arie, Asie. (Burnouf), Grec, Ariadnè.
3. Les Sémites, Préface.

Michelet avec son gongorisme habituel donne soixante siècles d'existence à l'Egypte avant Jésus-Christ [1]; nous verrons plus loin que cela n'est pas plus admissible que les myriades de siècles de Boudha. Quand l'historien-poète s'endort bercé par sa phrase vide et sonore, il joue avec les siècles comme un écolier avec des osselets, sans que cela tire à conséquence : il faut le lui pardonner ; c'est un grand enfant, il ne sait pas ce qu'il dit.

Mais nous allons en voir bien d'autres : MM. Gossi, Michelet et Gellion-Danglar, parlent de centaines d'années ou de siècles, en style emphatique ou brutal; l'académicien Renan, dans un dialecte mielleux, voudra en les enveloppant de mélasse nous faire avaler des centaines de siècles.

« Les groupes aryen primitif, sémitique primitif, touranien primitif n'avaient aucune unité physiologique. Ces groupements sont des faits historiques qui ont eu lieu à une certaine époque, mettons il *y a 15 ou 20,000 ans*, tandis que l'origine zoologique de l'humanité se perd dans des ténèbres incalculables. »

Mais s'il amplifie les siècles, il regarde avec un verre grossissant les populations.

« Les grandes agglomérations d'hommes à la façon de la Chine, de l'Egypte, de la plus ancienne Babylonie [2]... »

Ne parlons pas de la Chine, il y aurait trop à dire sur ce pays pour que nous entamions une thèse incidemment [3], mais en ce qui concerne l'Egypte, il n'est pas un collégien, fier du duvet qui commence à poindre à son menton, qui ne sache que ce pays dans sa plus grande prospérité n'a jamais eu plus de sept millions d'habitants, réduits plus tard à trois, après le départ des Hébreux. Au reste son étendue ne lui permettait pas d'en renfermer beaucoup plus. Et jamais que nous sachions à moins d'être aussi emphatique que Michelet, cela n'a pu

---

1. Michelet, la Bible de l'humanité, chap. II.
2. Renan, qu'est-ce qu'une nation, débats, 2 mars 1882.
3. Diodore de Sicile, l. 1, Sect. I. XVIII. D'après Hérodote, l'Asie était déserte de son temps passé l'Indus. l. III. CVI, l. IV. XL.

passer pour *une grande agglomération*. Comparativement au reste de la terre qui était alors déserte [1], on pouvait considérer ce pays comme important, mais qui oserait comparer ce faible chiffre à la population moderne de la Chine ou même des grands peuples Européens, de nos jours ? Après l'habile jongleur de l'Institut, voyons ce que dit M. D'Assier qui, lui, a tâté le pouls aux squelettes trouvés dans les entrailles de la terre, et ayant écouté leurs discours, a entendu qu'ils avaient, au bas mot, 50,000 ans. « Le chiffre de 50,000 ans, assigné par Lyell à l'âge d'un squelette humain, trouvé dans le delta du Missipi, n'offre donc rien d'invraisemblable, ainsi que l'étude des époques glaciaires nous montre nos grossiers ancêtres préludant, il y a plus de cinq cent trente siècles avec leurs instruments de pierre, au grand œuvre de l'humanité, la conquête de la Planète [2]. »

Et pour arriver à donner cet âge respectable, à ce spécimen de l'espèce humaine, il a fallu inventer l'âge glaciaire qui n'a jamais existé que dans la cervelle de quelques rêveurs dévoyés. D'après cet auteur, la moitié de la terre se refroidit et se réchauffe tous les 10,500 ans, soit 21,000 ans pour la révolution complète :

« La périodicité des époques glaciaires, démontrée par les travaux des géologues, nous apprend que dans une centaine de siècles la plus grande partie de l'hémisphère boréal, situé en dehors des tropiques, sera de nouveau envahie par le froid. » « Rappelons seulement que le déplacement du grand axe de l'orbite terrestre dans le plan de l'écliptique ramène, tous les 10,500 ans, une grande période de froid, qui sévit alternativement sur l'hémisphère boréal et sur l'hémisphère austral, de sorte que tous les 21,000 ans le même hémisphère est envahi

---

1. Diodore l. I, S. I. XV.
2. Essai de philosophie naturelle, 3e partie, ch. II. L'écrivain repousse négligemment l'opinion des géologues qui assignent 100,000 ans aux squelettes trouvés sur le sol ; il est, en vérité, bien aimable de s'arrêter en si beau chemin ; quand on divorce avec le bon sens pour rechercher les faveurs de la folie, l'on ne saurait dire de trop grosses sottises !

par les glaces. A l'heure qu'il est, les terres antartiques sont le siège de ce long et rigoureux hiver [1]. »

S'il nous fallait attendre 10,500 ans pour prouver que les géologues et M. D'Assier pardessus le marché, n'ont pas fait un traité d'alliance avec le sens commun, cela serait un peu long, heureusement que nous le pourrons avant ce temps là. Au reste, cet auteur, désolé que les Européens, moins stupides que les asiatiques, n'ajoutent pas foi à ses inepties, comme ses derniers à celles de Boudha, ce roi des docteurs de la science humaine [2], s'écrie en larmoyant :

« Il faut, en effet, comme nous l'avons dit, un concours assez complexe de circonstances pour favoriser l'éclosion des facultés esthétiques, et les sévères méthodes de l'abstraction scientifique supposent un *certain degré de puissance intellectuelle*, la science est restée le privilège *d'un petit nombre d'élus* [3] »

« La science est restée jusqu'ici le privilège de quelques intelligences d'élites [4]. » Gaudama n'a pas mieux dit !

Vous le voyez, au dire des savants, nous sommes tous des ignorants, des fanatiques, des idiots. — Eux seuls font partie « *d'un petit nombre d'élus* »; Dieu merci ! Car si tout le genre humain avait la cervelle de même calibre que celle de ceux qui ont la prétention de tout savoir et de tout expliquer, l'univers deviendrait un vaste Charenton. — Heureusement que pour être savant il faut avoir reçu un rude coup de marteau sur la tête ! et peu ont eu cette chance ; les géologues ont deux preuves pour établir l'ancienneté des squelettes et des pierres taillées, trouvées sur le globe : La profondeur du

---

1. Même ouvrage, ch. II.
2. « Le dernier (Boudha) a fait preuve d'un savoir philosophique très élevé, et l'on peut dire, sans exagérer, que la métaphysique européenne n'a rien produit d'égal. » Draper, *Hist. du dévelop. intell.* en Europe, ch. III.
3. Essai de philosophie naturelle, 1re partie, ch. IV.
4. Essai de philosophie naturelle, 2e partie, ch. III.

sol où on les a trouvés et la durée du temps nécessaires à la pierre pour se former : l'une et l'autre ne valent absolument rien, — la pierre peut se former instantanément, comme il y en a une preuve palpable et irréfutable en Champagne aux environs de la ville de Sézanne, où il existe une colline de feuilles pétrifiées [1], — Or, la feuille en tas se pourrit en quelques semaines au plus : — Eh bien, il y a là des monceaux de pierres, où les nervures des feuilles sont admirablement conservées, et cela par centaines de mille ; et cette pierre cristallisée est si dure que non seulement elle sert à bâtir, mais qu'on en utilise les débris pour ferrer les routes, en place de silex.

Notez, que dans le voisinage de cette colline qui est à 185 mètres au dessus de la mer, il n'y a aucune source ; ce qui atteste une fois de plus l'existence du déluge.

Quant aux couches de terre qui se sont formées sur les squelettes, sept mètres, d'après l'auteur [2], sans parler du déluge, qui explique les plus grands mouvements de terre *naturellement* et *raisonnablement,* il ne faut pas bien des années pour les former : nous en avons vu un exemple en Normandie :

Un bras de la Risle qui se jette dans la Seine, dit rivière des *Echaudes,* a été entièrement comblé par la marche naturelle du temps, après que ce bras eut été déclassé ! Il avait si bien disparu, que les vieillards de l'endroit qui se souvenaient d'avoir, dans leur enfance, vu passer des bateaux dessus, ne purent, qu'approximativement, nous indiquer le lieu présumé de son lit. Ayant fait opérer une tranchée, nous avons, a deux mètres de profondeur, retrouvé la courbe de son lit, parfaitement dessinée par une couche de cailloux. Quarante ou cinquante ans avaient suffi pour combler cette rivière. Dans la grande forêt de Montfort, on a trouvé des mosaïques romaines à plusieurs mètres de profon-

---

1. La montagne de *Croth;* elle a environ 50 à 60 mètres d'élévation au dessus de la plaine et 185 à 205 au dessus du niveau de la mer.

2. Essai de philosophie naturelle, 1re partie, ch. I.

deur. Le Colysée de Lille-Bonne (Julia Bona) entièrement oublié, a été découvert par hasard, complétement englouti sous un verger qui, depuis des siècles, rapportait des pommes à ses propriétaires, lesquels ne se doutaient guère que sous leur clos gisait un monument dont les murs avaient 4 à 5 mètres d'élévation et l'abbé Cochet a trouvé au moins une hache en pierre taillée au milieu de ces débris romains [1].

De la mort du roi Mœris à Hérodote, pendant un laps de neuf cents ans, le sol entier de l'Egypte s'était tellement élevé, que l'on craignait dès lors que s'il continuait à monter dans la même proportion, le Nil ne pût plus déborder ; avant Mœris, il lui suffisait de monter de huit coudées, du temps d'Hérodote, il lui en fallait seize[2] ; c'était donc de quatre mètres environ, que le sol s'était élevé dans ce court laps de temps ; pour qu'un terrain placé dans certaines conditions s'élève de sept mètres, il suffit, conséquemment, de 1625 années ; le squelette de Hyell, trouvé dans le delta de Mississipi n'offre donc rien d'extraordinaire. Il en est ainsi de toutes les trouvailles que l'on fait dans les plaines, puisque toutes, sans exception, se sont formées par des atterrissements de fleuves ; c'est une vieille vérité :

« L'Inde s'étend presque partout en plaines ; on les croit formées par les atterrissements des fleuves débordés. C'est ainsi qu'aux bords de la mer croissent ces plaines qui empruntent le nom des fleuves à qui elles doivent leur origine; ainsi l'Hermus qui tombe du mont de Cybèle en Asie, et se décharge près de Smyrne en Eolie, a donné son nom aux champs d'Hermus ; ainsi le Lydius à la plaine de Cayster, le Caïcus à la Mysie et le Méandre à la Carie qui s'étend jusqu'à Milet. Ainsi l'Egypte est un présent du Nil, s'il faut en croire Hérodote et l'historien Hécatée... Hérodote le prouve d'une manière irrésistible ; il paraît même que le fleuve a donné son nom à cette contrée, il s'appelait l'Egyptus, au rapport

---

1. Boucher de Perthes, de l'*Industrie primitive*, ch. XXVII.
2. Hérodote, l. II, XIII.

d'Homère, qui fait aborder la flotte de Ménélas à l'embouchure de l'Egyptus[1]. »

J'ai vu deux ou trois haches de bronze recueillies à deux mètres de la surface du sol dans un lieu appelé les *Câteliers*, quand non loin de là, il a été ramassé sur le sol même, une hache celtique[2], en pierre polie, qui est encore en ma possession. La légende du pays veut qu'une grande bataille se soit livrée jadis en cet endroit, entre les Romains et les Gaulois ; et l'examen des lieux, où se retrouvent de nombreux terrassements, ainsi que le nom de *Câteliers*, semblent indiquer l'emplacement d'un camp romain.

Comme les savants ne s'entendent guère entre eux, en voici un qui ne donne que 12,000 ans aux tibias d'oiseaux, trouvés en France et 6 ou 7,000 à l'Egypte[3] :

« Mais le Dieu Champêtre-Pan avait été devancé d'une centaine de siècles par les habitants de la Charente et des Pyrénées. On a trouvé, en effet, dans les cavernes de l'époque du renne, des tubes façonnés avec des tibias d'oiseaux, pour former des flûtes composées[4]. »

Espérons qu'un jour ou l'autre un docteur encore plus malin que ceux d'aujourd'hui, nous prouvera que notre race remonte à deux ou trois milliards d'années ; dans un âge antérieur à cet âge de pierre ou à l'âge glaciaire, âges qui n'ont existé, pour le dire entre nous, que dans le cerveau des savants, car dans toute l'antiquité, la plus historique du monde, en plein âge d'or, de bronze et de fer, voire même de zinc ; en Europe comme en Lybie, en Asie comme en Amérique, les peuples se servaient d'instruments de pierre aiguisée ou de corne d'animal, dans certaines circonstances : Les Egyptiens usaient de haches en pierre et de flèches terminées par

---

1. Arrien, expédition d'Alexandre, l. V, ch. III.
2. M. Boucher en a ramassé un certain nombre sur le sol même, de l'*Industrie primitive*, ch. XXIV.
3. *Histoire de l'Homme* du docteur Saffray, ch. XIV.
4. *Histoire de l'Homme*, l. III, VIII.

une pointe de silex [1]. Les Arabes en faisaient usage, dans la prestation du serment : Le « Médiateur, entre les deux contestants tient une *pierre aigue* et *tranchante* « litho oxei », avec laquelle il leur fait à tous deux une incision à la paume de la main, près des grands doigts [2]. »
Les Egyptiens s'en servaient pour les embaumements de leurs morts : L'embaumeur « fait ensuite une incision dans le flanc avec *une pierre d'Ethiopie tranchante* [3]. » *Lithiòpicô oxeì*. Le fait est aussi attesté par Diodore [4]. Cette pierre était appelée pierre d'*Ethiopie*, parce que ce peuple s'en servait pour couper le poisson, et que vraisemblablement, c'était lui qui en fournissait les autres nations [5].

Le fer était honni, comme ayant servi au meurtre d'Osiris, aussi ne s'en servait-on pas même pour chasser.

« N'ayant point d'armes faites de main d'hommes, ils les percent avec des cornes de boucs ou les coupent avec *des cailloux tranchants* [6]. »

C'était avec cette pierre que fut bâtie la base de la troisième pyramide de Memphis, conséquemment c'était du granit [7]. Nous savons que les habitants des îles Gymnésies (Baléares) ne voulaient avoir aucun métal, chez eux, de peur des pirates, qu'ils habitaient des cavernes, comme des Ichtiophages d'Afrique des bords

---

1. M. Fontane, *les Egyptes*, ch. XI et ch. XXV.
2. Hérodote, l. III, VIII.
3. Hérodote, l. II, LXXXVI.
4. Diodore de Sicile, l. I, S. II. XXXIV ; la corruption égyptienne était si profonde que lorsqu'il s'agissait de l'embaumement d'une femme morte, le corps n'était livré aux *artistes* qu'au moment où il entrait en putréfaction, autrement ils auraient *violé le cadavre* !
5. Au reste, il se fabrique encore de nos jours des haches en pierre, taillée et polie ; M. Boucher de Perthes en a constaté en Amérique faites par des sauvages, et si bien imitées des anciennes qu'après plusieurs mois d'exercice, il était impossible de les distinguer, des anciennes. — De l'industrie primitive, ch. XXIV, t. II.
6. Diodore, l. III, VII, M. Boucher de Perthes croit, avec raison, que les haches celtiques ne servaient qu'aux sacrifices — De l'*Industrie primitive*, t. II, ch. XXIV.
7. Hérodote, l. II, CXXXIV. — Strabon, l. XVII ch. I, 33.

ERRATUM

Page 14, note 6, au lieu de :

Boucher de Perthes croit, *avec* raison, lire : *sans* raison.

de la mer Rouge, et ne se battaient qu'avec des pierres[1]; que les Stutophages ne se servaient, dans leurs combats que de cornes d'Oryx, « grandes, tranchantes et très propres aux combats [2] »; qu'ils étaient « perpétuellement en guerre avec les Simi, tribu Ethiopienne qui n'a d'autre arme que des cornes d'Orygies [3] »; et qu'enfin les Horites, peuples situés au dessous des Ariens, sur les bords de l'Indus et de la mer Australe, se servaient de pierres pour tailler leurs meules [4].

Les Américains primitifs se servaient de flèches et de couteaux en silex, à une époque où ils avaient des orfèvres, des joailliers, et où ils connaissaient la charrue, les miroirs, les casques et les boucliers [5].

« Ils étaient quatre qui allèrent prendre le vase et qui se mirent ensuite en chemin, portant la jeune fille sur leurs épaules, et emportant un couteau en silex — Cu caam ri *zakitok* — destiné à l'immoler [6]. »

Comme les autres savants, le docteur Saffray veut que toute l'Europe soit issue de la race arienne, sans se dire que dans l'histoire, les Ariens n'apparaissent en Europe qu'une seule fois, à la suite de Xerxès, pour se faire battre par les Grecs, à Salamine [7]; tandis que les Gaulois, les Scythes, les Égyptiens, les Crètois, les Grecs, à diverses époques et sous la conduite de différents héros, notamment de Bacchus, d'Hercule, de Sésostris et d'Alexandre, ont envahi les rives de l'Indus; il a même vu des *haches aryennes*; il a reconnu l'estampille des fabriques des bords du Cophès ou de l'Indus, avec un exergue gravé dans ce langage, compris seul « *de ce petit nombre d'élus* » qui causent avec les vieux squelettes. Mais le docteur a vu « une image de femme très grossièrement reproduite dans plusieurs grottes de la Champagne et que l'on suppose être une divinité [8]. »

---

1. Diodore, l. V. XIV. — l. III, XVII, XXV.
2. Diodore, l. III, XIV.
3. Strabon, l. XVI, ch. IV, II.
4. Strabon, l. XV, ch. II, 2.
5. Popol Vuh, 2° partie, ch. I. II et VI.
6. Popol Vuh, 2° partie, ch. III.
7. Hérodote, l. VII, LXV.
8. *Histoire de l'Homme*, ch. XIII.

Comment se fait-il qu'il n'ait pas reconnu que cette divinité portait un casque sur la tête, car moi aussi j'ai vu cette femme dans le musée de M. J. de Baye, et j'ai constaté qu'il était beaucoup plus facile de reconnaître le casque qu'elle portait sur le front que les seins qui indiquaient son sexe ? Pourquoi le savant docteur n'a-t-il pas vu cela aussi bien que moi ? Ah ! la raison en est fort simple : C'est qu'il est difficile de supposer, quelle que soit l'imagination d'un savant, qu'un casque soit en pierre taillée ou polie et que dans la même grotte d'où elle a été enlevée des parois sur lesquelles elle était sculptée, il se trouvait des haches celtiques, et que ce petit fait dérange singulièrement les théories de l'aimable docteur. Mais ce bon docteur dit quelque part qu'il ne veut nullement attaquer l'autorité de la Bible [1]; alors comment accomode-t-il son système avec ce verset des livres saints : « Sella quoque genuit Tubalcain qui fuit malleator, et faber in cuncta *opera aeris et ferri* [2]. » Conséquemment Noé connaissait l'usage du fer et de l'airain, conclusion : l'âge de pierre est la plus majestueuse sornette qui ait jamais germé sous un bonnet carré ! Vous n'aimez pas le jésuitisme, docteur, ni moi non plus, alors marchez donc carrément à l'assaut du pentateuque, comme tous vos congénères. Il est de taille à résister à tous les myrmidons de l'univers !

Le grand, le seul argument que les savants et les libres-penseurs, ce qui, généralement, est tout un, ait formulé et croient irréfutable, c'est que la Bible ayant dit que le soleil tournait autour de la terre ; elle s'est trompée, et que si elle a erré une fois, il n'y a pas de raison pour qu'elle ne l'ait pas fait d'autres fois :

« Reconnaître, en effet, l'homme fossile, c'était attribuer au genre humain une antiquité supérieure à celle qui lui est octroyée par la chronologie de la Genèse, c'était se heurter contre les livres saints, et comme dans

---

1. *Histoire de l'Homme*, ch. I.
2. Genèse, ch. IV, 22, au reste l'histoire est d'accord avec la Bible, puisque d'après Diodore les métaux étaient connus en Ethiopie dès les premiers rois, l. III, VI.

l'histoire de toutes les grandes découvertes, depuis *Colomb*, Copernic et Galilée, la Bible venait opposer son veto[1]. »

« Depuis Galilée, il n'est plus permis de dire ; — Ceci est mauvais, par cela même que c'est contraire à la Bible.

« La Bible faisait tourner le soleil autour de la terre ; Galilée a démontré que c'est la terre qui tourne ; il a même été brûlé pour cela[2]. »

Qu'un savant de la taille de M. d'Assier dise de pareilles niaiseries, cela n'a rien qui doive choquer, Il peut même mentir, car, enfin, je n'ai vu, nulle part, dans la Bible, qu'il y ait la moindre allusion à Christophe Colomb, — cela est de l'essence du savant, il doit même prouver que deux et deux font cinq, c'est son métier ; autrement il raisonnerait comme tout le monde, il ne serait pas du fameux « petit nombre d'élus » ; et, à vrai dire, il est difficile de concevoir un savant qui n'ait pas divorcé, complétement, avec le sens commun ; mais que Thomas Grimm un des rares hommes de bon sens de notre siècle, si fertile en ignares pédants, en illustres imbéciles, disent de pareils enfantillages, j'avoue que j'en suis tombé des nues; car enfin pour lui, comme pour la masse des mortels, trois et trois font six !

Prenons donc le taureau par les cornes. La Bible a dit :

Dixit que coram eis : *Sol contra Gabaon nemovearis*, et Luna contra vallem Aialon.—Steterunt que Sol et Luna donec Ulcisceretur se gens de inimicis suis. Nonne scriptum est hoc in libro iustorum ? *Stetit itaque sol in mœdio cœli, et non festinavit occumbere spatio unius diei*[3].

« Et il dit devant eux (les Israélites) : *Soleil arrête-toi*, sur Gabaon ; et *toi lune*, sur la vallée d'Ajallon. — Et *le soleil et la lune s'arrêtèrent*, jusqu'à ce que la nation se fût vengée de ses ennemis. Ceci n'est-il pas

---

1. *Essai de philosophie naturelle*, l'homme par d'Assier, ch. I.
2. Thomas Grimm (Escoffier), *Darwin et le Darwinisme*, 22 avril 1882. Petit Journal.
3. Liber Josué, caput X, 12 et 13.

écrit au livre des justes ? Aussi le soleil *s'arrêta au milieu du ciel* et ne s'empressa pas de se coucher pendant un jour entier. »

Eh bien ! je m'adresse aux hommes de bon sens, non aux savants : Comment Josué, général d'armée, pouvait-il s'exprimer autrement ? Devait-il donc dire en s'adressant à ses troupes : *Terre qui tourne autour du soleil arrête ton mouvement Diurne* ? Cela eut peut-être été un langage scientifique, mais eut été d'un parfait imbécile. — Les soldats ne l'auraient pas compris et se seraient moqué de lui et de sa science [1].

Est-ce que Josué faisait un cours d'astronomie à son peuple ?

Il avait autre chose de plus sérieux à penser : Est-ce qu'il a dit que le soleil tournait autour de la terre ? Pas du tout, il a dit au soleil :

« Arrête-toi ! » Ce n'est pas de savoir s'il a eu tort de s'adresser au soleil plutôt qu'à la terre qu'il est important ; ce qu'il faudrait prouver c'est que le jour n'a pas duré plus que d'habitude, après la parole du général hébreu, et le cas échéant, cela serait grave ; nous n'en sommes pas là [2].

---

1. A l'appui de ce que j'avance, Strabon qui est pourtant, en général, un historien intelligent, regarde comme des idiots (sic) les phéniciens, parce qu'ils croyaient que les mouvements de l'Océan suivaient les phases de la lune, l. III, 8.

Et Hérodote parlant de ces mêmes phéniciens qui, après leur voyage de circonvolution autour de la Lybie (Afrique), affirmaient qu'ils avaient vu le soleil à leur droite, ajoute : « Ce fait ne me paraît nullement croyable. » C'était pourtant la vérité et c'est cette incrédulité de l'historien qui affirme l'authenticité du voyage de ces navigateurs, comme le dit fort judicieusement Larcher, l. IV, XLII.

2. La terre tourne autour du soleil ; très bien — tout le monde est d'accord là-dessus ; notez qu'aujourd'hui un savant, P. Trémeaux bat en brèche, avec une grande force de raisonnement, le système tout entier de Newton.—Mais le soleil, lui, est-il immobile, ou marche-t-il ? Qui peut le dire ? — s'il marche, où et comment ? S'il est immobile, en vertu de quelle loi ? Car, évidemment, c'est contre toutes les lois de la pesanteur. S'il va droit devant lui, où va-t-il ? — S'il tourne, autour de quoi tourne-t-il, si c'est autour d'un astre, où est cet astre ? Autant de questions insondables et irrésolues et qui

Je voudrais bien savoir comment en plein XIX⁰ siècle les savants, même les libres-penseurs feraient parler un général d'armée et comment eux-mêmes s'exprimeraient s'ils parlaient de la manière d'être du soleil en ce qui concerne le jour et la nuit ?

Souvenez-vous de cette ode sublime de Rousseau :

> « Dans une éclatante voûte,
> Il a placé de ses mains,
> *Ce soleil* qui *dans sa route*
> Eclaire tous les humains.
> Environné de lumière,
> Cet astre *ouvre sa carrière*
> Comme un époux gracieux
> Qui dès l'aube matinale,
> De sa couche nuptiale
> *Sort* brillant et radieux.
>
> « L'univers à sa présence
> Semble sortir du néant
> *Il prend sa course*, il *s'avance*
> Comme un superbe géant.
> Bientôt sa *marche féconde*
> *Embrasse le tour* du monde

prouvent combien la science dont l'homme s'enorgueillit si niaisement est encore emmaillotée dans les langes de l'enfance. Voyez ce ballon, qu'après un demi siècle de travaux infructueux, ce savant veut en vain diriger dans les airs ; son maître, désespérant comme Empédocle de comprendre sa chimère, se précipite de désespoir dans l'abîme. Cependant Dieu a créé des milliers d'oiseaux, d'insectes de toutes formes, de toute pesanteur, depuis l'aigle, navire aérien, qui déploie dans les airs sa vaste envergure, jusqu'au moucheron, qui fait, pierre fine, rubis, émeraude, topaze ou améthiste miroiter au soleil ses ravissantes couleurs ; les uns sont élancés, les autres sont ronds et lourds ; — ceux-ci ont des ailes diaphanes et semblent des fleurs volantes ; ceux-là ont de lourdes membranes qu'ils font tourner sur eux-mêmes comme un chaland mal équilibré ; ceux-ci sont légers comme la plume qui les enveloppe de son gracieux duvet ; ceux-là sont pesants comme leur carapace que l'on dirait en métal ; et cependant tous volent, fendent l'espace et bravent les tempêtes, et, vous savants, vous n'avez pas su ravir encore à la nature un seul des milliers de secrets qui font mouvoir ces admirables mécanismes, vous n'êtes pas seulement aussi malins qu'une pauvre bécasse ; vous n'avez pas la modeste habileté d'un serin ; vous n'avez pas même la tête aussi bien organisée qu'une étourdie linotte et vous prétendez commander aux astres !

Dans le *cercle* qu'il décrit ;
Et par sa chaleur puissante
La nature languissante
Le ranime et le nourrit [1]. »

Lamartine n'aurait pas mieux dit :

« *Le roi brillant du jour, se couchant dans sa gloire,*
Descend avec lenteur de son char de victoire.
Le nuage éclatant qui le cache à nos yeux
Conserve en sillon d'or sa trace dans les cieux
Et d'un reflet de pourpre inonde l'étendue [2]. »

Écoutons maintenant Châteaubriand :

« *Le soleil était descendu* sous l'horizon pendant la promenade des deux amants [3]. »

« Le globe du soleil, dont nos yeux pouvaient alors soutenir l'éclat, *prêt à plonger dans les vagues étincelantes*, apparaissait entre les cordages du vaisseau, et versait encore le jour dans les espaces sans bornes [4]. »

C'est aussi comme cela que parle Lemierre :

« *Soleil* par tes rayons l'univers fécondé
Devant toi s'embellit, de splendeur inondé.
Le mouvement renaît, les distances, l'espace ;
Tu te lèves, tout luit ; *tu nous fuis*, tout s'efface [5]. »

Mais Bernardin, ce poète-philosophe, ne peut pas s'exprimer autrement :

« *Le soleil* invitait à s'avancer jusqu'aux extrémités du nord..... *Pendant que cet astre s'avance* du tropique du Capricorne à celui du Cancer, un voyageur, parti de la zône torride, à pied, peut arriver sur les bords de la mer glaciale, et revenir dans la zône tempérée, lorsque *le soleil retourne* [6]. »

---

1. Odes, l. I, ode II.
2. Lamartine, 1re méditation, XVI, la prière,
3. Châteaubriand, le *Dernier Abencerage*.
4. Id.
5. Lemierre.
6. Bernardin de Saint-Pierre. *Études de la Nature*. Des plantes, *Etude onzième*, harmonies élémentaires des Plantes.

Croyez-vous que ces grands écrivains ignoraient que la terre tourne autour du soleil? Cependant. ils font, dans un magnifique langage, soit en prose, soit en vers, circuler le *soleil autour de la terre*! Ce n'étaient pas des savants! Parbleu, ils avaient trop d'esprit pour cela! Les savants, eux, auraient dans un jargon extravagant, dans un galimatias digne de l'Institut, fait circonvoler la terre autour du soleil ; Bravo! cela eut été vraiment drôle : tout le monde y aurait trouvé son compte : Ils auraient été satisfaits d'eux-mêmes et le public aurait ri [1] !

Je vais encore plus loin, je voudrais bien savoir comment tous les docteurs de France, de Navarre et autres lieux, s'y prendraient pour annoncer le commencement et la fin du jour ?

Ouvrez l'Académie : Vous trouverez au mot « *Soleil* [2] » :

« Le *cours* du soleil. Le *mouvement diurne du soleil*. Le *soleil levant*. Le *soleil couchant*, Le *lever*, le *coucher du soleil*. » Lisez Larousse, un libre-penseur : « Le soleil se couche. » Consultez Littré, ce grand prêtre de la libre-pensée, ce fils de Boudha qui, mourant, a foulé du pied tous ses rêves insensés : « Lever du soleil : Le moment où le soleil paraît à l'horizon [3]. »

Développez même *le Petit Journal*, cette feuille où

---

1. On dira peut-être : « Vous croyez donc que Josué savait que la terre tourne autour du soleil. » Mon Dieu, à cet égard, nous ne croyons rien : nous n'avons pas à nous lancer dans le champ des suppositions. M. Marius Fontane a trop bien prouvé que lorsque l'on écrit l'histoire de cette manière, il n'y a plus de limite aux divagations, aux sottises, aux hontes mêmes de l'esprit humain ; non, nous ne marchons que l'histoire à la main ; ce que pensait Josué là-dessus ne nous importe pas : ce qu'il fallait prouver c'est que quelle que fût sa manière de voir, il ne pouvait non seulement parler autrement aux soldats de son temps ; mais que si un général contemporain faisait différemment, on lui rirait au nez.

2. En Anglais : Lever du soleil, *Sun-rising*; le coucher du soleil, *Sunset*; en Italien : *Lo Spuntar del sole*; en Allemand : *Sonnenaufgang*; Sonnenuntergang.

3. *Dictionnaire de la Langue française*. A l'appui de son opinion, Littré cite ces deux auteurs :

Thomas Grimm déploie, habituellement, tant de bon sens, quand il a l'esprit de rester lui-même : vous lirez :

« Le *Soleil* a lui franchement, mais dès après *son coucher*, le ciel s'est couvert...[1] »

« Hier matin, dimanche, la pluie est tombée faiblement *au coucher du soleil*[2]. »

Autant d'erreurs scientifiques : cependant à moins de passer pour de ridicules pédants, il nous faut tous les jours employer ces façons mensongères de parler. L'homme sensé doit nécessairement s'exprimer dans une langue qui soit comprise de ses semblables.

Entendez-vous ce chef de maison, commensal de Charenton ou de l'Institut, ce qui se ressemble beaucoup, s'écrier le matin en bâillant et en s'étirant : — Jean, la terre a-t-elle commencé sa révolution ? « — Bon Dieu ! *penserait in petto*, maître Jean, que monsieur est savant !... Mais qu'il est bête ! »

Si les moines et l'Inquisition ont tué Galilée, c'est qu'ils étaient aussi malins, aussi tolérants, aussi doux que nos libres-penseurs, qui se débarrasseraient volontiers, s'ils étaient complétement les maîtres, de tous ceux qui ont l'abomination de ne pas adorer leurs sornettes et qui dévoilent leurs mensonges : Témoins leurs pères de 93, qui caressaient si tendrement, au *nom de la raison* ceux qui adoraient l'*infâme* !

Quoiqu'il en soit, Josué, à moins d'être un *niais élevé à la puissance N*, ne pouvait s'exprimer devant ses soldats, autrement qu'il l'a fait, sans se rendre ridicule à leurs yeux ; ce qui aurait été un mauvais moyen d'é-

---

« Vous avez dans un trouble à nul autre pareil
Prévenu ce matin le lever du soleil. »
           Thomas CORNEILLE, Ariane a. 5. 1.

« Qui n'admire ce bel astre, qui n'est ravi de l'éclat de son midi et de la superbe parure de son lever et de son coucher. »
           BOSSUET (Louis de Bourbon).

1. *Petit Journal* du 1er mars 1882.
2. *Petit Journal* du 23 avril 1882.

tablir son prestige ; et si ses troupes avaient pris *son mouvement diurne de la terre,* au sérieux, — ils auraient pu faire de lui ce que les Italiens fanatiques et idiots ont fait de Galilée ; ce qui ne l'aurait pas beaucoup aidé à gagner la bataille.

Mon Dieu, c'est ce qui arrive aujourd'hui ; toute l'Europe s'est emballée sur la question Arienne ; tous les savants croient que c'est le soleil qui tourne autour de la terre, je veux dire l'Europe qui est fille des Arias, tandis que c'est tout l'opposé : c'est l'Arianie qui est une colonie crétoise, c'est-à-dire sémitique. Dites cela aux savants, vous allez les voir danser, surtout si vous le leur prouvez d'une façon irréfutable, comme j'en ai la ferme intention.

Ainsi d'après notre cher docteur, ce sont aussi les Arias qui ont apporté la bière en Europe.

« Les Aryas de la famille Celtique inventèrent l'hydromel des Celtibériens et des Scandinaves, *la cervoise des Germains*, première forme de la bière [1]. ».

Ce cher docteur a tant bu de cette délicieuse cervoise qui, à l'instar des vins du Rhin a un goût très prononcé de *pierre*, qu'il en est encore tout étourdi : Etonnez-vous après cela de ses divagations ?

D'après M. d'Assier, l'Ibérie serait une migration arienne [2]. Si M. d'Assier sait faire bavarder les squelettes, les cailloux et le limon de la terre, il n'a guère fait parler l'histoire, comme nous le prouverons plus loin et comme Strabon nous l'enseigne dès maintenant, puisque d'après ce géographe il est constant que l'Ibérie est une colonie phénicienne.

« L'assujettissement de cette partie de l'Ibérie aux Phéniciens a été si complet, qu'aujourd'hui encore, dans la plupart des villes de la Turdétanie et ses campagnes environnantes, le fond de la population est d'origine phénicienne [3]. »

---

1. Histoire de l'Homme, ch. XI.
2. Essai de philosophie naturelle, l'homme. ch. IX.
3. Strabon, l. III, ch. II, 13.

Nous avons vu que M. Renan donne à la race Arienne 15 à 20 mille ans, M. d'Assier ne lui en donne que treize.

« Les 1res atteintes du froid s'étant fait sentir longtemps avant cette époque, on peut approximativement fixer à 11,000 ans l'intervalle qui sépare l'hégire Aryenne du premier siècle de l'ère chrétienne[1]. »

Si cet auteur est en contradiction avec le bon sens, avec Strabon et même avec M. Renan, il l'est aussi avec lui-même, car il écrit :

« *L'homme étant né frugivore*, ainsi que *l'accuse la structure de son appareil dentaire*, dut nécessairement choisir pour résidence des contrées où il put trouver des fruits en toute saison[2]. »

« *L'homme primitif était, en effet, cruel et sanguinaire, aussi féroce que les bêtes* qu'il attaquait ou contre lesquelles il avait à se défendre[3]. »

Eh bien ! mais, et son appareil dentaire qu'est-ce que le savant en a donc fait ? Après cela peut-être avait-il dans quelque grotte un *osanore* de rechange, en pierre taillée ou polie ! Car enfin si cet appareil dentaire le rend frugivore, il ne peut être aussi féroce que les tigres et les lions qui se nourrissent de chair palpitante, s'il n'a pas un appareil de rechange qui lui permette de modifier sa nature, pour le besoin des déraisonnements de nos savants modernes.

Eh bien, là, vrai, j'aime mieux Boudha, au moins lui, il n'y va pas de main-morte; ce n'est plus par 10, 20, 30 ou 50 mille ans qu'il compte, mais par millions, par milliards de siècles, au moins cela en vaut la peine :

« En le soumettant à la douleur, il avait traversé trois asankhya de kalpas (trois cents quadrillions de fois seize millions huit cent mille ans)[4]. »

---

1. Ch. IV.
2. Ch. III.
3. Ch. IV.
4. Foé Koué Ki (Abel Rémusat). Note 4 du ch. X.

Assurément, ce roi de la science, Gaudama, n'était pas plus fou que nos savants ; seulement il avait parfaitement sondé l'esprit de la nation sur laquelle il comptait peser et imprimer ses doctrines, et il avait cru qu'il pouvait lui faire digérer ses milliards d'années, tandis que nos savants ont pensé que les peuples Européens n'avaient pas l'estomac assez primitif pour supporter plus que 20 ou 50 mille ans ; au fond cela est absolument la même chose, Phralaong, comme les philosophes de notre époque s'appuyait sur la science :

« Avant d'avoir obtenu le *suprême savoir*, j'ai, pendant des générations sans nombre, parcouru un cercle toujours renouvelé d'existences et supporté la misère. Je vois cela maintenant distinctement ! Je vois, en outre, comment je puis me soustraire aux entraves de l'existence, et m'affranchir de toutes les misères et calamités qui accompagnent la génération ; ma volonté est désormais fixée sur le très désirable état du Neibban[1]. »

Comme nos savants, il conduisait à l'anéantissement final, puisque le Neibban n'est pas autre chose et que M. d'Assier a écrit :

« Les perspectives édéniques que notre imagination se plaît à placer au terme de notre carrière, sont, suivant une expression bien connue, « le songe d'un homme éveillé[2]. »

« De ligno autem scientiæ boni et mali ne comedas, in quocumque enim die comederis ex eo, *morte morieris*[3] », a dit la Bible.

Et afin de prouver combien cette grande parole de Moïse est vraie et irréfragable, les savants se sont eux-mêmes, d'un bout du monde à l'autre, condamnés à l'anéantissement !

Voici donc la question parfaitement posée : d'un côté,

---

1. Vie ou légende de Gaudama, p. 96.
2. L'homme, Ch. III.
3. Genèse, Ch. II, 17.

Moïse [1] le plus grand génie, le plus profond législateur, le plus sublime philosophe qui ait jamais existé, si grand, si profond, si élevé, si puissant, si étendu, si sublime, qu'auprès de lui les autres philosophes, les autres législateurs, ne sont que d'affreux polichinelles, Moïse affirme que le déluge a eu lieu environ 800 ans avant sa naissance ; or à une si courte distance, la tradition devait être encore vivante, le souvenir du cataclysme devait être dans toutes les mémoires, comment supposer que Moïse ait menti en face de tout un peuple ? Au reste, les prêtres Egyptiens eux-mêmes ne repoussaient pas la possibilité du déluge [2].

De l'autre côté nous avons les savants Européens, Brahmanistes et Boudhistes, qui s'appuyant sur leurs sciences, sont dans le plus complet désaccord entr'eux pour fixer la date de l'éclosion du monde, et n'invoquent pour témoins que l'autorité des pierres, des squelettes, du limon ou de leurs rêves, oubliant que ces témoins muets, parlent un langage bien différent à chacun d'entr'eux, puisqu'il y a parmi eux une si grande divergence d'opinions. C'est une vraie tour de Babel !

Il y a un malheur vraiment déplorable pour ces messieurs, c'est que la statistique d'accord avec Moïse établit qu'ils sont tous plus ou moins hallucinés les uns que les autres. Il est une loi que le savant le plus ignare, le plus imbu de ses préjugés, le plus aveuglé par sa haine contre la révélation, le plus abruti par ses rêves de songe creux n'osera nier : c'est que la famille humaine va toujours en augmentant : partout, en tout temps, dans tous les climats, sous toutes les latitudes, aujourd'hui aussi bien qu'autrefois, en guerre comme en paix, en barbarie comme en civilisation, chez les peuples riches comme chez les nations pauvres. Mais cette multiplication n'est évidemment pas égale partout, bien qu'aujourd'hui on puisse lui appliquer *la loi du nombre* : on peut dire en toute vérité, que moins un pays est peuplé plus il se

---

1. Nous ne prenons ici Moïse qu'à l'état de simple mortel, laissant de côté, sa mission inspirée.
2. Diodore, l. I, S. I. V.

multiplie, ou autrement dit, sa croissance est en raison inverse de la densité de sa population. Prenons des exemples afin de bien démontrer cette loi : les douze fils de Jacob, sans compter leurs enfants et leurs femmes entrés en Egypte [1], en sortirent au nombre de six cents trois mille cinq cent cinquante hommes [2], non compris les femmes et les enfants, non en état de porter les armes, quatre cent trente ans plus tard [3]. Douze hommes avaient, au sein d'un peuple ennemi, presque en esclavage, produit 603,550 hommes en un peu plus de quatre siècles, ce qui fait qu'ils avaient doublé tous les 20 ou 21 ans ; et notez que nous ne parlons pas des dissidents qui se sont détachés d'eux pour aller sous la conduite de Cadmus et de Danaüs peupler la Grèce et la Phénicie [4]. Comme les savants n'aiment pas Moïse, les pygmées redoutent l'Hymalaya dont la hauteur écrase leur petitesse, les taupes craignent le soleil, ses lueurs éblouissantes aveuglent leurs yeux habitués à l'obscurité, citons un autre peuple : le Canada français avait en 1769, lors de la conquête 60,000 habitants ; en 1881 [5] lors du dernier recensement, il en avait 1,500,000. Et cela malgré l'émigration des Canadiens français aux Etats-Unis faite sur une grande échelle. Et cette augmentation est bien, là, comme pour le peuple juif, le produit de l'accroissement naturel, car l'émigration française dans ce beau pays depuis que nous l'avons perdu,

---

1. 70 personnes pour être exact. Exode, ch. I, 5.
2. Nombre, ch. I, 46.
3. Ex. ch. XII, 40.
4. Diodore, l. XL.
5. On comprendra que nous ne citons pas comme croissance rapide l'augmentation des États-Unis, car elle est le produit pour une bonne partie de l'émigration. De 1865 à 1881, elle a été officiellement de 5,214,585 habitants ; la population de cette grande nation était en 1790 de 3,900,000 habitants, en 1801 de 5,305,925 habitants, en 1820 de 9,000,000 d'habitants, en 1830 de 23,000,000 d'habitants, en 1870 de 38,000,000 d'habitants et en 1880, date du dernier recensement de 50,438,000 habitants. Ce qui fait qu'elle a doublé tous les 20 ou 21 ans environ, mais comme cette augmentation n'est pas normale et est pour partie, le produit de l'émigration ; nous avons dû la laisser de côté pour baser notre raisonnement.

est insignifiante¹. Et bien là encore, malgré le milieu défavorable, tant sous le rapport du climat qui est incontestablement plus rude que le nôtre ², que sous celui de la position du Canadien français, au vis-à-vis du conquérant, principalement dans les premières années de la conquête, le peuple double avec une rapidité vertigineuse : — tous les dix-neuf ans. — La place ne lui manque pas ; le bas Canada est grand comme trois fois la France entière ³.

Si nous prenons maintenant un pays très peuplé, le nôtre par exemple, nous trouvons qu'il double tous les deux cent soixante ans. D'après le recensement de 1831, la France possédait 32,569,225 habitants, selon le dernier, celui de 1881, elle en a 37,672,048, ce qui fait en tenant compte de ce que nous avons perdu et gagné tant au Nord-Est qu'au Sud-Est du pays, un accroissement de 6,321,198, soit une augmentation annuelle de 126,024, exigeant une période de deux cent soixante ans pour que la population double. Pour arriver à avoir une moyenne il faut prendre toutes les nations du globe et calculer leur augmentation annuelle : c'est ce qu'ont fait MM. Behm et Wagner qui ont trouvé, pour la population de la terre, en 1880, un milliard 455,923,500 habitants ⁴, avec 16,778,000 habitants d'accroissement depuis leur dernier recensement, fait 22 mois avant, soit 9,151,732 par an ; ce qui permet à la population de la terre de doubler en 159 ans. Si nous acceptons ces chiffres comme base du calcul à faire pour fixer la date du déluge, nous trouvons que ce cataclysme aurait eu lieu, il y a 4,500 à 5,000 ans ; mais il faut observer, comme

---

1. Journal de Saint Hyacinthe, Canada.
2. De 1872 à 1876, 5107 individus seulement. Rapport du comité de colonisation. Ottawa 1879.
3. Notice sur le Canada.
4. Notez que dans ces chiffres ne sont pas comprises les augmentations formidables de la Russie et des États-Unis en 1882 et 1880, 13,000,000 d'habitants pour les uns et 14,500,000 habitants pour l'autre.

nous l'avons vu plus haut, que dans l'enfance des sociétés l'accroissement est beaucoup plus rapide que dans leur vieillesse, de sorte que malgré les guerres, les épidémies, les époques de Marasme, de Barbarie, de Sodomie, il est naturel de conclure que la donnée de Moïse qui établit 4,250 ans approximativement, pour l'époque du déluge à partir de 1882 est on ne peut plus exacte et tout à fait rationnelle. Notez que si Moïse est d'accord avec la statistique il se rencontre aussi avec le bon sens. Est-il en effet admissible que le genre humain qui depuis 4000 ans environ, l'âge des pyramides, a produit tant de monuments, tant d'œuvres de génie, dans les lettres et les arts, a fait de si nombreuses découvertes : l'alphabet phonétique, la statuaire, la peinture, la statique, l'optique, l'imprimerie, la vapeur, l'électricité, la poudre à canon, la photographie, pour ne parler que des grands jalons du génie humain, n'aurait pendant 50,000 ans et plus enfanté que des haches de pierre ou des flûtes et des mirlitons en bois de renne, cela est absolument inadmissible, toutes les cervelles plus ou moins hallucinées des savants de la terre ; les Boudhas de l'Inde et ceux de l'Europe réunis ne feront pas que ce ne soit une niaiserie digne des petites maisons.

Nous avons dit plus haut que si les savants en général et M. d'Assier en particulier étaient habiles à ausculter les squelettes et les pierres et leur faisaient dire ce qui était utile à leurs systèmes ridicules, ils ne l'étaient guère à consulter l'histoire et à faire parler les historiens : et vraiment ils feraient bien de s'en tenir aux langages des haches et des vieux-crânes, car ces muets témoins des temps antiques ne pouvant être compris que « *d'un petit nombre d'élus,* » il n'est guère possible au commun des hommes qui n'ont que le sens commun, de contrôler leurs affirmations, tandis que lorsqu'ils s'avanturent sur le domaine historique, il nous est bien facile de prouver ou qu'ils dénaturent les faits où qu'ils sont d'ignares savants.

« En effet, dit-il, la chronologie de Manéthon, qui en forme la base, peut-être contrôlée par *Hérodote, Diodore.* » Examinons quelques-unes de ces dates, et commençons par citer un passage d'Hérodote, relatif à son voyage à Thèbes :

« Les prêtres me conduisirent dans l'intérieur d'un grand bâtiment du temple, où ils me montrèrent autant de colosses de bois qu'il y avait eu de grands prêtres, car chaque grand prêtre ne manquait pas pendant sa vie d'y placer sa statue. Ils les comptèrent devant moi, et me prouvèrent, par la statue du dernier mort, et en les parcourant ainsi de suite, jusqu'à ce qu'ils me les eussent toutes montrées, que chacun était fils de son prédécesseur... Ils dirent que chaque colosse représentait un *pyromis* (grand prêtre), engendré d'un pyromis, et parcourant ainsi les trois cent quarante-cinq colosses, depuis le dernier jusqu'au premier, ils prouvèrent que tous les *pyromis* étaient nés l'un de l'autre... »

« Hérodote fait ensuite le calcul du nombre d'années qui correspondent à cette longue période ; en comptant trois générations par siècle, il trouve onze mille cinq cents ans. Son voyage en Egypte remontant à une époque qu'on peut évaluer de vingt-trois siècles à vingt-trois siècles et demi, on arrive à un chiffre total de près de quatorze mille ans. Ce nombre ne nous paraît pas toutefois l'expression de la vérité, *car Hérodote ne semble pas suffisamment tenir compte des influences du climat de l'Égypte*, influences qui, comme on sait, hâtent l'époque de la puberté [1]. » C'est donc bien là l'opinion d'Hérodote que l'auteur a la prétention de nous donner. Eh bien ! cela est absolument faux ! car, après avoir dit ce que nous venons de reproduire d'après l'auteur, Hérodote ajoute :

« Ces prêtres me prouvèrent donc que tous ceux que représentaient ces statues, bien loin d'avoir été des dieux, avaient été des *pyromis*, qu'il était vrai que, dans les temps antérieurs à ces hommes, les dieux avaient régné en Egypte, qu'ils avaient habité avec les hommes et qu'il y en avait toujours eu un d'entre eux qui avait

---

1. L'homme, 1re partie, ch. II.

eu la souveraine puissance ; qu'Orus que les grecs nomment Apollon, fut le dernier d'entre eux qui fut roi d'Egypte, et qu'il ne régna qu'après avoir ôté la couronne à Typhon. Cet Orus était fils d'Osiris, que nous appelons Bacchus.

« Parmi les grecs, on regarde Hercule, Bacchus et Pan, comme les plus nouveaux d'entre les dieux. Chez les Egyptiens, au contraire, Pan passe pour être ancien ; on le met même au rang des huit premiers dieux, Hercule a place parmi les dieux de second ordre, qu'on appelle les douze dieux : et Bacchus parmi ceux du troisième, qui ont été engendré par les douze dieux.

« J'ai fait voir ci-dessus combien les Egyptiens comptent eux-mêmes d'années depuis Hercule jusqu'au roi Amasis. On dit qu'il y en a encore un plus grand nombre depuis Pan, et que c'est depuis Bacchus qu'on en trouve le moins, quoique depuis ce dernier jusqu'à ce prince on compte *quinze mille ans. Les Egyptiens assurent ces faits comme incontestables*, parcequ'ils ont toujours eu soin de supputer ces années, et d'en tenir registre exact.

« De Bacchus, qu'on dit être né de Sémélée, fille de Cadmus il y a jusqu'à moi environ *mille soixante ans ;* depuis Hercule, fils d'Alcmène près de neuf cents ans, et Pan est postérieur à la guerre de Troie, et on ne compte de lui jusqu'à moi qu'environ huit cents ans.

« *De ces deux sentiments, chacun est libre d'adopter celui qui lui paraîtra le plus vraisemblable* [1]. »

Ainsi, ce que M. d'Assier nous donne comme l'opinion d'Hérodote n'est que celle des prêtres égyptiens, à laquelle il oppose celle des grecs, dont les dates se rapportent avec les données bibliques, puisque Cadmus était hébreu et contemporain de Moïse [2] ; — quant à lui,

---

1. Hérodote, l. II, CXLIII, CXLIV, CXLV et CXLVI.
2. Hérodote, en effet, est né 484 ans avant J.-C., en ajoutant ce nombre à 1060, cela donne 1544 ans, avant l'ère vulgaire ; — Moïse quittait l'Egypte 1531 ans avant le Christ. Si donc des 1544 vous ôtez l'âge que pouvait avoir Hérodote quand il alla à Thèbes, vous arriverez au même chiffre à peu de chose près, en tenant compte de la génération qui existe entre Cadmus et Bacchus.

il se défend d'avoir là-dessus aucune opinion personnelle.

Mais voyons ce que dit Diodore de Sicile à ce sujet : M. d'Assier, a bien autrement été, lui qui comprend si bien le langage des pierres, sourd et aveugle avec cet historien, volontairement ou involontairement, si c'est volontairement, il est bien coupable ; si c'est involontairement, qu'il ne se dise plus savant ; et comment veut-il, dans l'un et l'autre cas, que nous ayons confiance en un homme qui commet ou de pareilles fautes, ou de semblables bévues !

« Il en est de même, dit-il, de la date de vingt-trois mille ans rapportée par Diodore, et qui, d'après les calculs des prêtres égyptiens, marque l'intervalle écoulé depuis Horus jusqu'à l'invasion d'Alexandre en Asie [1]. » Chiffre que l'auteur prétend n'avoir pas la possibilité de contrôler, quand Diodore, d'après les prêtres eux-mêmes en établit la fausseté.

« Les prêtres d'Egypte dans la supputation qu'ils font des temps qui se sont écoulés depuis le règne d'Hélius ou du soleil jusqu'au passage d'Alexandre en Asie, trouvent plus de vingt-trois mille ans [2]. *Pour soutenir cette fable* [3], ils disent que les premiers dieux ont régné

---

1. L'homme, ch. II.
2. Ces 23,000 ans ressemblent terriblement à l'empreinte du pied d'Hercule que les Scythes montrent sur un roc près du Tyras, et qui a deux coudées de long. Hérodote l. IV, LXXXII; et aux lits que fit faire Alexandre le Grand, dans les Indes, plus grands que ceux habituels « afin de laisser à la postérité par une merveille imposante, des idées prodigieuses et exagérées de toutes choses. » Quinte Curce, Vie d'Alexandre, l. IX, ch. III, 9. Diodore, l. XVII.
3. M. Marius Fontane qui écrit : « D'après Diodore, les Egyptiens n'estimaient pas à moins de 18,000 ans la période du gouvernement des dieux jusqu'à Horus, et qui ajoute : « Depuis, le pays a été gouverné par des hommes. » (les Egyptes, ch. VI), commet la même faute. Il sait bien que Diodore est un homme trop sensé pour croire à de pareilles sottises : car lui qui a su déchiffrer les moindres inscriptions des stèles, des tombeaux, des papyrus et des pyramides d'Egypte — ces phares du désert — n'est pas sans avoir lu la phrase que nous citons de l'historien grec.

Aussi l'auteur n'osant pas s'arrêter aux dates données par les prêtres Egyptiens, fait commencer l'histoire d'Egypte, 5004 avant

chacun plus de douze cents ans, et que les derniers sont allés jusqu'à trois cents. *Mais comme un règne de cette durée est incroyable*, quelques-uns de ces chronologistes

Jésus-Christ [1]. Ce chiffre de 5004 nous a paru merveilleux ! pourquoi pas 5003, ou 5005 — ou le chiffre rond de 5000 — serait-ce afin d'imiter ces commis de magasin qui pour écouler leurs marchandises les affichent à 1,45; 2,95, etc., croyant amorcer le public, car enfin d'après le propre aveu de cet écrivain, ni Manéthon, ni les stèles, ni les papyrus, ni les tombeaux, ni les pyramides, ne donnent de dates. Où donc alors a-t-il pris ce chiffre fantastique ? il ne le dit pas. Puisqu'il s'est promené dans le pays des sphinx, il l'est peut-être devenu un peu lui-même ; mieux vaudrait pour nous qu'il fût un Œdipe. Il mettrait une chandelle dans sa lanterne ! Encore une fois pourquoi 5004 plutôt que 5003, 5005, 5000, 18000, 23000, les chiffres donnés par les prêtres ? Où sont ses bases ? Où sont ses preuves ? Mon Dieu, il n'en a pas. Il n'a pas osé prendre les dates Égyptiennes, de peur de faire rire de lui ; cependant, il lui fallait une date antérieure à celle qui résulte de la Bible, en sa qualité de libre-penseur et il a saisi la première qui lui a passé par la tête, qui n'était ni celle des chrétiens, ni celles données par les prêtres égyptiens et adoptées crânement par M. d'Assier, parce qu'elles étaient par trop ridicules, voilà tout.

Ce bon, cet excellent, cet adorable monsieur Marius Fontane, voudrait bien, comme tous ses congénères, anéantir l'autorité de la Bible, et avec elle, cet affreux, cet abominable Jéovah, qui le gêne horriblement. Comme tous ses frères en M. Renan, il préfère, à tout, un peuple sans Dieu, mais si enfin l'on est obligé de subir le joug exécrable des prêtres, mieux vaut les dieux que l'homme a créés dans son délire, à commencer par ceux des Arias, des Iraniens ou des riverains du Nil, que ce Dieu farouche qui nous a faits : Oh ! celui-là il ne peut le souffrir ; et si cela dépendait de lui, il l'aurait bientôt envoyé au diable. Cela se comprend, les dieux que nous avons créés, sont de facile composition ; avec eux, nous pouvons tuer papa, maman et nos voisins quand ils nous gênent, ou quand nous avons envie de ce qu'ils possèdent; nous pouvons leur prendre leur âne, leur bœuf, leur maison et leurs femmes. Nous avons le droit de coucher avec frères, sœurs, pères et mères, voire même avec notre vache. Tandis qu'avec Jéovah, halte-là ; il faut vivre chastement, honnêtement, respecter la femme du voisin, sa vache et notre mère, ne pas dépouiller le passant et ne pas écraser le faible, enfant, femme, serviteur et débiteur, c'est vraiment ennuyeux !

Aussi avec quelle grâce l'auteur envoie promener Moïse, Abra-

---

1. M. Graëtz dans son *Histoire des Juifs*, donne des dates beaucoup plus rationnelles, ch. I.

pour se sauver n'ont pas craint d'avancer que le cours du soleil n'étant pas encore parfaitement connu on réglait l'année sur celui de la lune ; et que cette année

ham qu'il calomnie honteusement et impudemment (les Egyptes, ch. XXV), et Joseph (les Egyptes, ch. XV) ; voire même Hérodote, quand ils ne veulent pas se mettre d'accord avec tous ses contes, tous ses mensonges et toutes ses inepties, qu'il a cru lire sur ces vieilles briques des rives du Nil. Selon la manie à la mode il fait les Asiatiques envahissant l'Egypte de 2851 à 2214. Or, au temps d'Hérodote encore, l'Asie commençait au Nil, et était bornée au Nord-Ouest par le Phase. L'Europe s'étendait de l'Océan Atlantique jusqu'au Phase. Quant à la troisième partie du monde, la Lybie, elle commençait au Nil, là où finissait l'Asie[1]. L'Asie prit ce nom au moment du départ des hébreux pour la Judée, avant elle était innomée. Ce nom lui vient d'Asias. (Hérodote, l. IV. XLV.) Ainsi comme tous ses compères, M. Marius Fontane est fort pour lire l'histoire du genre humain sur les pierres ; quant aux livres, il n'y entend rien. Quelle foi veut-il que l'on ait en lui ?

Il faut voir avec quelle loyauté l'auteur raconte l'histoire des hébreux en Egypte, notamment celle de Joseph. Quand la passion échauffe à ce point une cervelle humaine, on doit avouer qu'elle fait et dit de jolies choses ; ne va-t-il pas jusqu'à écrire que ce patriarche a pu organiser la famine. Nous citons car le lecteur supposerait que nous exagérons : « Il ne serait pas surprenant que cette *famine fût l'œuvre* de Joseph qui aurait préparée par un accaparement systématique des récoltes ? » (les Egyptes, ch. XVI). Mais où sont les preuves de cet écrivain pour formuler et pour lancer une si terrible accusation, contre un homme qui repose sur une couche d'honneur, que les siècles se sont plu à étendre sous son glorieux cadavre ? Il n'en a aucune, autrement trop heureux de nous écraser, il n'accuserait pas par voie d'insinuation, qui est toujours une arme peu honorable.

Que diriez-vous, Monsieur, d'un malveillant, qui écrirait dans un journal ou dans un livre : « qu'il *est probable que vous vous livrez à une honteuse spéculation*, en publiant un ouvrage qui n'a pas le sens commun ? » Vous vous récririez avec indignation ! et vous auriez parfaitement raison, car l'univers entier sait, des rives de l'Indus aux stèles de Memphis, que vous êtes un bon, brave homme, plus *naïf* que méchant, qui a le sens moral trop oblitéré pour comprendre que l'honnête homme, qu'il soit juif, chrétien, mahométan, ou boudhiste, doit respecter ces grandes figures qui ne sont plus là pour se défendre contre les calomnies des sots et des coquins ; et qui ne saisit pas non plus, qu'en cisclant de charmants petits men-

---

1. Hérodote, l. IV, XLV. — *Strabon,* l. II, 33.

n'ayant par conséquent que trente jours, il n'est pas surprenant qu'un seul Roi ait pu vivre douze cents ans; puisqu'à présent que chaque année a douze mois, il y en a qui vivent jusqu'à cent ans. Ils ont un dénouement à peu près semblable pour les règnes de trois cents ans. Ils ajoutent que dans la suite les années ont été composées de quatre mois qui font la durée de chacune des trois saisons, le printemps, l'été et l'hiver, d'où vient que chez quelques auteurs grecs, les années s'appellent saisons et les histoire des horographies [1]. »

Ainsi des deux assertions de l'auteur de la *Philosophie naturelle*, basées sur le double témoignage d'Hérodote et de Diodore, il ne reste absolument rien, qu'une citation *erronée*, pour ne pas la qualifier comme elle le mérite!

Si nous appliquons la loi de l'accroissement de la population, non pas aux chiffres donnés par les prêtres égyptiens à Hérodote, c'est-à-dire 11340[2] plus 15000[3], soit 26340, mais seulement aux 23000 ans donnés par ceux qui ont été questionnés par Diodore, nous verrons de suite l'absurdité de tels nombres. En supposant que les Egyptiens, colonie Ethiopienne[4], n'aient commencé que par un homme et une femme, ce qui est bien le moins, et en prenant l'accroissement le plus bas qui ait jamais été constaté, c'est-à-dire celui de la France, qui

---

songes, que l'histoire à la main il nous est facile de montrer dans toute leur honteuse nudité, il ôte toute autorité aux assertions imaginées sur les tombeaux, les stèles, les pyramides dont il ne nous est pas possible de contrôler la véracité ! Au reste quand ces monuments le gênent par leur accord avec les historiens grecs comme dans l'histoire de Sésostris il les jette aimablement par dessus bords et dit qu'ils ont menti! Que lui reste-t-il donc pour empenner ses *canards?* (les Egyptes, ch. XXI).

1. Diodore de Sicile, l. I, S. 1, XIV, de sorte que si l'on divise les 23,000 ans des prêtres égyptiens par 12, on obtient tout bonnement 1916 ans, et les 26,340 fournis par d'autres prêtres à Hérodote nous aurons 2195 années plus 456, soit 2655 avant J.-C. Il est vrai, qu'à ces périodes, il faudrait ajouter plusieurs années pour les quelques *Pyromis* qui n'ont régné que trois cents ans.
2. *Hérodote*, l. II, CXLII.
3. *Hérodote*, l. II, CXLV.
4. *Diodore de Sicile*, l. IIII, 1.

double sa population tous les 260 ans[1]; bien que nous serions en droit de prendre tout au moins une moyenne entre l'augmentation la plus rapide, qui est celle des hébreux en Egypte ou celle du Canada français en Amérique, et celle de notre pays,—il est certain que la fécondité des femmes égyptiennes devaient être aussi grande que celle des femmes juives[2]; il n'y a aucune raison de supposer le contraire, bien mieux, les Egyptiens étaient sous tous les rapports, dans une meilleure situation que les Israélites qui vivaient dans un état de sujétion et de misère.—Mais nous voulons faire la part large et belle à M. d'Assier et autres libres-penseurs du même numéro et leur prouver irréfutablement, mathématiquement, combien ils sont peu intelligents : Nous trouvons pour la population de l'Egypte au bout de 23,000 ans, le chiffre impossible de : 2,000,000,000,000,000,000,000,000,000 habitants[3]; un *deux* suivi de *vingt-sept zéros*; il est bien

---

[1]. En 1831, la France avait 32,569,223 habitants; en 1881, 37,672,048, ce qui ferait une croissance de 5,102,845, auxquels il convient d'ajouter les 1,964,123 habitants qu'elle a perdus (traité de Versailles) et d'en retrancher les 745,770 (Savoie et comté de Nice) qu'elle a acquis, soit 6,321,198; il est vrai qu'il faudrait encore y ajouter les habitants français de l'Algérie (armée et colonie), soit 233,937; mais ce serait au surplus fort peu de chose dans la balance. Nous aurons donc environ 126.024 pour l'accroissement annuel de la population, donc elle double tous les 260 ans.

[2]. M. Fontane, *les Egyptes*, ch. XXV.

[3]. Pour les amateurs voici le calcul approximatif; mais tout en faveur de la libre-pensée :
2 — 4 — 8 — 16 — 32 — 64 — 128 — 256 — 512 — 1,000 — 2,000 — 4,000 — 8,000 — 16.000 — 32,000 — 64,000 — 128,000 — 256,000 — 512,000 — 1,000,000 — 2,000,000 — 4,000,000 — 8,000,000 — 16,000,000 — 32,000,000 — 64,000,000 — 128,000,000 — 256,000,000 — 512,000,000 — un milliard — 2 milliards — 4 milliards — 8 milliards — 16 milliards — 32 milliards — 64 milliards — 128 milliards — 256 milliards — 512 milliards — mille milliards — et ainsi de suite en ajoutant trois zéros à chaque période de dix doublements. Remarquez que quand il y aura 10,880 ans d'écoulés depuis le déluge, la population sera de mille milliards. En supposant que la population continuât à croître dans cette proportion il faudrait qu'il y eût quelque grande révolution terrestre, ou qui détruisît les hommes ou qui leur permît de se nourrir autrement que maintenant, car la nature telle qu'elle est conditionnée actuellement ne permettra jamais de substenter une pareille masse d'indivi-

entendu que nous avons dans ce calcul laissé de côté les unités ; nous aurions peut-être obtenu autrement plusieurs zéros de plus, qui n'ajouteraient rien à la démonstration ; nous sommes loin des sept millions d'habitants constatés par Diodore :

« Dans un dénombrement général qui se fit autrefois des Egyptiens, on en compta jusqu'à sept millions, et aujourd'hui encore il n'y en a guère moins de trois millions [1]. »

Il est utile de remarquer que les savants ayant besoin des 23 ou 26,000 ans annoncés frauduleusement par les prêtres égyptiens, pour l'assiette de leur système ridi-

dus. Mais si nous adoptons le chiffre d'accroissement donné par M. Behm comme celui de l'augmentation constante pour l'avenir comme pour le présent ; c'est-à-dire que la terre double tous les 159 ans, ce chiffre de mille milliards sera atteint 7,760 ans après le déluge. M. d'Assier, à tort ou à raison, prétend que la terre peut nourrir seulement 14,000,000,000 d'habitants [1]. Sans examiner si son calcul est fondé sur des faits certains et s'il n'est pas exagéré, nous l'adoptons un instant ; eh bien, selon la progression moyenne constatée par M. Behm, en prenant le chiffre rond de 1,500,000,000 pour celui de la population actuelle du globe, dans 4 fois 159 ans, ou 636 ans, la population devra être de 24 milliards — et si l'on prend l'accroissement le plus lent, le nôtre, comme point de comparaison, ce chiffre devra être atteint dans 4 fois 260 ans ou 1040, ans. De sorte, qu'il faut absolument de trois choses l'une : ou que la progression de la population diminue considérablement, ce qui n'est pas probable ; ou que l'homme trouve un nouveau moyen de se nourrir, ou qu'il disparaisse de la terre. Nous savons bien qu'il y a encore l'hypothèse que l'on a prêtée à un savant facétieux : le baiser d'une comète ou autre astre qui pourrait venir s'accoler à la terre et augmenter, par une génération spontanée, le domaine du genre humain ; mais le moyen ne nous semble pas pratique. Il n'est rien tel que ces diables de savants pour avoir de l'imagination ! Le prévoyant astronome n'a pas pensé à la situation désagréable des peuples qui se trouveraient au point de jonction des deux planètes, et que si cet embrassement amoureux ne serait pas sans charme pour elles, il ne procurerait pas le même plaisir à tout le monde.

1. *Diodore*, l. I, S. I, XVII.

---

1. *Essai de Philosophie naturelle*, 3ᵉ partie, l'homme, ch. III.

cule, ont défendu à l'âge glaciaire d'envahir les pays situés entre les deux tropiques ; de sorte que c'est bien à ce nombre absurde d'années que la loi de l'accroissement doit s'appliquer. Tandis que si l'on accepte les données de Moïse : 937 ans environ après le déluge comme date de son départ de l'Egypte, la population de la terre devait être encore très faible, quelle qu'ait été la rapidité de l'accroissement de cette même population ; et le chiffre de 7,000,000 d'habitants donnés par Diodore pour l'Egypte, avec ou sans les Hébreux, n'a rien que de très rationnel et prouve une multiplication qui a dû varier, entre la plus rapide constatée, 19 ans et la plus lente, 260 ans. Si par exemple nous supposons que ces 7,000,000 ne comprenaient que des Egyptiens et que l'Egypte a été fondée de suite après le déluge, ce qui n'est pas puisqu'elle est une colonie éthiopienne, nous trouvons qu'il a fallu que la population double tous les 38 ans pour avoir ces 7,000,000 d'habitants à l'époque du départ de Moïse ; si nous y comprenons au contraire les Hébreux ; en les défalquant, il resterait environ 4,000,000 d'Egyptiens en ne supposant que trois enfants à chaque famille d'Israélites et sans tenir compte du nombre de dissidents qui sous la conduite de Danaüs et de Cadmus sont allés peupler la Grèce et la Phénicie, il aurait fallu que la population doublât tous les 40 ou 41 ans. Dans l'un et l'autre cas nous demeurons dans le domaine du possible.

Si nous appliquons maintenant la progression des atterrissements signalée par Hérodote[1] : quatre mètres en 900 ans, nous trouvons que, non pas 23 ou 26 mille ans, mais seulement 3 ou 4,000 avant le Christ, l'Egypte était sous l'eau : ce qui du reste est constaté par Xanthus, reconnu comme certain par Strabon[2], qui admet avec Hérodote que l'Egypte est un présent du Nil[3]. « Car le Delta était autrefois couvert par les eaux, comme ils en

---

1. Hérodote, l. II, XIII.
2. Strabon, l. I.
3. Strabon, l. III, ch. II, 4. — l. XV, ch. 1er, 16. — Hérodote, l. II, X.

conviennent eux-mêmes, et comme je l'ai remarqué, et ce n'est, pour ainsi dire, que depuis peu de temps qu'il a paru [1]. » C'est aussi l'opinion de Diodore et d'Arrien [2]. « En effet, l'Egypte a été une mer [3]. »

Si nous prenons la théorie des géologues, concernant l'âge glaciaire, nous observons tout d'abord que l'Egypte est en dehors des tropiques dont la ligne passe à travers le Sahara, que conséquemment il y a moins de dix mille ans, ce pays devait être envahi par la glace. Or l'histoire n'est guère d'accord avec ce beau raisonnement car nous constatons avec Diodore de Sicile que les Ethiopiens, aussi en dehors des tropiques, brûlés, il y a des milliers d'années par un soleil implacable, le maudissait comme leur plus cruel ennemi [4], il en était de même des Atarantes, peuple au midi de la Numidie [5].

Le soleil était si ardent que les Ichtiophages faisaient cuire leurs poissons à ses rayons [6].

« Il fait une chaleur si excessive dans l'*Egypte* et dans le pays des Troglodytes, que ceux qui sont ensemble ne peuvent pas se voir les uns les autres à cause de l'épaisseur qu'elle met dans l'air. Personne ne peut marcher dans ce pays sans chaussure ; car il s'élèverait sous les pieds des pustules qui dégénèreraient en ulcères. Si l'on ne buvait dès qu'on a soif on mourrait subitement, la chaleur consumant en un instant toute l'humidité du corps. Si l'on met quelque viande dans un vase d'airain avec de l'eau et qu'on l'expose au soleil, elle est bientôt cuite [7]. »

Si les géologues avaient, aidés de M. d'Assier, tant soit peu réfléchi, ils auraient compris que si l'hémis-

---

1. Hérodote, l. II, X, XI XII et XVIII. — Diodore, l. II, III.
2. Diodore, l. III, II. — Arrien, expédition d'Alexandre, l. V. ch. III.
3. Plutarque sur Isis et Osiris, 40.
4. Diodore, l. III. — Strabon, l. VII, ch. II, 3.
5. Hérodote, l. IV, XXXIV.
6. Diodore, l. III, VII.
7. Diodore, l. III, XVII.

phère austral est plus froid que le boréal, la raison en est des plus simples, c'est qu'il n'y a dans cet hémisphère aucune montagne qui entrave l'action des vents du pôle antartique, tandis que dans l'hémisphère boréal, de hautes montagnes ont été, gigantesques brise-vents, placés par Dieu pour préserver les terres habitées ; voulez-vous la preuve de la vérité de ce raisonnement? Considérez le Canada ; le Manitoba, province centrale du *Dominion*, est à la même latitude que la France et a cependant, tous les hivers, une température qui varie entre 20 et 40 degrés de froid : pourquoi? C'est qu'au lieu d'être protégé comme l'Allemagne et nous par les Dofrines de Suède, il a au contraire une mer de glace, la baie d'Hudson, qui vient en coin lui apporter jusqu'en plein cœur de l'été les frimats redoutables du pôle. Voilà pourquoi aussi Québec, à la même latitude que Paris, a en hiver 15 à 30 degrés au-dessous de zéro, quand Paris reste à la glace fondante ; pourquoi New-York, à la même latitude que Madrid, a parfois jusqu'à 20 et 25 degrés de glace, lorsque la capitale de l'Espagne, protégée par les Dofrines, les Alpes et les Pyrénées, ignore même ce que c'est que la glace; et pourquoi la Russie non protégée par aucune chaine de montagnes est relativement plus froide que le reste de l'Europe. Il peut y avoir aussi l'élévation du sol : ainsi, la Champagne en France dont l'altitude est de plus de 130 mètres au-dessus du niveau de la mer est rien que de ce fait plus disposée à éprouver l'effet des vents du Nord, et à subir les conséquences de la raréfaction de l'air. Il peut y avoir encore la pureté du ciel, qui est d'autant plus grande que l'on s'éloigne des côtes : Ainsi, il pleut deux fois moins à Paris qu'à Rouen et quatre fois à Strasbourg que dans cette dernière ville : et chacun sait que les nuages sont un manteau qui protége le sol. Quant au Gulf-Stream, que les savants donnent pour cause de la température modérée des côtes Européennes de l'Atlantique, c'est un enfantillage : comme si un courant venu du Mexique, fut-il d'eau bouillante au départ, pouvait avoir une influence appréciable sur le climat d'un continent situé à 1,500 lieues de sa naissance.

Est-ce que le Gulf-Stream coule sur les côtes du Canada ? Et cependant entre le Manitoba situé à des centaines de lieues dans les terres et le bas Canada qui longe les côtes américaines de l'Atlantique, il y a au bas mot 10 à 12 degrés centigrades de différence : différence qui n'existe certainement pas entre la température du Hâvre et celle de Pultawa, ville russe située à peu près à la même latitude que la première ville.

Que l'on m'explique aussi pourquoi dans l'hiver 1879-1880, il faisait en décembre en France, de 25 à 30 degrés centigrades au-dessous de glace, quand tout à coup en deux jours la température est remontée de 40 degrés à 10 ou 15 degrés au-dessus de zéro, pour retomber 8 ou 10 jours après à 15 ou 20 degrés au-dessous ? Est-ce que le Gulf-Stream avait oublié d'obéir aux savants et de remplir sa fonction pendant les deux mois de glace que nous avons subis durant cet hiver ? Est-ce qu'il s'était réveillé dans l'intervalle qui avait séparé les deux périodes du froid ? Pas le moins du monde : deux sautes de vent s'étaient produites qui avaient amené l'une le réchauffement de l'air, l'autre son refroidissement et enfin une troisième nous avait ramené à notre état normal et délivré de cette température exceptionnelle pour notre climat et que nous subirions à coup sûr tous les ans, si comme le Canada, au lieu des Alpes Scandinaves, nous avions une mer de glace, qui enfonçât son coin désastreux en Europe jusqu'à notre latitude.

Il suffit qu'un savant, à imagination vive, avance une de ces formidables niaiseries qui séduisent les simples, pour que d'un bout du monde à l'autre tous les moutons de la science emboîtent le pas et fassent chorus, bien heureux s'ils ne renchérissent pas.

C'est ainsi que ce docile membre de la race ovine savante, le spirituel M. d'Assier, ravi de nous voir descendre des singes par la vertu de Littré, a voulu perfectionner la découverte en nous faisant naître d'une huître.

En présence de tant de contradictions, de tant d'assertions aventurées ou mensongères, appuyées sur des affirmations hypothétiques, *qu'un petit nombre d'élus* (les descendants des mollusques) peuvent seuls contrôler et qui font de la science une vierge folle ; ou sur des prétendues preuves historiques entièrement fausses, les données de la Bible, si précises et si concordantes, devront, par l'homme qui n'a pas divorcé avec le bon sens ou qui n'a pas pris un billet de première classe pour le train qui conduit à Charenton, être considérées, comme les seules vraies, les seules authentiques, les seules rationnelles, les seules intelligentes, qui existent. Comme ces phares qui éclairent les Océans, elles projettent leurs lueurs fulgurantes sur les temps antiques et guident le philosophe et l'historien à travers la nuit des âges.

Il s'en suit naturellement que sur notre globe, aucune race Arienne, Iranienne, Touranienne, Egyptienne, Ethiopienne, Sémitique ou autre, n'a pu exister avant les 2,328 ans [1] qui ont précédé l'ère chrétienne.

Et ceux qui enseignent le contraire, sont ou des charlatans ou des imbéciles et ceux qui les croient sont, tout aussi bien et au même titre que les sectateurs de Gaudama, des niais du premier numéro.

D'après Littré et consorts, nous descendons du singe :

Si mihi cauda foret, Cercopithecos eram [2].

M. E. Gellion Danglar aime à croire, en brodant sur Darwin, que « toutes les espèces, depuis la vésicule germinatrice, source première du développement de tout organisme, jusqu'à l'homme actuel, se sont graduellement transformées et perfectionnées [3]. » Les riverains du Nil ne disaient pas mieux :

« Les Egyptiens prétendent que le genre humain a commencé dans l'Egypte, et ils allèguent pour raison la

---

1. Une fois pour toutes, nous dirons que nous nous basons sur la chronologie de Larcher, ne voulant pas entrer dans des minuties qui n'ont ici, aucune utilité. En présence des chiffres fantastiques des libres-penseurs, qu'importe quelques années de plus ou de moins.
2. Martial, 1. 13.
3. E. Gellion Danglar, *Les Sémites et le Sémitisme*, ch. II.

fertilité de leur terrain et les avantages que leur apporte le Nil. Ils citent en particulier l'exemple de Rats que nous avons déjà rapporté et dont ils disent que tous ceux qui le voyent sont étonnés, car on aperçoit quelquefois ces animaux présentant hors de terre *une moitié de leur corps déjà formée et vivante pendant que l'autre retient encore la nature du limon où elle est engagée*. Il est démontré par là, continuent-ils, que dès que les éléments ont été développés, l'Egypte a produit les premiers hommes ; puisqu'enfin dans la disposition même où est maintenant l'univers, la terre d'Egypte est la seule qui produise encore quelques animaux [1]. »

Ce qui prouve qu'il n'y a rien de nouveau sous le soleil, pas même les bêtises de Darwin, et que de tous temps il y a eu des imbéciles pour croire aux sottises que les *savants* s'amusent à débiter. Et voilà des gens qui ne parlent que de « l'étreinte irrésistible de la logique, du sens commun et de la vérité [2] ! »

Si l'on en croit M. d'Assier et ses congénères, nous sommes issus des poissons : ces messieurs sont fiers de descendre d'une huître [3] ou d'un maquereau. C'est peut-être à cause de cela qu'ils donnent 23,000 ans à l'Egypte. « L'avidité que mammifères et oiseaux montrent pour les sources salées ou plus généralement pour l'eau et le sel, éléments d'ailleurs essentiels à la souplesse et à la vigueur des organes est comme un souvenir inconscient de cette genèse océanique [4]. »

---

1. Diodore, l. I. S. I. V.
2. Eug. Gellion-Danglar, *les Sémites et le Sémitisme*, ch. III.
3. J'ai vu un bivalve pétrifié, trouvé dans les rochers supérieurs des Pyrénées ; ce qui, entre parenthèses, prouvent que la mer a couvert les sommets les plus élevés de ces montagnes. Qui sait, c'était peut-être un ancêtre de M. d'Assier ?
4. Essai de philosophie naturelle, 3ᵉ partie, ch. III. Si M. d'Assier s'était adressé à un homme de bon sens, un simple paysan : il aurait appris que les animaux aiment, non-seulement le sel de cuisine, mais aussi, mais surtout, le sel de Nitre ; parce que le premier composé de chlore et de sodium, le second d'acide nitrique et de potasse, détruisent tous deux les insectes, les animalcules et par là, tendent à conserver l'être, qui en fait usage, en bonne santé : Or, le nitrate de potasse ne s'est jamais extrait de l'Océan, mais des vieux murs salpêtrés que les volailles aiment particulièrement à déchiqueter pour en extraire le salpêtre.

Selon Boudha, le plus grand apôtre de la science qui ait existé, l'homme habite tantôt le corps d'un chien, tantôt celui d'un lion, d'un rat ou d'un dindon, (que de savants sont dans ce dernier cas!) pour obéir à la loi des mérites et des démérites.

Selon les grecs et les romains, les Cercops, habitants d'Isnarine, descendants de Candole et d'Atlas, furent changés en singes à cause de leur conduite déréglée :

> Quippe Deûm genitor fraudem, et parjura quondam
> Cercopûm exosus, gentisque admissa dolosæ,
> In deforme viros animal mutavit; ut îdem
> Dissimiles homini possent, similes que videri.
> Membraque, contraxit : naresque à fronte remissas
> Contudit, et rugis peraravit anilibus ora.
> Totaque velatos flaventi corpora villo
> Misit in has sedes : nec non prius abstulit usum
> Verborum, et natæ dira in perjuria linguæ.
> Posse queri tantùm rauco stridore relinquit[1].

C'est dit-on de ce peuple que sont descendus les libres-penseurs :

> Callidus emissas eludere simius hastas[2].

Il est curieux de retrouver cette doctrine chez les anciens peuples de l'Amérique, où elle aura probablement été portée par les Phéniciens, comme nous le verrons plus loin :

« Or, on dit que leur postérité se voit dans ces petits singes (après le déluge) qui vivent aujourd'hui dans les bois[3]. »

« C'est fort bien, répondirent-ils en tirant les extrémités de leurs ceintures : mais dans le même instant elles devinrent des queues et ils furent changés en singes. « xa qoy x—qui vachibeh chic[4]. »

Les anciens prétendaient que les Æginètes avaient

---

1. Métamorphoses d'Ovide XIV.
2. Martial, l. XIV.
3. Popol Vuh, première partie, ch. III.
4. Popol Vuh, deuxième partie, ch. V.

d'abord été appelés Myrmidons, parce que, à la suite d'une famine, toutes les fourmis de l'île d'Egine avaient été métamorphosées en hommes [1]; pourquoi pas? nous connaissons bon nombre de savants qui semblent descendre de cette race.

Décidera qui voudra entre toutes ces opinions aussi graves les unes que les autres, et résoudra qui pourra ce magistral problème, pour moi je me garderai bien de perdre mon temps dans d'aussi sérieux enfantillages. Que ceux qui sont fiers de descendre d'un simien s'admirent dans leur vanité, redressent orgueilleusement la tête, et recherchent leur queue qu'ils auront perdue à la guerre depuis 50 ou 60,000 ans.

Que ceux qui sont convaincus qu'ils ont été engendrés par un marsouin, une huître ou un maquereau, conservent leur douce illusion, surtout si ayant « *comme un souvenir de cette genèse océanique* » ils aiment la natation et ont en horreur de manger du poisson le vendredi dans la crainte de voir sur leur table un membre de leur famille rôti, bouilli, frit ou fricassé!

Que ceux qui s'imaginent qu'ils descendent des fourmis d'Egine, se réjouissent dans leurs espérances, car ils n'ignorent pas que plus on est petit, plus on peut grimper sans effaroucher les prétendants, aux plus hautes cimes.

Que ceux qui pensent qu'ils ont été autrefois chien, chat ou grenouille et qu'ils pourront entrer un jour dans la peau d'un renard ou d'un lion tressaillent d'allégresse, car ils vivent dans l'éternel espoir de faire retentir les bois et les guérets de leurs savants rugissements, ou de leur habile dialectique, et qu'en tous cas ils ne se laisseront pas manger, comme le commun des mortels, la laine sur le dos.

Mais ce que nous affirmons avec toute la loyauté, toute la ténacité, toute la conviction d'un vrai libre-penseur, comme le fruit de nos profondes recherches, sans crainte d'être démenti par les gens de bon sens et

---

1. Strabon, l. VIII, 16.

d'esprit, c'est que la race des savants, qu'ils soient européens, américains, asiatiques ou africains « *ce petit nombre d'élus* » qui a le don de lire dans les pierres, le limon, les astres ou les vieux os, tant de choses amusantes et spirituelles, descend en ligne droite de maître Aliboron ! ce fameux quadrupède égyptien qui rongeait la corde « *de la science* » à mesure que son maître la filait[1]. Aussi, je ne puis que féliciter Messieurs de l'Institut de ne jamais manger de baudet ni de mulet. C'est sage, honorable et prudent : car pour être savant, l'on n'est pas anthroponophage ! Aussi chaque fois que je passe devant un âne qui braie, je me découvre respectueusement ; qui sait ? c'est peut-être la grande âme d'un Renan de l'avenir qui, dans ce langage harmonieux que chacun connaît, cherche à se mettre en rapport avec ce «*petit nombre d'élus* » qui seul, sait comprendre le langage des bêtes !

« Et toy homme, qui veux embrasser l'Univers, tout cognoistre, coteroller et iuger, ne te cognois et n'y estudies : Et ainsi en voulant faire l'habile et le syndic de nature, tu demeures *le seul sot au monde*[2]. »

L'histoire raconte qu'un empereur romain voulut faire admettre son cheval au nombre des sénateurs : nous, nous avons fait mieux, nous avons peuplé d'ânes l'Institut : Il est vrai que ce sont des ânes savants !

> Asinus in Aula, Asinus in Curia, ac scolis, Asinus Ubiq ;... *Ille regit terras*[3].

On éleva des statues aux cavales de Cimon, père de Miltiade, pourquoi donc nos ânes n'en auraient-ils pas[4] ?

---

1. Diodore, l. I, Sect. II, XXXVI.
2. Charron, *de la Sagesse*, l. I.
3. Daniel, Heinsius : Laus Asini, p. 57, *ex officina Elzeviriana* CIƆIƆCXXIX.
4. Elien, l. IX, ch. XXXII.

Aussi nous sommes toujours étonnés, en passant devant le palais Mazarin, de le voir campé fièrement derrière deux lions; quel anachronisme! c'est deux ânes qu'il faudrait à leur place!

LIVRE II

L'Ecriture phonétique.

Quel est le peuple qui a inventé l'écriture phonétique? Quel est le génie qui a amené cette immense révolution dans la manière d'exprimer ses idées et de les transmettre à ses semblables? Est-ce le peuple phénicien, le peuple juif ou le peuple égyptien? La solution de cet ardu problème peut rencontrer en apparence quelque difficulté; mais quelle qu'elle soit; que l'on décide que c'est le peuple phénicien, ou la nation hébraïque, ou les prêtres égyptiens, la conséquence absolue n'en sera pas moins que ce n'est pas le peuple aria. Quelle que soit la conviction que l'on ait à cet égard, il ne viendra à l'idée de personne de conclure que c'est de l'Arianie qu'est venu l'alphabet phonétique.

D'où vient donc que les savants, d'accord sur ce fait capital, ont fait venir les langues européennes, le grec en tête, du Sanscrit? Par quelle aberration de logique, après avoir reconnu que l'alphabet grec venait de l'alphabet phénicien ou hébraïque, concluent-ils que le grec descend du Sanscrit? A cela nulle réponse, si ce n'est que les savants ont perdu le sens commun ou qu'ils ont espéré par leur raisonnement fallacieux en imposer au public et arriver par une phraséologie captieuse à détruire l'autorité des livres sémitiques.

« Les Phéniciens étendirent rapidement, dit M. le docteur Saffray, leurs relations commerciales à tout le monde connu, et partout ils communiquaient aux peuples ce bienfait de l'écriture, dont ils avaient singulièrement augmenté la valeur : ils l'enseignèrent *notamment aux Hindous*, aux Israélites, aux Grecs, voisins de l'Asie, et qui les premiers en Europe, participèrent à la civilisation.

« Les grecs acceptèrent tout fait l'alphabet phénicien et ajoutèrent seulement quelques lettres pour représenter les sons spéciaux de leur langue. Ils conservèrent aussi le nom des lettres.

« Ainsi les phéniciens nommaient la première aleph, « tête de bœuf, » parce que dans le principe, pour représenter le son A, on avait esquissé une tête de bœuf avec deux cornes; la seconde s'appelait beth, « maison, » parce qu'avant sa simplification elle figurait le profil d'une maison avec son toit[1]. »

Ainsi, voici un savant qui reconnaît que l'écriture phonétique, cette découverte plus importante même dans ses résultats que l'imprimerie, est le fait (à tort, selon nous, ce que nous prouverons plus loin) des Phéniciens, et qui par une conséquence impossible fait descendre les langues européennes de l'ouest, des Arias ! Quant à cette prétention des libres-penseurs, on n'apporte aucune preuve si ce n'est celle de l'analogie de la langue sanscrite avec la langue grecque ; comme si un malin prétendait dans deux ou trois mille ans que la France, l'Angleterre, l'Espagne, l'Allemagne descendent des Américains parce que l'on aurait découvert que l'on parlait anglais et Allemand aux Etats-Unis, français au Canada, espagnol au Brésil, au Mexique et ailleurs. Pourquoi cette aberration de jugement ? C'est que sous le bonnet carré des docteurs, la logique, le bon sens, l'intelligence n'ont pas depuis bien longtemps fait acte de présence[2].

M. Lévy-Bing, dans son intelligent ouvrage *La Linguistique dévoilée*, montre infiniment plus de jugement. Ayant aussi établi que les Grecs avaient emprunté aux Phéniciens leur alphabet; il en conclut naturellement que le grec vient du phénicien[3].

1. Histoire de l'homme, XIV.
2. « Grâce à la persistance de ces dialectes à l'ouest de l'Europe, les linguistes peuvent facilement les rattacher aux langues asiatiques primitives, de sorte que l'étude des langues corrobore toutes les données archéologiques pour déterminer la patrie d'origine des Celtes nos ancêtres. » *H. de l'homme*, ch. VII.
3. Comme nous l'avons dit plus haut, c'est de l'hébreu que vient le grec, les Israélites étant les inventeurs du langage phonétique.

Il va même beaucoup plus loin, car il prouve aussi que le sanscrit vient du phénicien [1].

Il est bien certain qu'il n'y a pas eu trois inventions de l'écriture phonétique en Afrique, en Amérique [2] et en Arianie; l'humanité qui avance pas à pas et péniblement ne fait pas de pareils efforts d'enfanter la même découverte plusieurs fois, dans des pays différents. Ce ne sont pas, au moins, les libres-penseurs, eux qui soutiennent que pendant 50,000 ans l'humanité n'a fait que des outils grossiers en pierre ou en os, qui auront cette prétention.

Aussitôt que, par un effort gigantesque, l'homme a trouvé une de ces inventions qui bouleversent le monde, alphabet phonétique, poudre à canon, imprimerie, électricité, vapeur, cette invention se répand de proche en proche à travers toutes les nations et est bientôt adoptée par tout l'univers civilisé. Il en fut ainsi pour l'écriture phonétique.

Il est donc avéré qu'il n'y a eu qu'un peuple inventeur de l'alphabet phonétique, comme il faut en conclure aussi qu'aucun écrit quel qu'il soit, sanscrit, pali, pracrit, dans la langue de l'Avesta, hébreu, phénicien, grec, latin, etc., n'a pu être écrit avant cette découverte. Que dirait-on d'un vieillard de 100 ans aujourd'hui qui prétendrait dans son jeune temps être allé en chemin de fer? A n'en pas douter, qu'il est retombé en enfance; c'est ce qu'il faut conséquemment dire de tous les savants qui soutiennent que les écrits ariens remontent de 3 à 11,000 ans avant Moïse.

En effet, Cadmus, qui passe pour avoir inventé l'écriture phonétique et l'avoir portée en Grèce, était hébreu; au reste cette écriture devait déjà y être connue, puisque Danaüs lui-même était hébreu. — La Phénicie comme la Grèce sont des colonies hébraïques. Quand les Israé-

---

1. Nous prouverons subséquemment que c'est du grec, en grande partie, que le sanscrit vient directement, mais en définitive c'est de l'hébreu, puisque le grec est sorti de cette dernière langue.
2. On a trouvé une langue phonétique dans l'Amérique du Sud. Popol Vuh, introduction, page VIII.

lites quittèrent l'Egypte, ils allèrent sous trois chefs, Moïse, Cadmus et Danaüs, peupler trois pays, la Judée, la Grèce et la Phénicie.

Mais voyons ce que disent les historiens à ce sujet :

« Si l'on en croit *la renommée*, les Phéniciens sont les premiers qui eurent l'idée de reproduire par des signes rigides la voix fixée éternellement [1]. »

« Bien longtemps depuis ce déluge, l'histoire dit que Cadmus fils d'Agénor fut celui qui porta le premier les lettres de Phénicie, en Grèce. » — « On y voit à Rhodes une inscription en ces premiers caractères phéniciens qu'on dit avoir été *transportés* de Phénicie en Grèce [2]. »

« S'il faut en croire *la renommée*, ce peuple est le premier qui a inventé les lettres de l'alphabet ou qui en a étudié l'usage [3]. »

« Les Géphyréens, de qui descendaient les meurtriers d'Hipparque, étaient, comme il le disent eux-mêmes, originaires d'Erétrie ; mais *j'ai découvert par mes recherches qu'ils étaient phéniciens*, et du nombre de ceux qui accompagnèrent Cadmus lorsqu'il vint s'établir dans le pays qu'on appelle actuellement Béotie, et que le territoire de Tanagre leur était échu en partage. Les Cadméens furent d'abord chassés par les Argiens ; les Géphiréens l'ayant ensuite été par les Béotiens, ils se retirèrent chez les Athéniens, qui les admirent au nombre de leurs concitoyens, à condition qu'ils ne pourraient prétendre à plusieurs choses qui ne méritent pas d'être rapportées.

« Pendant le séjour que firent en ce pays les Phéniciens, qui avaient accompagné Cadmus, et du nombre desquels étaient les Géphyréens, ils introduisirent en Grèce plusieurs connaissances, et entre autres des lettres qui étaient, à mon avis, inconnues auparavant dans ce pays. Ils les employèrent d'abord de la même manière

---

1. Lucain, Pharsale, III, V. — Diodore, liv. XXXV.
2. Diodore, liv. V, XXXVI.
3. Quinte-Curce, *Vie d'Alexandre*, l. V, ch. IV, 19.

que tous les Phéniciens. Mais, dans la suite des temps, ces lettres changèrent avec la langue *et prirent une autre forme*. Les pays circonvoisins étant occupés par les Ioniens, ceux-ci adoptèrent ces lettres, dont les Phéniciens les avaient instruits, mais ils y firent quelques légers changements. Ils convenaient de bonne foi, et comme le voulait la justice, qu'on leur avait donné le nom de lettres phéniciennes parce que *les Phéniciens les avaient introduites* en Grèce... »

« Moi-même j'ai vu aussi à Thèbes en Béotie des lettres cadméennes dans le temple d'Apollon Isménien. Elles sont gravées sur des trépieds et ressemblent beaucoup aux lettres ioniennes [1]. »

Ainsi voilà qui est avéré, l'alphabet a été transmis aux Grecs par les Phéniciens ; mais Diodore et Hérodote ne disent pas que ce soit eux qui l'aient inventé, et Lucain ainsi que Quinte-Curce ne parlent que de la *renommée*. Cependant Hérodote, plus près des temps où cette découverte a été portée en Grèce, était plus apte à décider la question. Il reste un point qui n'est pas éclairci par cet historien : c'est que Danaüs, issu comme Cadmus de la famille hébraïque, devait, comme nous l'avons dit plus haut, connaître au même titre que lui l'alphabet phonétique.

Aussi n'est-ce qu'un changement de caractères que les Phéniciens ont opéré en Grèce, comme nous le verrons dans Diodore de Sicile, où il est parfaitement établi que ce sont les Israélites qui ont inventé l'art de fixer les sons de la voix humaine par des signes graphiques, mais que les Phéniciens, ayant changé la forme de ces signes, ont transporté en Grèce ces modifications qui ont été adoptées par toutes les nations.

Nous verrons plus loin une colonie grecque-crétoise porter cet art avec la langue d'Homère, les lois de Minos et les coutumes mi-grecques, mi-hébraïques et égyptiennes sur les bords de l'Indus.

---

1. Hérodote, l. V, LVII, LVIII, LIX. — Nous donnerons plus loin le texte de ces inscriptions.

5.

« Les Muses ont reçû de leur père l'art d'écrire, et le talent des compositions poëtiques : et à l'égard de ceux qui disent que les *Syriens* sont les inventeurs des lettres qu'ils ont transmises aux *Phéniciens* ; que ceux-ci les apportèrent dans la Grèce lorsqu'ils suivirent Cadmus à son passage en Europe ; et que c'est pour cela que les Grecs eux-mêmes nomment Phéniciens les caractères de l'écriture. On répond à ces auteurs *que les Phéniciens* [1] *n'ont point réellement inventé les lettres*, et que la dénomination de Phéniciennes, que les Grecs leur ont donnée vient seulement de ce que les Phéniciens *ont changé leur ancienne forme en une autre que la plûpart des peuples ont adoptée* [2]. »

Les Phéniciens n'avaient donc fait qu'introduire les lettres en Grèce ; ils ne les avaient pas inventées, cette gloire appartenait *aux Syriens*, c'est-à-dire aux Hébreux puisque la Palestine se nommait à cette époque : *Syrie de Palestine*.

« Les Phéniciens et les *Syriens de la Palestine* conviennent eux-mêmes qu'ils ont appris la circoncision des Egyptiens [3]. »

---

1. Le traducteur, l'abbé Terrasson, a substitué, à tort, le mot *Syrien* au mot *Phénicien* qui d'après son propre aveu, se trouve dans le texte. Il n'a pas compris le sens de la phrase, poursuivie par l'idée abusivement reçue, que les Phéniciens étaient les inventeurs de l'écriture phonétique. Ce qui prouve qu'il faut bien *Phéniciens* et non pas *Syriens*, c'est que le reste de la phrase, avec ce dernier mot, devient incompréhensible ; c'est un véritable non sens. Evidemment c'est des Phéniciens dont Diodore a voulu parler quand il a dit : « Qu'ils n'ont point réellement inventé les lettres », puisque c'étaient eux qui passaient pour être les auteurs de cette invention et que c'était cette idée qu'il s'agissait de détruire. Il est vrai que la Phénicie faisait aussi partie de la Syrie (Hérodote, l. II, c. XVI) mais ce n'est certainement pas des Phéniciens dont il parlait en disant : « Et à l'égard de ceux qui disent que les *Syriens* sont les inventeurs des lettres qu'ils ont transmises aux Phéniciens », ce serait une absurdité.
2. Diodore, l. V, XLIII, (Cadmus était né à Thèbes en Egypte. Diodore, l. I, S. I, et Danaüs à Chemmis, ville aussi d'Egypte, Hérodote, l. II, XCI).
3. Hérodote, l. II. — Diodore, l. XXXV.

« Ce même département renfermait aussi toute la Phénicie, la *Syrie de la Palestine* et l'île de Cypres.

« Kai Surié Palaistiné caleomenè ». « Et Syria quæ dicitur Palestina¹. »

Or la Syrie de la Palestine s'étendait depuis la Phénicie jusqu'au mont Casius sur le lac Serbonis, et était parfaitement distincte de cette nation. Seule une bande de terre, presque déserte, appartenait aux Arabes.

« La Syrie de la Palestine s'étend depuis la Phénicie jusqu'aux confins de la ville de Cadytis, et de cette ville... toutes les places maritimes, jusqu'à *Jénysus*, appartiennent aux Arabes. Le pays, depuis *Jénysus* jusqu'au lac Serbonis, près duquel est le mont *Casius*, qui s'étend jusqu'à la mer, appartient de nouveau aux *Syriens de la Palestine*. L'Egypte commence au lac Serbonis². »

« Il y a surtout entre la *Celé-Syrie* et l'Egypte un marais appelé Serbonis³. »

« De plus il fit (Sésostris) fermer tout le côté de l'Egypte qui regarde l'Orient par un mur de quinze cents stades de longueur qui coupait le désert depuis *Péluse* jusqu'à *Héliopolis*, pour arrêter les courses des *Syriens* et des Arabes⁴. »

« Le pays jusqu'au Nil est habité par les populations Ethiopiennes et Arabes ; puis à celles-ci succèdent les Egyptiens, suivis eux-mêmes des *Syriens*⁵. »

« Cette ville (Rhinocolure), située dans les confins de l'*Egypte et de la Syrie non loin du rivage de la mer*, manque de presque toutes les commodités de la vie⁶. » Or il est bien certain que cette ville était située sur les confins mêmes de *la Judée et de l'Egypte*. Il ne peut donc y avoir aucun doute que dans l'esprit des anciens et en

---

1. Hérodote, l. II, CVI, l. III, XCI.
2. Hérodote, l. III, V, l. IV, XXXIX.
3. Diodore, l. I, sect. I, XVII.
4. Diodore, l. I, sect. II, XI.
5. Strabon, l. II, ch. V. 32.
6. Diodore, l. I, sect. II, XII.

particulier de Diodore, la Syrie désignait la Palestine jusqu'à l'Egypte, Péluse est située sur la Méditerranée, Héliopolis dans une plaine non loin du Nil, et *Rhinocolure* à l'extrémité de cette pointe même des marais Serbonis qui s'avançait jusqu'en Judée. La Syrie comprenait la haute Syrie : la Cœlé-Syrie ou Syrie Creuse, entre le Liban et l'Anti-Liban[1] puis la Phénicie et enfin la Palestine, que Diodore appelle toujours simplement la *Syrie* et Hérodote la *Syrie de la Palestine.*

L'honneur de l'invention de l'alphabet phonétique, la plus merveilleuse découverte de l'esprit humain, cette mère glorieuse de l'imprimerie, mais qui lui est infiniment supérieure, puisque cette dernière n'est après tout qu'un perfectionnement mécanique de l'art de transmettre sa pensée aux autres hommes par des signes phonétiques, n'avait été attribué aux Phéniciens que parce qu'ils avaient changé la forme primitive des lettres. En effet si l'on compare l'alphabet phénicien à l'alphabet hébraïque, on remarque que si l'appellation des lettres est la même dans les deux langues : Alap, Alph ;— Bit, Beth ; — Gamel, Guimel ; — Dalat, Daleth, etc., la forme matérielle est totalement différente. De plus il faut noter que l'alphabet grec n'est que l'alphabet phénicien retourné : Ǝ, E ; — Ʞ, K ; — ꓭ, B ; — Ƶ, Ƶ ; etc. ayant une ressemblance frappante avec l'appellation hébraïque. Ce qui s'expliquerait par la connaissance antérieure au voyage de Cadmus, en Grèce, que Danaüs devait avoir de l'écriture et de la langue de sa patrie. En effet même en supposant la plupart de ses compagnons illettrés, ce qui est possible, la caste élevée apprenant seule à lire et à écrire en Egypte, lui et les principaux chefs de la bande qui les suivit devaient savoir tout au moins lire et écrire, comme appartenant aux classes supérieures de la société[2]. N'oublions pas que dans le principe, l'écriture revenait sur elle-même, à la manière des bœufs au la-

---

1. Strabon, l. XVI, ch. 1ᵉʳ. 1, ch. II. 16.
2. Diodore, l. I, s. II, XXIX.

bourage, qu'elle avait été pour cela appelée *Boustrophédon*. Les Hébreux en abandonnant ce système défectueux [1] ainsi que les Grecs primitifs de Danaüs ont écrit de droite à gauche seulement ; ce qui semble plus naturel au premier abord, puisque la main revient sur soi ; aussi différents peuples, notamment les Perses ont conservé cette coutume [2], tandis que les Phéniciens et après eux les Grecs et toutes les nations européennes à leur suite, ainsi que l'Arianie, colonie crètoise, comme nous le verrons plus loin, ont écrit de gauche à droite, pour éviter que la main en passant sur ce qui était écrit ne l'effaçât. Et par une conséquence obligée de ce choix, l'alphabet s'est retourné. Observons en passant que la circoncision qui existait en Phénicie et en Judée (Syrie de Palestine) comme cela ressort d'un des passages cités plus haut d'Hérodote est une nouvelle preuve que ces deux pays avaient la même origine : nous savons en effet que Dieu avait ordonné à Abraham de se faire circoncire lui et ses descendants en signe de son alliance [3].

N'oublions pas d'observer que certains noms de lettres sont ceux d'objets en grand honneur en Egypte, pays agricole par excellence, où les Hébreux vécurent 430 ans. *Alph*, tête de bœuf, représentant tout à la fois, la tête d'un animal très utile à l'agriculture et d'un Dieu qui primait tous les autres : ce qui pourrait se traduire selon M. Bertin par : *Dieu dit*. It can be translated by « God said ». *Lamed*, aiguillon pour conduire les bœufs. Et le Boustrophédon était lui-même imité de la manière

---

1. Les Hébreux devaient avoir abandonné le *boustrophédon* en Egypte même, puisque les Egyptiens écrivaient de droite à gauche. Hérodote l. II, XXXVI. Cependant on l'a retrouvé sur des inscriptions en Italie, ce qui indiquerait qu'il avait été transmis par Danaüs en Grèce et par ceux-ci en Italie.

2. Ce qui est une des preuves que l'écriture n'est pas venue des Arias, puisque les Arias écrivaient de gauche à droite et que si nos langues descendaient de celles qui étaient parlées sur les rives de l'Indus à travers la Perse, qui se trouvait entre l'Europe et ce peuple, les Perses auraient nécessairement les premiers adopté ce genre d'écriture.

3. Genèse, ch. XVIII, 11, 12, 13 et 14.

de labourer ; tandis qu'ils n'ont aucune raison d'être en Phénicie, petit peuple navigateur et commerçant qui ne sillonnait que la Méditerranée. Or si c'étaient les Phéniciens, et non leurs ancêtres qui eussent inventé les lettres, ils leur auraient certainement donné des noms usités chez les marins et les marchands, ce qui n'est pas.

Il est certain que toutes les lettres hébraïques et phéniciennes, sauf peut-être le *Guimel* [1] et le *Hé* viennent des images égyptiennes représentant certains objets, que ces images ou hiéroglyphes ont par la suite et pour la facilité de la transcription été représentée par un signe pris dans cette image, auquel on a donné le nom de cet objet ; prenez entre autres *Ain*, nom de l'œil et ayant cette forme en Egyptien, pour former la langue hiératique les prêtres ont pris dans cet œil seulement la prunelle qui conserva la dénomination *Ain* en Hébreu et *Oin* en phénicien, et qui fut plus tard chez les Grecs prononcé O. Tandis qu'en Hébreu tout en conservant la dénomination de *Ain* elle prit une forme toute différente ressemblant légèrement à notre *y*, sans la boucle d'en bas, il en est de même pour chacune des 22 lettres de leurs deux alphabets, différentes quant à la forme mais semblables quant aux dénominations qui furent composées simultanément pendant le séjour des hébreux en Egypte. Aussi les Egyptiens ne manquèrent-ils pas de s'attribuer l'invention de l'alphabet phonétique [2].

« Les Egyptiens disent que l'écriture et l'astronomie ont pris naissance chez eux ».

Oui l'écriture a pris naissance chez eux, mais ce ne sont pas eux qui l'ont inventée. Mais ce ne sont pas non plus les Phéniciens en tant que Phéniciens puisque cette façon de traduire sa pensée existait avant que Cadmus ne colonisât le pays où il venait faire une nouvelle nation, à moins de supposer que ce soit pendant le cours

---

1. Ce qui se comprend, les Egyptiens primitifs ne connaissant pas le chameau.
2. Diodore, l. I, s. II, XXII.

de sa transmigration, ce qui est inadmissible à cause de la même dénomination des lettres des deux alphabets phéniciens et hébraïques ; il faut absolument qu'ils aient été inventés pendant que ces deux portions du peuple israélite vivaient côte à côte ; autrement avec la différence de la forme des lettres ils auraient aussi affecté des noms différents. Au reste Moïse écrivait ses hymnes avant le départ des Hébreux de l'Egypte ou pendant qu'il était à la recherche de sa nouvelle patrie, et le Pentateuque durant qu'il était dans le désert. Et si ce fut à ce moment que l'Ecriture avait été inventée, il y a deux suppositions à faire ; ou le groupe qui devait coloniser la Phénicie était encore avec le gros des Hébreux ou il s'en était déjà séparé ;—dans le premier cas il n'y aurait eu qu'un alphabet ayant même forme et même dénomination ; dans le second cas tout eut été dissemblable, formes et noms, tandis que les deux alphabets ayant été inventés simultanément ou à peu près pendant le séjour des Hébreux en Egypte, tout s'explique. Les Hébreux qui étaient pour se séparer plus tard du groupe conduit par Moïse devaient évidemment être des israélites plus mêlés avec les Egyptiens, ayant accepté leurs mœurs et leurs coutumes. Ils auront adopté l'alphabet, conservant les formes des objets égyptiens tandis que les autres, fidèles à leurs chefs et à leur Dieu, les purs, auront repoussé de prime abord toutes les formes affectant les images des dieux du bord du Nil ou même des objets rappelant leur situation précaire et inférieure, ils auront inventé des formes abstraites pour leurs lettres : quant à la dénomination, n'ayant qu'une langue à leur service, celle du pays où ils étaient nés et où ils vivaient, il fallait bien qu'ils en usassent ; on n'invente pas ainsi un langage de toutes pièces.

Et si Moïse, le grand chef de la famille juive, ne devait pas sur le terrain du savoir être en arrière des dissidents et s'il était moins mêlé avec les prêtres égyptiens, il était par sa naissance dans la possibilité légale d'être instruit aussi bien que les autres ; puisqu'il appartenait à une classe qui pouvait apprendre à lire et à écrire. Mais nous avons dit que Cadmus et Danaüs étaient Hébreux au même titre que Moïse, sinon aussi fidèles au Dieu de leurs pères, et comme lui ils furent obligés de quitter l'Egypte. Les Egyptiens disent qu'ils les ont chassés, les Hébreux de leur côté, prétendent et à juste titre qu'ils sont partis malgré les pharaons et pour obéir à leur Dieu et former une nation libre et indépendante. Ils ont évidemment raison, car une nation de 4,000,000 d'habitants ne peut chasser 3,000,000 de concitoyens quand ceux-ci ne veulent pas abandonner leurs foyers. Quoi qu'il en soit :

« Une grande peste s'étant répandue sur l'Egypte, la plupart de ses habitants attribuèrent ce fléau à quelque offense faite aux dieux... Là-dessus les naturels du pays craignirent que s'ils ne chassaient incessamment ces étrangers, l'Egypte ne tombât dans des maux qui n'auraient plus de remèdes... *Une partie de ces derniers*, hommes courageux et distingués, servirent de chefs aux autres, pour les conduire *dans la Grèce* et en *d'autres pays* où ils arrivèrent après avoir essuyé différentes traverses dans cette transmigration. Entre ces chefs : les plus considérables furent *Danaüs* et *Cadmus*. Mais *le plus grand nombre* de ces bannis se jeta dans cette région qu'on appelle maintenant la Judée qui n'est pas à la vérité bien éloignée de l'Egypte, mais qui dans ce temps-là était absolument déserte. Le chef de ceux-ci se nommait *Moyse*, homme supérieur par sa prudence et par son courage [1]. »

Ainsi Cadmus avait puisé aux mêmes sources que Moïse. Comme lui, il avait été exilé, il parlait la même langue : la langue hébraïque, que du reste on a retrouvée dans toutes les inscriptions, découvertes en Phénicie :

« Il a suffi de nombreuses inscriptions, sur pierre ou sur métal dont la garde est confiée aux divers musées de l'Europe, pour la constatation de l'identité parfaite de la *langue phénicienne* et de la langue hébraïque [2]... »

---

1. Diodore, l. XL. Voir un autre passage de Diodore, l. I, s. I, XVI.
2. Levy-Bing, la linguistique dévoilée, ch. IV.

D'où vient donc que le profond docteur Saffray a écrit avec cet aplomb qui me remplit toujours d'admiration :

« Une branche de la famille Iranienne donna naissance au peuple Arménien, tandis qu'une autre devenait la souche des Phrygiens, des Pelasges, *puis des Grecs* [1]. »

Ah ! c'est que si le cher docteur a appris sur les bancs de l'école, l'art de laisser mourir les vivants, on ne lui a guère enseigné celui de faire revivre les morts ; et qu'il est beaucoup plus commode de faire causer de stupides cailloux, qui répondent toujours ce qu'on veut leur faire dire que de consulter les auteurs anciens !

Mais comment M. E. Gellion-Danglar qui a la charitable intention d'étrangler « *dans l'étreinte irrésistible de la logique,* du sens commun et de la vérité », et de rejeter flasques, vides et morts sur le sol tous les chrétiens, les juifs et les mahométans, en un mot tout ce qui a la stupidité, la bêtise, la niaiserie de ne pas se croire *une brute*, après avoir reconnu que l'écriture phonétique est d'origine sémitique, affirme-t-il que le Sanscrit a été parlé probablement à une date qui va « *au-delà de soixante-dix ou quatre-vingt siècles avant l'ère vulgaire* » ? C'est qu'entre l'affirmation que l'on a du *sens commun* et la réalité d'en avoir effectivement, il y a l'immensité. Car enfin pour ce libre-penseur comme pour le dernier des paysans, une langue phonétique ne peut avoir été parlée 6,000 ans avant sa création ; cela serait aussi malin que de faire voyager les Pharaons en bateau à vapeur, de Memphis à la mer intérieure.

Il est donc démontré que si les Phéniciens ont eu dans l'antiquité la réputation d'avoir transmis les lettres phonétiques, à la Grèce, c'est à Cadmus, israélite de naissance, né à Thèbes en Egypte, qu'ils en sont redevables et qu'en définitif c'est aux Hébreux, à cette race sémitique si intelligente, si puissante, si féconde, que nous verrons bientôt peupler toute la terre, et à laquelle

---

[1]. Histoire de l'Homme, ch. VI.

en la personne d'Abraham, Dieu a promis l'empire du monde[1] qu'il faut attribuer cette merveilleuse invention.

En ce qui concerne les Egyptiens, il n'y a aucune raison valable de leur accorder l'honneur de cette découverte ; ils n'ont laissé aucun écrit dans cette façon d'exprimer sa pensée. Jusqu'à ce jour tout ce qu'on a trouvé sur la pierre ou le papyrus n'est exprimé qu'au moyen des hiéroglyphes[2]. Il est toutefois bien difficile qu'ayant vécu côte à côte pendant 430 ans avec un peuple qui se servait de cette écriture, ils ne l'aient pas connue ; aussi est-il permis de supposer que les hiéroglyphes hiératiques, ont servi aux Hébreux comme nous l'avons dit plus haut de point de départ dans leur sublime découverte.

Mais s'il est avéré que ce sont les Hébreux en la personne de Cadmus et de Danaüs qui ont porté cette écriture en Europe, il en résulte comme nous l'avons dit en commençant ce chapitre, que les Arias n'ont pu s'en servir pour écrire leurs ouvrages avant Moïse, c'est-à-dire avant le 16ᵉ siècle qui a précédé le Christ ; il en résulte aussi que ce ne sont pas eux qui l'ont transmise à l'Europe ; nous voilà bien loin déjà des *centaines de siècles* des libres-penseurs, qui seraient l'âge des Védas, du Code de Manou, de l'Avesta et autres écrits de la famille Arienne. Dans un livre subséquent nous nous en éloignerons encore.

---

1. Genèse, ch. XXII, 17.
2. Les Egyptiens n'avaient pas le Guimel. Il fallait bien que les Hébreux l'eussent pris ailleurs. G. Berlin.

LIVRE III

Les Phéniciens.

Noé avait béni Sem et toute sa race et dès le commencement nous voyons cette famille se répandre et peupler la terre :

Sem eut cinq fils : Hélam, Assur, Arphaxad, Lud et Aram ; nous ne parlerons que d'Arphaxad, l'histoire n'ayant donné aucune trace en ce qui concerne la descendance des autres enfants.

Arphaxad enfanta Saleh, lequel eut pour fils Héber, pour petit-fils Phaleg et arrière petit-fils Réhu : ce dernier enfanta Sarug qui eut pour fils Nachor : celui-ci eut pour fils Tharé et pour petit-fils Abram, qui naquit 292 ans après le déluge. Dieu bénit toutes les nations en Abram[1] et changea son nom en celui d'Abraham qui signifie père des nations[2] : et comme marque de l'alliance qu'il fit avec lui, il lui ordonne de circoncire lui et tous les mâles qui descendront de lui[3]. Abraham enfanta Isaac et Ismaël : nous ne nous occuperons pas d'Ismaël ni de sa race, bien que, père des Arabes, cette race ait eu une nombreuse génération de familles et de nations, mais cela n'entre pas dans notre cadre, nous détournerait de notre sujet et n'ajouterait rien à la démonstration que nous voulons faire de la grandeur, de la prééminence de la race Sémitique sur les deux autres races issues de Noé.

Nous en dirons autant du fils aîné d'Isaac, Esaü qui

---

1. Genèse, ch. XI, 17.
2. Genèse, ch. XVII, 5.
3. Genèse, ch. XVII, 10, 11, 12, 13, 14.

fut aussi père de nombreux peuples, pour ne nous occuper que du fils béni d'Isaac, Jacob :

En choisissant Jacob pour père de son peuple, Dieu indique clairement, qu'il repousse tout droit de primogéniture et qu'il met au-dessus de la forme matérielle, la grandeur de l'intelligence, puisque Esaü était, sous le rapport physique, supérieur à son frère, mais bien au-dessous de lui, en ce qui concerne les dons de l'âme. Aussi, est-ce par l'intelligence que la race de Jacob arrivera à dominer le monde, après l'avoir peuplé, civilisé et transformé.

Les enfants de Jacob, nous voulons dire les Hébreux, restèrent 430 ans en Egypte, pour, delà, s'élancer sur les pas de Moïse, de Cadmus, de Danaüs et autres à la recherche de terres, où ils puissent établir leurs familles et se multiplier à l'aise, afin d'accomplir la grande promesse de Dieu à Abraham.

Nous verrons une partie des descendants de Sem, se séparant du groupe principal que Moïse conduisait en Judée[1] aller sous l'égide de Cadmus, peupler la Phénicie, la Béotie, l'île de Rhodes, Carthage, l'Ibérie et une infinité d'autres pays, dont les principaux sont à coup sûr la Crète et l'Arianie.

Une autre portion ira de son côté, conduite par Danaüs, coloniser les îles de la mer intérieure, la Grèce, l'Italie et l'Asie Mineure.

La portion dissidente des hébreux qui se sépara de Moïse pour aller sous la direction de Cadmus peupler la Phénicie[2], prit-elle le chemin de la mer intérieure, comme semble l'avoir fait le groupe qui partit sous la conduite de Danaüs, ou franchit-elle la mer Rouge avec la masse des Hébreux ? Deux passages d'Hérodote nous forcent à accepter cette dernière version :

---

[1]. En ce qui concerne Moïse et le principal groupe des hébreux, nous renverrons le lecteur au *Droit divin de la démocratie*, où nous avons traité de l'origine, des lois et des mœurs de ce peuple.

[2]. La Phénicie est appelée ainsi, de la quantité de palmiers qu'elle produit. Diodore, l. III, XXI.

« Ils (les Perses) disent que ceux-ci (les Phéniciens) étant venus des bouts de la mer Erythrée, sur les côtes de la nôtre, ils entreprirent de longs voyages sur mer, aussitôt après s'être établis dans le pays qu'ils habitent encore aujourd'hui[1]. »

« Le nombre des Trirèmes montait à douze cent sept. Voici les nations qui les avaient fournies. *Les Phéniciens* et *les Syriens de la Palestine* (les hébreux) en avaient donné trois cents. *Ces peuples* portaient des casques à peu près semblables à ceux des grecs, des cuirasses de lin, des javelots, et des boucliers dont le bord n'était pas garni de fer. *Les Phéniciens habitaient les bords de la mer Erythrée*, comme ils le disent eux-mêmes ; mais étant passés de là sur les côtes de la Syrie, ils s'y établirent. Cette partie de la Syrie, avec tout le pays qui s'étend jusqu'aux frontières d'Egypte, s'appelle Palestine[2]. »

Or, chacun sait que les anciens donnaient le nom d'Eruthrè[3] au golfe que nous appelons aujourd'hui mer Rouge. On comprend facilement pourquoi l'on a retrouvé chez les phéniciens la langue hébraïque dans toute son intégrité puisque limitrophes des hébreux, ils ne s'en étaient pour ainsi dire séparés que politiquement et religieu-

---

1. Hérodote, l. I, I.
2. Hérodote l. VII, LXXXIX. Il est un autre passage qui confirme ceux-ci : « Ils revinrent (les Scythes) donc sur leurs pas, et passèrent par Ascalon, en Syrie (la Judée)... Celui de Cythère a été aussi bâti par les phéniciens, originaires de cette Syrie (la Palestine). L. I, c. V.
3. Éruthrè ne vient pas, comme le disent les savants[1], de la couleur de ses eaux ; mais « du roi Erythras, et c'est ce qui fait croire aux ignorants que ses eaux sont rouges. » Quinte-Curce, l. VIII, IX, 129 ; l. X, 1, 2. — Strabon, l. XVI, ch. IV, 20. Au reste cela se comprend, puisque ce nom fut, dans le principe, donné à la mer orientale et que ce n'est que par extension qu'il désigna la mer Rouge qui, dans ce temps-là, s'appelait la mer de *Souph* (des roseaux, des joncs, des algues.)

---

1. Bouillet.

sement. Ils étaient à la Judée ce que la Belgique est à la France, une portion d'un même groupe, ayant le même langage[1] mais non la même nationalité. Il ne faut donc pas s'étonner que l'on ait retrouvé des inscriptions phéniciennes, ayant conservé la langue hébraïque complètement intacte et ne différent de la langue mère en quoi que ce soit, si ce n'est dans la forme matérielle des lettres de son alphabet, qui dans le fond, est absolument le même que celui des Israélites, ainsi que l'on peut en juger :

Alap, Aleph ; — Bit, Beth ; — Gamal, Guimel ; — Dalat, Daleth ; — E, Hé ; — U, Vave ; — Zin, Zain ; — Hith, Cheth ; — Thith, Teth ; — id, ioth ; — Cap, Caph ; — Lamad, Lamed ; — Mim, Mem ; — Nun, Noun ; — Samac, Samek ; — Oïn, Ain ; — Pé, Phe ; — Tsat, Tsadé ; — Quf, Quof ; — Rich, Resh ; — Chan, Schin ; — Tau, Thau ; — remarquez qu'il y a deux k et deux t dans les deux langues : Cap et Quf ; — Thith et Tau ; particularité que nous retrouverons en grec.

Comme nous l'avons déjà dit aussi, la circoncision existait en Phénicie tout comme en Judée ; il n'y a donc pas le moindre doute que le peuple phénicien et le peuple hébreux étaient issus de la même souche : la famille de Jacob.

Cadmus après être resté quelque temps en Phénicie, partit sur l'ordre de son père Agénor, avec une portion des siens à la recherche d'Europe, sa sœur, enlevée par Jupiter :

« On prétend qu'ils étaient (les dieux) fils de Jupiter et d'Europe, fille d'Agénor, celle-là même que la providence des dieux fit transporter en Crète sur un taureau[2], » c'est-à-dire sur un bâtiment ayant à sa poupe une tête de bœuf, comme cela se pratiquait en Egypte où le simulacre de la tête de taureau était placé jusque sur les

---

1. Hérodote, l. II, CV.
2. Diodore, l. V. XLVII. — D'après Hérodote, elle aurait été enlevée par des Crètois, l. I, II. Or, les Crètois étaient Phéniciens.

enseignes et sur la tête des prêtres[1]. Ce Jupiter était probablement un compagnon d'Agénor et les grecs ou les phéniciens — ce qui au début de l'émigration était la même chose — pour sauver l'honneur de la sœur de Cadmus en ont fait un Dieu.

Cadmus n'ayant pu retrouver Europe, après une navigation difficile et une violente tempête, aborda dans l'ile de Rhodes où il retrouva Danaüs et ses filles qui y avaient abordé avant lui. Il y bâtit un temple, y laissa des prêtres phéniciens, ainsi qu'une inscription dans leur langue sur une chaudière d'or qui fut plus tard transportée en Grèce[2]. La valeur du métal a sans doute été cause que cette inscription n'est pas parvenue jusqu'à nous. Ce fut à cette époque qu'il enseigna aux compagnons de Danaüs, l'alphabet Phénicien. De-là, il se rembarqua avec la plus grande partie de ses compagnons et aborda en Béotie, où en mémoire de sa ville natale, Thèbes aux cent portes d'Egypte, il fonda la ville de Thèbes[3] : précédemment, il avait bâti la *Cadmée*, aussitôt son arrivée dans sa nouvelle patrie[4]. C'était une citadelle qui dominait la ville; souvent même ce nom était donné à la cité[5].

C'est alors que le chef Phénicien communiqua aux colons de la contrée, cette merveilleuse écriture qu'il avait apportée avec lui de l'Egypte, et qu'il avait déjà enseignée à Rhodes aux autres compagnons de Danaüs :

« Moi-même, dit Hérodote, j'ai vu aussi à Thèbes en Béotie, des lettres Cadméennes, dans le temple d'Apollon Isménien. Elles sont gravées sur des trépieds, et

---

1. Diodore, l. I. S. II. XIV — XXXII. — Plutarque, sur Isis et Osiris, 19. — Voyez l'histoire du Nil transformé en taureau, et qui sous cette forme aima la fille du roi Uchoreus et dont le fils Egyptus donna son nom au Delta du Nil. Diodore, l. I. S. II. VII.
2. Diodore, l. V, XXXVI.
3. Diodore, l. I. S. I, XIII; l. IV, II. Thèbes vient de l'hébreu *Thèba*, arche, maison.
4. Strabon, l. IX, 3.
5. Strabon, l. IX, 32.

ressemblent beaucoup *aux lettres Ionniennes*. Sur un de ces trépieds on voit cette inscription : « Amphitryon m'a dédié à son retour de chez les Téléboens. » Cette inscription pourrait être du temps de Laius, fils de Labdacus, dont le père était Polydore, fils de Cadmus.

« Le second trépied, dit en vers hexamètres : Scœus « victorieux au pugilat, m'a dédié à Apollon, dont les « flèches atteignent de loin, pour lui servir d'ornement. » Ce Scœus pourrait être le fils d'Hippocoon, contemporain d'Œdipe, fils de Laius, si véritablement c'est lui qui a consacré ce trépied, et non point un autre Scœus, de même nom que le fils d'Hippocoon.

« On lit aussi sur le troisième, en vers Hexamètres : « le tyran Laodamas a dédié ce trépied à Apollon, qui « ne manque jamais le but, afin de servir d'ornement à « son temple. » Sous ce prince, fils d'Etéocle, les Cadméens, chassés par les Argiens, se réfugièrent chez les Euchéléens. On laissa pour lors les Géphyréens[1] tranquilles ; mais les Béotiens les obligèrent dans la suite à se retirer à Athènes. Ils y bâtirent des temples, auxquels le reste des Athéniens ne participe en aucune façon, et qui n'ont rien de commun avec les autres temples de la ville, témoin celui de Cérès Achéenne et ses mystères[2]. »

Une fois bien établis en Phénicie, les descendants des compagnons de Cadmus, partis de Tyr et de Sidon[3], colonisèrent une foule de contrées dont les principales, outre la Sicile, les îles Baléares[4], Gadira, les îles de Sardaigne, de Pityuse[5], de Malthe[6], de Chypre[7], de Thasos[8] et de Rhodes, ainsi que la Béotie et la Cilicie

---

1. Les Géphyréens étaient Phéniciens. Hérodote, l. V, LVII.
2. Hérodote, l. V. LIX, LX, LXI.
3. Strabon, l. XVI, ch. II, 22.
4. Strabon, l. III, ch. V, 1.
5. Diodore, l. V, XXIV — XII, — XIII. — Strabon. l. III, ch. V, 5. — Gadira vient de l'hébreu *Gadar*, entourer de murs.
6. Diodore, l. V, IX, Malthe vient de l'hébreu *Malat*, s'échapper, fuir.
7. Hérodote, l. VII, XC.
8. Hérodote, l. II, XLIV.

qui prit son nom de Cilix, fils d'Agénor[1], furent Carthage[2], l'Ibérie et peut-être l'Amérique. Nul n'ignore l'immense puissance de la ville africaine qui lutta si longtemps contre Rome et la fit trembler sur ses bases :

« Carthage fut fondée, comme on le sait, par Didon, qui avait avec elle une nombreuse colonie de Tyriens : Or, tel fut le profit que les Phéniciens retirèrent de ce premier établissement et de ceux qu'ils fondèrent ensuite dans les différentes parties de l'Ibérie, tant en deçà qu'au delà des colonnes d'Hercule, qu'en Europe, ils se trouvent posséder aujourd'hui encore les meilleures terres, soit du continent, soit des îles qui en dépendent, et qu'en Lybie, ils avaient fini par s'annexer tous les pays qui ne comportaient pas la vie nomade. Fiers d'une telle puissance, ils posèrent Carthage en rivale de Rome et soutinrent contre le peuple romain trois terribles guerres[3]. »

Carthage colonisa la Sardaigne et cette île ayant prêté son appui à sa mère patrie dans ses guerres avec Rome, quand celle-ci fut définitivement victorieuse, elle s'empara naturellement de la colonie Sarde ; Carthage eut, dit-on, une littérature dont malheureusement il n'est rien resté. Cette ville au temps de sa splendeur avait 700,000 habitants et possédait 360 villes en Lybie[4].

Tout le territoire qui s'étend au-dessous de Carthage jusqu'aux montagnes des Gétules s'appelait la Libophénicie et appartenait à cette ville[5].

En ce qui concerne l'Ibérie, elle fut à peu près colonisée par les Phéniciens eux-mêmes, bien que plus tard elle fût conquise en partie par leur colonie principale, Carthage.

Les Phéniciens « bâtirent d'abord une ville dans

---

1. Hérodote, l. VII, XCI.
2. Hérodote, l. II, XXXII.
3. Strabon, l. XVII, ch. III, 15.
4. Strabon, l. XVII, ch. III, 15.
5. Strabon, l. XVII, ch. III, 18.

une presqu'île de l'Europe voisine des colonnes d'Hercule, et ils l'appelèrent *Cadix*[1]... Au reste, les Phéniciens ayant passé le détroit, et voyageant le long de l'Afrique, furent portés fort loin par les vents de l'Océan; la tempête ayant duré plusieurs jours, ils furent enfin jetés dans l'île dont nous parlons[2]. » — Cette île était appelée par les anciens Atlantide : qu'elle est-elle? a-t-elle disparu comme certains le prétendent? ce qui n'est pas admissible[3], ou serait-ce une des Açores, ou Madère, ou Ténériffe, ou l'Angleterre? Pour cette dernière, ce ne peut être, car Diodore en parle plus loin et en fait une description détaillée qui ne permet pas le doute à cet égard. Pour les premières, ce n'est pas possible non plus, Diodore disant que cette île — l'Atlantide — renfermait de grands fleuves.

Ne serait-ce pas l'Amérique? « Autrefois, elle était inconnue à cause de son éloignement, et les Phœniciens furent les premiers qui la découvrirent. Ils étaient de tout temps en possession de trafiquer dans toutes les mers, ce qui leur donna lieu d'établir plusieurs colonies dans l'Afrique et dans les pays occidentaux de l'Europe[4]. » Mais l'Amérique est bien loin ; n'oublions pas, toutefois, que les anciens, quoique privés de la boussole, étaient d'une hardiesse surprenante : témoins les voyages d'Eudoxe[5], d'Iambule[6] et de ces Phéniciens qui, s'étant embarqués sur la mer Erythrée, firent le tour de l'Afrique et revinrent en Egypte par les colonnes d'Hercule, voyage qui dura plus de deux années. Ce qui fait que lorsque nos savants affirment que le cap de

---

1. Cadix, vient de l'hébreu, *Cad*, vase, et de *Cadad*, travailler, faire un puits, ou de *Qadesh*, être saint, purifié.
2. Diodore, l. V. XV.
3. Brasseur de Bourbourg ; s'il existe des sources de l'histoire primitive du Mexique, p. 50, d'après le *Timée* de Platon. Voir Plutarque, ce qu'il dit de l'île Ogygie (du visage qui se voit dans le disque de la lune). Strabon, l. II, ch. III, 6.
4. Diodore, l. V, XV. — Hérodote, l. IV, XLII.
5. Strabon, l. II, ch. II, 5.
6. Diodore, l. II, XXXI.

Bonne-Espérance ne fut doublé pour la première fois que par Vasco de Gama, en 1497, ils mettent une sottise de plus à leur actif[1]. Ce qui ne peut guère nous étonner quand nous savons qu'ils ne sont pas plus forts sur la Géographie de notre temps, et écrivent sur beaucoup de choses, dont ils ignorent le premier mot :

« Voici comment le même auteur (*Larousse*) parle de Montréal : « La ville de Montréal, bâtie au-dessous des premiers rapides qui entravent la navigation du Saint-Laurent, au point de jonction des eaux *du Champlain et de l'Ottawa avec celles du grand fleuve.* »

« Que penserait-on en France, d'un Canadien qui parlerait du point de jonction des eaux du Rhône avec celles de la Seine ? On dirait, au moins, qu'il n'est pas de taille à faire un dictionnaire universel[2]. »

Mais, dira-t-on, Larousse était un maître d'école, tenu d'enseigner la géographie à ses élèves et non de la savoir, et s'il induit en erreur ses disciples, peu importe, ce ne sont que des enfants du peuple, où est le mal ! Eh bien ! voyons donc l'étendue de la science d'un savant qui a la prétention d'enseigner les hommes :

« Mais c'est ce qu'elle n'a point voulu faire, et l'Ontario (sic) est aujourd'hui le grand Etat du *Dominion. Montréal sa capitale* (sic) *compte, il est vrai, dans ses murs de* 40 *à* 50,000 *habitants de souche française, soit presque la moitié de sa population ;* mais Toronto, sa deuxième ville, peuplée de 96,000 âmes, est éminemment britannique, etc. »

« Et l'auteur a signé hardiment : Ad. F. de Fontpertuis.

« Faire de *Montréal la capitale de la province d'Ontario* c'est une énormité que pas un élève d'école primaire, dans la rétrograde province de Québec, n'oserait commettre. Mais lorsqu'on est savant, rédacteur du *Journal*

---

1. Larousse, Bouillet.
2. J. P. Tardivel (*les Ignorances des Savants.*) C[r] de Saint-Hyacinthe (Canada, 4 mars 1881).

des économistes et libre penseur, probablement, on peut se permettre de ces petites fantaisies¹. »

Voilà comment nos savants se font souffleter par les étrangers : allons, messieurs, contentez-vous de faire causer les squelettes de 50,000 ans ; au moins, eux, ils ne vous liront pas, mais ne parlez jamais ni histoire, ni géographie, l'on pourrait vous entendre et d'un bout à l'autre du monde rire à vos dépens.

Pour en revenir à l'Amérique, — Atlantide — dont les côtes nous ont été voilées un instant par les brouillards de la science, il est certain que plusieurs peuples de cette contrée, et notamment les *aztèques*, offrent, soit dans leurs coutumes, soit dans leurs langages, de grandes analogies avec les lois, les mœurs et la langue des Phéniciens aussi bien qu'avec les coutumes des Egyptiens.

A l'instar des Egyptiens, les Quichés croyaient que les animaux avaient une âme et qu'ils étaient sauvés ² De même que les Phéniciens, les Ibères, les Celtes, ils adoraient une pierre et faisaient des sacrifices humains dessus³. Pour parvenir aux enfers le défunt devait avoir une pierre fine dans la bouche⁴ ; ce qui est un souvenir plutôt phénicien et grec qu'égyptien. Les femmes accouchaient debout comme en Ibérie et aux Indes⁵ ; ainsi qu'en Asie et qu'en Afrique les vieillards devaient se détruire ; et les enfants à charge étaient mis à mort⁶. De même qu'en judée l'impôt se soldait en nature⁷. On a retrouvé au Mexique les îles flottantes égytiennes, que les compagnons de Sésostris ont acclimatées en Chine ; ainsi qu'au Pérou, la table du soleil de la

---

1. J. P. Tardivel (*les Ignorances des Savants.*)
2. L'univers pittoresque, le Mexique, p. 25.
3. Popol Vuh, 2º partie, chap. VII et 4º partie, chap. XI. — Gougenot des Mousseaux, les *Beth-el* ; ce mot vient de l'hébreu, *Bait*, temple et *El*, Dieu.
4. de Bourbourg, du Mexique, p. 103.
5. de Bourbourg du Mexique, p. 7.
6. Gougenot des Mousseaux, le monde avant le christ 3º partie.
7. Gougenot des Mousseaux, le monde avant le Christ, 3º partie.

Lybie[1], la confession juive, le partage des terres de Josué[2] et les lampes toujours allumées du lieu saint.

N'oublions pas non plus que les américains se servaient d'instruments de pierre pour faire leurs sacrifices humains[3], que le Mexique était couvert de pyramides, et que les Quichés supposaient comme les grecs et les phéniciens que les singes étaient des hommes changés en cet animal à cause de leur méchanceté.

Quant à croire ce qu'insinue clairement M. de Bourbourg que l'Egypte serait une colonie américaine, cela, n'en déplaise au consciencieux auteur de la traduction du *Popol Vuh*, ne supporte pas la discussion : D'après son aveu l'on a retrouvé une langue phonétique, dans l'Amérique méridionale[4]. Or, nous avons surabondamment démontré que ce mode de s'exprimer avait pris naissance en Egypte ; ensuite les instruments de pierre sont aussi sortis de l'Egypte, où ils avaient été inventés après le meurtre d'Osiris, en haine du fer qui avait servi à lui ravir l'existence ; enfin la population de l'Amérique, d'après la loi de l'accroissement, eût été lors de la découverte de Colomb, plus forte que celle du monde entier[5], (ce qui n'était pas), si elle eût envahi l'Europe à une époque où l'Egypte n'existait pas encore.

---

1. Marmontel, les Incas, ch. III. — Hérodote, l. III, XVIII.
2. Marmontel, les Incas, ch. II. — Josué, ch. XVI.
3. L'univers pittoresque, le Mexique, p. 53. — Popol Vuh, 3ᵉ partie, ch. XI. — Non-seulement ils se servaient d'instruments de pierre pour les sacrifices, mais ils se servaient aussi d'armes de pierre pour se battre. Les pointes des flèches, ainsi que celles des lances, les haches et les couteaux étaient en silex ou en lave vitrifiée (obsidienne). Au reste, ainsi que nous l'avons déjà dit, les habitants de l'ancien Continent s'en servaient aussi, et à Salamine, certains alliés de Xerxès avaient des armes de pierre, ce que l'illustre docteur Saffray, qui a si bien lu l'âge des armes de pierre des Arias, a oublié d'apprendre : « Les Éthiopiens... avaient de longues flèches de canne à l'extrémité desquelles était, au lieu de fer, *une pierre pointue*... Outre cela, ils portaient des javelots armés de *cornes de chevreuil, pointues et travaillées comme un fer de lance*... » (Hérodote, l. VII, l. XIX.) — Qui ignore que Moïse se servit d'un *couteau de pierre* pour circoncire son fils, Gersom ? (Voltaire, Dictionnaire philosophique, au mot *apocryphes*).
4. Popol Vuh, introduction, p. VIII.
5. La population de l'Amérique n'étaient encore que de 35,000,000 d'habitants en 1820. (De Humboldt).

Au reste les américains primitifs étaient convaincus qu'ils n'étaient pas issus du pays qu'ils habitaient ; mais qu'ils étaient venus, à travers la mer de l'Orient[1] ; or, l'Orient pour eux, était l'Europe et l'Afrique ; et chose curieuse ils avaient comme un nuageux souvenir d'avoir passé dans les temps anciens, à travers une mer dont les flots s'étaient écartés de droite et de gauche. Ils croyaient aussi que dans le principe, ils n'avaient eu qu'une langue unique, et se rappelaient vaguement du déluge.

Il est certain que plusieurs mots de la langue Quichée viennent de l'hébreu ; pour n'en prendre que deux : *Car* qui d'après M. de Bourbourg se retrouve dans une infinité de noms de ville, vient de l'hébreu *Cara* dresser des embuches : et Macar n'est évidemment que le *Melcart* phénicien.

Dans la langue usuelle, *Cariloon*, qui signifie frétiller impudiquement, vient de Cara, danser.

Le mot *Varvar*, Quiché, vient du Phénicien *Barbar*, *berbère*, qui dérive de l'hébreu *Bar* fils et *Baar* renverser. Maintenant, toutes ces analogies sont elles assez probantes pour établir irréfutablement que les américains primitifs, étaient une colonie de phéniciens ? nous en laisserons le lecteur juge. Cela serait certain, si l'on ne savait, de reste, que les Chinois, colonie Egyptienne, étaient passés en Amérique par le détroit de Behring : il est bien évident que dans les coutumes de l'ancien continent retrouvées en Amérique quelques unes semblent avoir été transportées par les chinois, notamment, les îles flottantes et les pyramides ; mais d'un autre côté les sacrifices humains, le langage phonétique, devaient venir des phéniciens. Ce qui est plus que probable, c'est que l'Amérique a été peuplée de deux côtés, d'abord à l'orient par les noirs de la Chine, et ensuite à l'occident par les blancs de la Phénicie ; et le mélange des deux races aura produit, cette race métisse américaine, qui n'est ni noire, ni blanche. Les Quichés se souviennent en effet que

---

1. Popol Vuh. 2ᵉ partie. ch. III et VII.

dans le principe il y avait chez eux des *noirs* et des *blancs*; et ils conviennent que l'Amérique était déjà peuplée lors de leur arrivée [1], ce qui indiquerait que les Chinois avaient précédé les Phéniciens. C'est logique, puisque la conquête de l'Inde et de l'Asie orientale par Sésostris a précédé le départ des Hébreux de l'Egypte. C'est aussi pour la même cause que nous verrons Bacchus, retrouver les noirs sur les bords de l'Indus.

Quoi qu'il en soit « Les premiers renseignements étaient dus aux Phéniciens qui, maîtres de la meilleure partie de l'Ibérie et de la Lybie, dès avant l'époque d'Homère, demeurèrent en possession de ces contrées jusqu'à la destruction de leur empire [2]. »

Les Phéniciens donnèrent à la Péninsule le nom d'*Ibérie*, d'*Ibri*, hébreux [3]. Il est certain que c'est eux aussi qui donnèrent ce nom à l'Ibérie du Caucase.

On retrouve, en effet, dans ce pays, la division en trois classes, pasteurs, artisans et laboureurs, non compris les prêtres et les soldats, que les Hébreux avaient connue en Egypte et qu'ils ont portée en Crète et en Arianie [4].

Plus tard les Carthaginois vinrent à leur tour coloniser cette partie de l'Europe où ils fondèrent Carthage-la-Neuve (Carthagène) [5]; dont les mines d'argent étaient d'une grande richesse.

Comme ils étaient de la race des compagnons de Cadmus [6], c'est-à-dire Hébreux, ils ne firent qu'affirmer la

---

1. Popol Vuh, 3e partie, chap. III.
2. Strabon, l. XI, ch. III, 6.
3. Les noms Ibère, Iber, de deux rivières de la péninsule Ibérique viennent aussi de Ibri, hébreux : rivières des Hébreux. D'après Quinte-Curce, le nom de la péninsule viendrait de celui du fleuve Ibère. Livre X, ch. 1, 2. Cela ne change rien à l'étymologie primitive. Ce sont aussi les Hébreux qui ont donné leur nom à l'*Hèbre*, rivière de l'ancienne Thrace. Quant à celui d'*Eburones*, en Belgique, d'*Eburovices* (Evreux), d'*Ebora* (Evora) et d'*Eburodune* (Embrun), il vient de l'hébreu *Ebura*, puits, fosse.
4. Strabon, l. III, ch. 11, 14. — Diodore, l. I, section I, XVI. — Ch. XXV. — L. V, XXIX.
5. Strabon, l. III, ch. IV, 6.
6. Diodore, l. V, XXV.

domination des enfants de Jacob. Ils étaient avares et besoigneux, aussi, exploitèrent-ils, avec âpreté, les mines de métaux précieux qui se trouvent dans la péninsule, et qu'avaient ouvertes les Phéniciens ; ce qui leur permit d'équiper ces flottes formidables et ces nombreuses armées de mercenaires, si longtemps la terreur des romains et qui un instant firent chanceler leur empire.

Quand plus tard, ces derniers, vainqueurs des Phéniciens de Carthage, s'emparèrent à leur tour de l'Ibérie, c'était encore une branche de la grande famille Sémitique, qui étendait sa domination sur ces riches provinces[1] : c'était une guerre de famille[2], puisque les Romains, ainsi que nous le verrons plus loin, descendaient par les Troyens de Dardanus, fondateur de cette ville, de la souche hébraïque.

Un des traits caractéristiques de la descendance d'Abraham, et qui fait sa supériorité sur toutes les autres races, c'est d'être littéraire ; partout où elle a porté ses pas harmonieux, elle a mêlé, au cri des combats, qu'elle aime tant aussi, ses hymnes, ses poèmes.

C'est la race épique de notre planète ; écoutez-la chanter. En Grèce, en Judée, au pied du mont Mêrou, à Sidon, à Carthage, comme en Ibérie, soit que sa voix grave et méditative offre ses vœux et ses prières au grand Jéovah de Jérusalem, soit qu'au bord de l'Indus, dans des cantiques voluptueux, comme un sourire de jeune femme, elle invoque Indra pour qu'il lui rende favorables les troupeaux célestes, soit que sous le soleil brûlant de la Grèce et de l'Asie Mineure, elle module des accents passionnés en l'honneur des dieux de l'Olympe qu'elle avait ravis aux rêves égyptiens pendant son séjour dans ce pays, ou bien que dans les champs du Latium, elle pleure

---

1. Strabon, l. VI, 2.
2. C'est ainsi que nous voyons la ville de Tingis, prendre après la conquête romaine, le nom de *Julia-Ioza*, moitié latin, moitié phénicien. Mais en définitif ce sont deux mots sémitiques, puisque Julia vient de Ialad, cri, Ielolah, cri, Iolal crier ; d'où les grecs ont fait *Alalè*, cri, les latins ululu, hibou et nous hulotte. Quant à Ioza, il vient de Iesa, sueur.

la chute de Troie, partout elle est noble, mélodieuse, grave ou légère selon quelle chante Dieu, l'amour ou la guerre; bien souvent elle est sublime et digne de cet être créé à l'image de Dieu. Cela tient évidemment à ce que la race sémitique ayant été de bonne heure en possession du langage phonétique, et ayant, pour ainsi parler, matérialisé la voix, toutes les langues qui sont issues de l'Idiome mère, l'hébreu, sont des langues chantantes, qui ont pour base l'harmonie. Ce qui n'existe pas pour les langues dérivées du langage hiéroglyphique égyptien, le chinois et le mexicain. Ces idiomes exercent surtout et principalement la finesse de l'intelligence, le raisonnement; aussi, ces peuples-là ont pu produire des philosophes mais peu de poètes. Jamais Homère, Valmiki, David, Virgile, le Dante, Milton, Racine, et mille autres ne seraient nés sur les bords du fleuve Hoang-Ho, car ils n'auraient pas trouvé d'instrument pour faire vibrer leur âme.

Aussi, ne sommes-nous nullement étonné que les colons phéniciens, carthaginois, grecs ou latins de l'Ibérie, mais tous enfants de Jacob n'aient pas menti au génie poétique de leur race.

« Comparés aux autres Ibères, les Turdétans sont réputés les plus savants. Ils ont une littérature, des histoires ou annales des anciens temps, des poésies et des lois en vers qui datent, à ce qu'ils prétendent, *de six mille ans*[1].

« Mais les autres nations Ibères ont aussi leur littérature, disons mieux, leurs littératures, *puisqu'elles ne parlent pas la même langue*[2]. »

---

1. Ou qui ont six mille vers : *Etón* ou *Epón*. Avec le traducteur M. Amédée Tardieu nous pensons qu'il vaut mieux prendre Etón : c'est dans la vanité de l'homme, dans la manie des peuples comme des particuliers de faire remonter leur souche à la plus haute antiquité possible : Certes les ibères n'étaient pas plus fous que les savants de nos jours qui préfèrent descendre d'un animal ayant des centaines de milliers d'années de date à se croire issus d'un enfant d'Adam qui ne remonte que mesquinement à cinq ou six mille ans! O ! bêtise humaine !

2. Strabon.

Il résulte de la fin de ce passage que quoique issues de la même souche, les races phéniciennes, carthaginoises, grecques, latines avaient quelques différences dans leur langage comme nous le savons du reste. Différences qui n'étaient pas beaucoup plus grandes que celles qui, actuellement existent entre les langues dérivées du latin : le français, l'italien, l'espagnol, le portugais, le roumain et même l'anglais pour une majeure partie.

Il est vraiment fâcheux qu'il ne nous reste rien de ces littératures antiques ; il eût été intéressant d'étudier les différents dialectes de l'Ibérie enfantés par les descendants de Cadmus et de Danaüs.

Il est arrivé dans les pays colonisés par les phéniciens et les grecs ce qui arrive de nos jours en Amérique où les peaux-rouges sont refoulés par les européens et peu à peu disparaissent du continent découvert par Colomb ; les autocthones ont dû, petit à petit, dans l'Europe tout entière disparaître ou se fondre devant les envahissements répétés, constants, patients, de la race sémitique qui par tous ses estuaires naturels la pénétrait sans jamais se lasser, la terrassait par la puissance de ses armes ou la dominait par le génie de ses arts[1], de ses sciences et de ses littératures.

Les Ibères n'ayant laissé parvenir jusqu'à nous, aucun de leurs ouvrages, il n'est guère possible de savoir s'ils avaient adopté les lois et les mœurs des hébreux ou des égyptiens — toutefois nous voyons plusieurs coutumes égyptiennes fort en honneur chez eux comme plus tard nous les retrouverons dans l'Arianie ; notamment l'usage de l'urine ; soit d'homme, soit de vache, soit de bouc.

« Quoiqu'ils soient très propres dans leurs festins, ils ne laissent pas d'être encore d'une malpropreté extrême : il se lavent tout le corps d'urine ; ils s'en frottent même les dents, estimant que cette eau ne contribue pas peu

---

1. Strabon, l. IX, 3.

à la netteté du corps [1]. » Nous en verrons bien d'autres chez les Arias.

Les phéniciens ont naturellement importé avec eux la métempsychose que nous retrouvons jusque parmi les Celtes, aussi bien que l'amour des jeunes garçons [2].

« On croit aussi que ce sont les phéniciens qui ont introduit chez les habitants des îles Baléares l'usage des tuniques à large bordure de pourpre [3]. »

Comme les jeunes spartiates qui allaient à la chasse aux Ilotes [4], les jeunes Ibères qui « se trouvent de la force et du courage... s'assemblent sur des montagnes escarpées : formant ensuite de nombreux corps de troupes, ils parcourent toute l'Ibérie, et s'enrichissent par leurs vols et leurs rapines [5]. »

Ce fut les phéniciens qui enseignèrent aux Ibères la valeur de l'argent qu'ils ignoraient autrefois :

Un incendie formidable ayant embrasé les Pyrénées [6], « des ruisseaux d'un argent rafiné et dégagé de la matière qui le renfermait, coulèrent sur cette terre. Les naturels du pays *en ignoraient alors l'usage*, et les phéniciens qui en connaissaient le prix leur donnèrent en échange d'autres marchandises de peu de valeur. Transportant ensuite cet argent dans l'Asie, dans la Grèce, et en d'autres endroits, ils en retirèrent des profits immenses. Leur avidité pour ce métal fit qu'en ayant amassé plus qu'ils n'en pouvaient charger sur leurs vaisseaux, ils s'avisèrent d'ôter tout le plomp qui

---

1. Diodore, l. V, XXII. — Hérodote, l. IV. CLXXXVII. — Diodore, l. 1. S. II. XI. — Strabon, l. III, 16. — Au fond, c'était sale, mais pas maladroit, l'urine renferme de l'ammoniaque qui dégraisse, c'est encore par elle que l'on traite les laines aujourd'hui.
2. Diodore, l. V, XXXXI. — Strabon, l. IV, ch. IV.
3. Strabon, l. III, ch. V, I.
4. Plutarque. *Vie de Lycurgue.*
5. Diodore, l. V, XXIV.
6. Pyrénées, nom donné par les Phéniciens aux montagnes qui séparent l'Espagne de la France — autrefois l'Ibérie des Celtes, — vient de *pur*, feu, et rappelle cet incendie. Ce mot dérive de l'hébreu baar, brûler.

entrait dans la fabrique de leurs ancres et d'employer à cet usage l'argent qu'ils avaient de trop. Les phéniciens ayant continué ce commerce fort longtemps devinrent si riches qu'ils envoyèrent plusieurs colonies dans la Sicile et dans les îles voisines, dans l'Afrique, dans la Sardaigne et dans l'Ibérie même [1]. »

N'est-il pas curieux de voir à 3,000 ans de distance les espagnols agir dans le nouveau monde pour la possession des métaux précieux à l'égard des sauvages d'Amérique de la même façon que leurs ancêtres les phéniciens agissaient jadis à l'égard des peuples autochtones de l'Ibérie ?

Les habitants des îles Baléares ou Gymnésies observent à l'occasion des noces une coutume qui vient des Nasamons, peuple lybien voisin de l'Egypte.

« Après le festin des noces, les parents et les amis vont trouver chacun la mariée, l'âge décide de ceux qui doivent passer les premiers, mais le mari est toujours le dernier qui reçoive cet honneur [2]. »

« Lorsqu'un Nasamon se marie pour la première fois, la première nuit de ses noces, la mariée accorde ses faveurs à tous les convives, et chacun fait un présent qu'il a apporté à la maison [3]. »

Ne serait-ce pas là l'origine du droit du seigneur ? — ce qu'il y a de certain c'est qu'aujourd'hui encore quand une fille se marie, ses amies lui font un cadeau.

Cet usage existe dans presque toute l'Europe.

C'est aussi aux phéniciens que les habitants de ces îles doivent de savoir se servir de la fronde et de combattre avec des pierres, art dans lequel ils excellaient [4].

Comme les jeunes Lacédémoniens qui devaient voler leur déjeuner, on les exerçait dans leur jeunesse à abattre avec la fronde le pain nécessaire à leur nourri-

---

1. Diodore, l. V, XXIV.
2. Diodore, l. V, XIV.
3. Hérodote, l. IV, CLXXII.
4. Strabon, l. III, ch. V, I.

ture¹, et ils étaient devenus si adroits dans le lancement des pierres que lorsque plus tard Metellus à la tête de 3000 colons voulut prendre ces îles, il dût faire « Tendre des peaux au dessus du pont de chaque navire pour que les hommes soient abrités contre les projectiles des frondeurs gymnésiens². »

Les Phéniciens répandirent naturellement dans la Celtibérie le nom de Jéovah, I O A, qu'un savant a reconnu jusque dans le wy des vieux druides et d'où il fait venir le mot *Guy* et notre *oui* affirmatif : seulement méconnaissant l'histoire, comme la plupart des savants, il fait dériver toutes les langues, même l'hébreu et le sanscrit du vieux gaulois : l'erreur est trop manifeste, pour qu'elle mérite une réfutation : avec ce système-là on va loin, ainsi prenant le mot morinien *Moon* qui signifie lune, il en fait une racine d'où seraient venues les expressions *mois*, mensuel, moond, cours lunaire « *Semaine* ou sepmonie vient de sevmaene, sept jours lunaires ou division par quart de lune³. » Si l'auteur, qui dit cela, avait connu l'histoire, il aurait su que les Phéniciens, autrement dit une portion des Hébreux, avaient avec eux importé naturellement leur langue dans la Celtibérie et que moon, maene, moond viennent de l'hébreu *mene*, calcul, *meni*, *lune*, lesquels ont produit le *méné* grec, lune et les *mas*, *ména*, lune, sanscrits : et le mot *semaine*, sepmaine, vient de l'hébreu *sheba mènè* sept divisions.

Une des colonies principales des Phéniciens, bien qu'ils ne la gardèrent pas longtemps en propre, puisque les Doriens, sous la conduite de Teutamus, qui plus tard devint vraisemblablement le Teutatès des Gaulois et des Celtes, vinrent se mêler à eux, fut l'île de Crète : Europe, fille d'Agénor et sœur de Cadmus, ayant quitté

---

1. Strabon, l. III, chapitre VI. — Diodore, l. V, XIV.
2. Strabon, l. III, ch. VI ; ces îles furent appelées Gymnésies par les Grecs parceque les habitants étaient nus tout l'été ; les Romains les nommèrent Baléares à cause de leur talent à lancer des pierres. Diodore, l. V, XIV.
3. S. Lenglée-Mortier. — Nouvelles étymologies médicales tirées du gaulois. Morinien, du Celte, *Mor*, vient de l'hébreu *Mar*, amertume.

la compagnie de son père, s'enfuit avec un de ses compatriotes, un chef nommé Astérius, qui devint dans la suite Jupiter ; afin de sauver l'honneur de la famille, on en fit un dieu ; les Grecs, plus tard, et Homère en particulier, ont toujours été fertiles en pareils expédients : ils excellaient à farder les situations les plus aventurées. C'était on ne peut plus commode [1].
Quoi qu'il en soit, elle vint en Crète, ou ses deux fils, Minos et Rhadamante fondèrent un état auquel ils donnèrent des lois dont nous retrouverons quelques unes dans le code de Manou, et qui devaient être tirées des coutumes Egyptiennes et des codes hébraïques, ainsi que nous le verrons plus loin : pour le moment nous nous contenterons de dire que de même qu'Europe a donné son nom au continent que nous habitons [2], de même une des filles de Minos, Ariane, épousée par Bacchus, a donné son nom à l'Arianie.

La faiblesse de la femme, l'amour, a toujours joué un grand rôle dans l'histoire du monde.

Malheureusement chez les Crètois l'on ne s'en était pas tenu à l'amour de la femme, ils avaient apporté d'Egypte la pédérastie ; et ils avaient élevé cette infamie à la hauteur d'une institution.

« Une autre coutume propre au Crètois est celle qui règlemente la *pédérastie*. Ce n'est point, en effet, par la persuasion, mais bien par le rapt, qu'ils s'assurent la possession de l'objet aimé. Trois jours et plus à l'avance l'*éraste* prévient de son projet d'enlèvement les amis du jeune garçon qu'il aime. Or, ce serait pour ceux-ci le comble du déshonneur s'ils cachaient l'enfant ou qu'ils l'empêchassent de passer par le chemin indiqué : Ils paraîtraient avouer par là qu'il ne méritait pas les faveurs d'un *éraste* aussi distingué... [3] »

L'on croit rêver quand on lit d'aussi abominables

---

1. Diodore, l. V, XLVII.
2. Hérodote, l. IV, XLV. L'opinion de Bochart n'est pas soutenable.
3. Strabon, l. X, chap. IV, 21.

doctrines racontées tout naturellement par un des écrivains les plus raisonnables de l'antiquité païenne. Que deviennent en présence de pareilles aberrations les plus grands écarts de l'amour des sexes différents ? au moins il ne renverse pas les lois de la nature !

Il préside à la plus grande loi de l'humanité, la multiplication de l'espèce et il est le père de toutes les joies de la famille.

Tout le monde sait que le nom primitif de Cnosse, la ville principale de l'île de Crète, était *Kœratos*[1], qui vraisemblement a donné son nom à l'île elle-même, et que nous retrouverons chez les Arias, dans la langue desquels existe le mot *hœrata* pour peindre les mœurs, la manière d'être des Kirâtos, peuplade des bords de l'Indus. Ce nom de *Kœrata* était encore au temps de Strabon, celui de la rivière qui arrosait la ville de Cnosse. Ce mot vient de l'hébreu *karat*, enlever, abattre, de *qeren*, domination.

Devons-nous rappeler ici que Minos voulut avoir, à l'instar du labyrinthe égyptien, un édifice pareil dans son île.

« Quelques-uns disent que Dédale étant venu en Egypte et ayant admiré cet édifice, en fit pour le roi Minos, en l'île de Crète, un semblable à celui de Mendès; et les poètes ont ajouté qu'il avait servi de demeure au Minotaure. Mais le labyrinthe de Crète ne paraît plus ; soit que quelqu'un l'ait renversé, soit que le temps l'ait détruit ; au lieu que celui d'Egypte subsiste encore aujourd'hui dans son entier[2]. » Plus tard nous trouverons dans le Râmâyana un labyrinthe décrit poétiquement par Valmiki.

Sarpédon, frère de Minos, à la tête d'une nombreuse armée de Crétois, subjugua la Lycie, y fonda un royaume, et son fils Evandre lui succéda sur ce trône nouveau[3]. Macédon, fils d'Osiris ou plutôt de Bacchus, revenant de

---

1. Hérodote, l. II, XCI.
2. Diodore, l. I, sect. II, XIII.
3. Diodore, l. V, XLVII.

la conquête de l'Inde, fut laissé par son père dans une partie de la Thrace pour en être le roi. Il donna son nom à ce pays qui devint à cette époque la Macédoine[1]. Cette province avait déjà reçu des Crétois qui, à la suite d'un naufrage sur les côtes d'Italie, s'étaient rendus par terre en ce pays en contournant l'Adriatique[2].

On retrouve en Béotie une réminiscence du sacrifice d'Abraham. L'oracle de Delphe ayant ordonné d'immoler un jeune garçon à Bacchus à la suite d'une peste survenue à cause d'une orgie dans laquelle on avait tué le sacrificateur de ce dieu, il mit à la place, abhorrant un pareil sacrifice, une chèvre qui fut immolée ; et en l'honneur de ce fait un temple fut élevé à Bacchus Aigobolos[3].

Une partie des Lybiens ne pratiquent pas la circoncision sur leurs enfants ; mais les Lybiens nomades l'observent à l'instar des Israélites et des Egyptiens ; comme les Egyptiens et les Hébreux aussi ils ne mangent point de porc, et comme les premiers de ces peuples ils ne mangent point de vaches[4].

---

1. Diodore, l. I, S. I, X.
2. Strabon, l. VI, ch. III, 2.
3. Dacier. *Trad. de Plutarque. Thémistocle*, p. 188, note C.
4. Hérodote, l. IV, CLXXXVI et CLXXXVII.

LIVRE IV

Les Grecs.

CHAPITRE PREMIER

L'Hégire.

Nous avons vu qu'une partie des dissidents hébreux, sous la conduite de Cadmus, allèrent peupler la Phénicie et par la suite une foule d'autres pays ; une autre portion de dissidents, dirigée par Danaüs et par Lyncée, prit le chemin de la mer Intérieure et fit d'abord voile vers l'île de Rhodes. Ils étaient tous deux nés à Chemmis, ville de la haute Egypte [1].

« Vers ces temps-là, dit Diodore, Danaüs fuyant de l'Egypte avec ses filles, vint aborder dans l'isle de Rhodes au port de Lindus. Il fut bien reçu des habitants, et il bâtit un temple à Minerve, dans lequel il consacra la statue de cette déesse. Des filles de Danaüs il y en eut trois qui moururent pendant leur séjour à Lindus, et les autres accompagnèrent leur père à Argos. Ce fut à peu-près dans le même tems que Cadmus, cherchant Europe, par l'ordre du roi Agénor son père, débarqua à Rhodes [2]. »

Comme nous l'avons expliqué plus haut, c'est à cette époque que Cadmus enseigna à Danaüs le changement qu'il avait opéré dans l'alphabet hébraïque.

Pendant que Cadmus quittait Rhodes pour aller bâtir

---

1. Hérodote, l. II, XCI.
2. Diodore, l. V, XXXVI.

la ville de Thèbes en Béotie, Danaüs allait de son côté fonder la ville d'Argos[1] dans l'Argolide.

« On ajoute que Danaüs, originaire aussi de l'Egypte, alla bâtir Argos, une des plus anciennes villes de la Grèce ; et que d'autres chefs, tous sortis du même lieu, conduisirent les uns, les peuples qui habitent maintenant la Colchide[2] et le royaume de Pont; les autres, le peuple juif qui occupe le pays situé entre l'Arabie et la Syrie : de là vient que toutes ces nations font circoncire leurs enfants, coutume qu'ils ont tirée des Egyptiens. On assure encore que les Athéniens sont une colonie des Saïtes, peuples de l'Egypte, et les Egyptiens prouvent cette origine en faisant remarquer que de toutes les villes grecques Athènes[3] est la seule qui porte le nom d'Astu, pris de la ville d'Astu en Egypte. Ils ont d'ailleurs emprunté des Egyptiens la division qu'il font de la République en trois classes[4]. »

Au reste c'était une croyance si bien établie dans toute l'antiquité qu'il a fallu toute l'ignorance des savants de notre époque pour remettre en doute une pareille vérité. Nous avons déjà cité dans notre *Droit divin de la Démocratie* une lettre d'Arius, roi de Lacédémone, à Onias, grand sacrificateur, et la réponse qu'il y fut faite, lettres qui établissent que la question ne faisait pas doute à cette époque :

« Arius, roi de Lacédémone, à Onias, salut. Nous avons veu par certains titres que les Juifs et les Lacédémoniens n'ont qu'une même origine, étant tous descendus d'Abraham. Puis donc que nous sommes frères,

---

1. Argos vient du verbe hébreu Arag, tisser, étendre. — Strabon, l. VIII, ch. VI, 9.
2. Nous ne rangeons pas les habitants de la Colchide au nombre des colonies hébraïques parce que Hérodote pense, d'après le dire des prêtres égyptiens, « que ces peuples sont descendus d'une partie des troupes de Sésostris. » Ce qui est fort possible.
3. Athènè, surnom d'Isis, signifie en égyptien : « Je suis venue de moi-même. » Plutarque, sur *Isis et Orisis*, 62.
4. Diodore, liv. I, sect. I. XVI. Nous verrons plus tard cette division du peuple par classes reparaître chez les Arias.

et qu'ainsi nos intérêts doivent être communs, il est juste que vous fassiez savoir avec une entière liberté ce que vous pouvez désirer de nous, et que nous en usions de la même manière à votre égard. *Démotèle* vous rendra cette lettre écrite dans une feuille quarrée, et cachetée d'un cachet où est empreinte la figure d'un aigle qui tient un serpent dans ses serres [1]. »

« Jonathas après avoir par l'assistance de Dieu remporté une si grande victoire[2] s'en retourna à Jérusalem, envoya des ambassadeurs à Rome pour renouveler l'alliance avec le peuple Romain et leur donna charge de passer à leur retour par Lacédémone pour y renouveler aussi leur alliance et le souvenir de leur *Consanguinité*. Les ambassadeurs furent si bien receus à Rome qu'ils n'obtinrent pas seulement tout ce qu'ils désiroient, mais aussi des lettres adressantes aux Rois de l'Asie et de l'Europe et aux gouverneurs de toutes les villes pour pouvoir retourner avec une entière sureté. Quand à Lacédémone la lettre qu'ils y présentèrent portoit ces mots :
« Jonathas grand sacrificateur, et le sénat, et le peuple
« juif, aux Éphores, au sénat, et le peuple de Lacédé-
« mone, *nos frères*, salut. Il y a quelques années que
« Demothèle rendit à Onias, alors grand sacrificateur de
« notre nation une lettre d'Arius votre Roi, dont nous
« vous envoyons une copie, par laquelle vous verrez
« qu'il y faisait mention *de la proximité qui est entre*
« *nous*. Nous reçumes cette lettre avec grande joye et
« la témoignames à Arius et à Demothèle, *quoique cette*
« *parenté ne nous fut pas inconnue, parce que nos livres*
« *saints nous l'apprennent*. Et ce qui nous avoit em-
« pêché de vous en parler c'est que nous n'estimions pas
« devoir envier l'avantage de vous prévenir. Mais depuis
« le jour que nous avons renouvelé notre alliance nous
« n'avons point manquer à prier Dieu dans nos sacrifi-
« ces et fêtes solennelles qu'il vous conserve et vous
« rende victorieux de vos ennemis.... [3] »

---

1. Josèphe, *Histoire des Juifs*, l. XII, ch. V.
2. Victoire d'Azor.
3. Josèphe *histoire des juifs*, l. XIII, Chap. IX.

Tous les dieux grecs sont venus d'Egypte [1] et portent pour la plupart des noms hébreux, ce qui tendrait encore à prouver que la langue hébraïque avait une grande analogie avec la langue (hiératique) sacrée, adoptée par les prêtres égyptiens.

« Presque tous les noms des dieux sont venus d'Egypte en Grèce. Il est très certain qu'ils nous viennent des barbares : Je m'en suis convaincu par mes recherches. Je crois donc que nous les tenons principalement des Egyptiens. En effet, si vous exceptez Neptune, les Dioscures, comme je l'ai dit ci-dessus, Junon, Vesta, Thémis, les grâces et les Néréides, les noms de tous les dieux ont toujours été connus en Egypte. Je ne fais, à cet égard que répéter ce que les Egyptiens disent eux-mêmes. Quant aux dieux qu'ils assurent ne pas connaître, je pense que leurs noms viennent des Pélasges ; j'en excepte Neptune, dont ils ont appris le nom des Lybiens [2] » C'est à dire des Phéniciens puisque nous avons vu que ce pays avait été colonisé par les descendants de Cadmus. Il était bien juste que ce peuple de navigateurs enfanta le dieu de la mer, puisqu'il oubliait le Dieu de ses ancêtres. Ce sont les filles de Danaüs qui apportèrent en Europe les mystères de l'Egypte :

« J'en agirai de même à l'égard des initiations de Cérès, que les grecs appellent Thesmophories, et je n'en parlerai qu'autant que la religion peut le permettre. Les filles de Danaüs apportèrent ces mystères d'Egypte, et les enseignèrent aux femmes des Pélasges [3]. »

Du jugement des Egyptiens après leur mort, du transport de leur cadavre par le Nil et le lac Achéruse, sur une barque conduite par le nocher Caron auquel natu-

---

1. Hérodote, l. II, CLXXI.
2. Hérodote, l. II, XLIX.
3. Hérodote, l. II, XLXXI. Pelagos, haute mer : les Pélasges étaient donc des hommes de la mer. Quant à Pélargos, dont on a voulu faire venir ce mot, il n'avait été produit que par un *r* que les Grecs y avaient inséré, afin de pouvoir dire comme les ancêtres des grecs, les hébreux, qu'ils étaient des voyageurs. Strabon, l. IX, ch. I. 18.

rellement on payait sa peine, les grecs habiles à dorer les actes les plus simples de la vie, avaient fait l'enfer, la barque à Caron, la pièce de monnaie à donner pour entrer dans le séjour des morts, le Léthé et le jugement après la mort [1]. Nous avons dit que la plupart des noms des dieux grecs venaient, au reste comme toute la langue des hellènes, de l'hébreu, en effet :

Kuthéra vient de...	*Seter*, retraite secrète.
Erebos............	*Ereb*, dévastation, soir, nuit, etc.
Carôn.............	*Caron*, crieur, hérault.
	Kerux, crieur public.
Hécate............	*Catam*, enfouir.
Lethé.............	*Lout*, cacher.
Demeter (cérès), Gemeter [2]........	*Ge* vallée et de *Mc*, Em mère.
Dzeus (Jupiter), Dios, Theos, dia......	*Dai*, tout puissant.
Rea (Rhée)........	*Eres*, terre.
Thémis...........	*Tam*, intègre.
Era (Junon).......	*Ara*, concevoir, devenir mère.
Kubelé (Cybèle)....	*Abal*, enfanter.
Néréus et Néréides..	*Naar*, fleuve.
Ermès (mercure)....	*Ormah*, ruse; c'est aussi de ce mot que vient Ormuzd.
Bacchaï (les Bacchantes, Prêtresses de Bacchus)........	*Bacar*, qui porte un nouveau fruit : c'est aussi de ce nom que vient Bacchus.

---

1. Diodore, l. I, s. II, XXXVI. — Pélasges — Pelagos — vient de l'hébreu Palag, diviser, de Peleg, ruisseau. Ce qui indiquerait que les Pelasges eux-mêmes, étaient d'origine sémitique.
2. Gè Mèter pantôn Dèmèter ploutodoteira ; (orphée) Terre mère, Dèmèter, qui nous donne toutes sortes de richesses. (Hérodote, l. II, XXII), note du traducteur Larcher.

8.

Dionysios (Bacchus).	de *Dai* et *Nysa*; Jupiter, son père; et la ville où il est né, dans l'Arabie heureuse [1], voisine de l'Egypte. Ces deux derniers noms sont venus plus tard après le départ des hébreux comme nous le verrons plus loin. Il en est de même de celui de Jupiter [2].
Chronos (Saturne) ..	*Ceounnah*, sacerdoce, *Coen*, prêtre.
Arès (Mars)........	*Aros*, renverser, détruire.
Leto (Latone).......	*Laat*, *Lout*, cacher, faire des prestiges.
Estia (Vesta)	*Esh* [3], feu.

Dès maintenant il est donc bien évident que les grecs descendent des hébreux, dont ils n'étaient qu'un essaim échappé de la terre Egyptienne [4], en même temps que la principale armée de leurs frères, qui sous la conduite de Moïse allaient peupler la Palestine. Il est certain qu'ils se sont séparés de la colonne principale, parce que, soit qu'ils aient épousé des femmes égyptiennes qui les

---

1. Il nous faut bien remarquer ce nom de *Nysios* donné à Bacchus ; nous le retrouverons plus tard, quand nous suivrons ce héros sur les bords de l'Indus. Diodore, l. I, S. VIII.
2. Hérodote, l. II, LII.
3. Tombant dans l'erreur commune, M. Fustel de Coulanges fait venir le culte du feu des Arias ; et donne faussement le sens d'autel à *Estia*.
« L'autel du feu sacré fut personnifié ; on l'appela *estia*, Vesta ; le nom fut le même en latin et en grec, et ne fut pas d'ailleurs autre chose que le mot qui dans la langue commune et primitive désignait un autel. » La cité antique. Chap. III.
Le mot *estia* venu de *esh*, feu, n'a jamais signifié autel. Comme nous l'avons déjà prouvé, le culte du feu vient de la coutume que les juifs avaient d'entretenir des lampes toujours allumées dans le saint des saints, coutume qui a passé chez les grecs, les Romains, les Arias, les Perses et les Américains.
4. Il est bien certain que les grecs n'étaient pas égyptiens, puisque ces derniers étaient noirs et que les grecs étaient blancs, comme les phéniciens et les hébreux.

avaient poussés à abondonner le Dieu de leurs pères pour sacrifier à d'autres divinités, soit que leur imagination déréglée les ait entraînés dans des aberrations d'esprit qui les portaient à redouter le jugement sévère des Grands Chefs de la nation, ils préférèrent s'isoler et aller aux hasards des océans, aussi biens que les Phéniciens, fonder une patrie distincte de celle que Moïse leur annonçait comme leur étant promise à l'Orient, parce qu'elle avait été dans les temps primitifs, le berceau de leurs pères.

CHAPITRE II

La Langue.

Si la ressemblance des langues est un moyen irréfutable d'établir la parenté des peuples qui les parlent [1], elle ne suffit pas pour en établir la filiation et la paternité, témoin ce qui se passe aujourd'hui en Europe, où tous les savants ont fait descendre la langue gréco-hébraïque du sanscrit, quand c'est tout le contraire qui a eu lieu, c'est-à-dire que le sanscrit et les langues qu'il a enfanté, la langue de l'Avesta, le palit, le pracrit, etc., dérivent du grec pour une portion et de l'hébreu pour la majeure partie, ce que nous prouverons plus loin. En ce qui concerne les rapports des Grecs et des Hébreux, maintenant que nous avons établi que les Grecs étaient une colonie Juive, la parenté du langage, en même temps qu'elle corroborera ce que nous avons dit précédemment, elle établira que toutes les langues qui dérivent du grec, le roumain, le latin, le français, l'espagnol, l'italien, l'allemand, le russe, le portugais, l'anglais, le sanscrit et cent autres sont enfants, petits-enfants ou arrière-petits-enfants de l'hébreu et que l'hébreu est la langue mère de tous les langages phonétiques parlés par les hommes sur notre globe.

Nous avons prouvé que l'alphabet phénicien n'était que l'alphabet hébraïque dont la forme matérielle seule avait été changée, et que l'alphabet grec était l'alphabet phénicien retourné : on en va mieux juger par le tableau ci-joint des trois alphabets :

---

[1]. Strabon, l. I, ch. II, 34 ; livre II, 4. — Diodore, l. V, XXIX.

Lettres Grecques	Lettres Phéniciennes	Lettres Hébraïques
Alpha	Alap	Aleph (Bœuf)
Bèta	Bit	Beth (Maison, Temple, Cave, Antre [1]).
Gamma	Gamal	Guimel (Chameau)
Delta	Dalat	Daleth (Porte)
Epsilon	E !	Hé ! (Main)
Dzèta	Zin	Zain (Marteau)
Èta	Hith	Cheth (Haie)
Thèta	Thith	Teth (Serpent)
Iôta	Id	Ioth (Main indicatrice)
Cappa	Cap	Caph (Main recourbée)
Lambda	Lamad	Lamed (Aiguillon)
Mu	Mim	Mem (Eau)
Nu	Nun	Noun (Poisson)
O « micron » Petit	Oïn	Ain (Œil)
Pi	Pé	Phe (Bouche)
Rô	Rich	Resh (Rayon)
Sigma	Samac	Sameck (Support, Eau, le renouveau)
Tau	Tau	Thau (Marque)
Upsilon	U	Vave (Crochet)
Chi	Chan	Schin (Dent)

Ce qu'il nous faut remarquer tout d'abord, après l'examen de ces trois alphabets, c'est que la dénomination de plusieurs lettres grecques est identiquement pareille à celle de plusieurs lettres hébraïques, entre autres : alpha, aleph ; bèta, beth ; thèta, teth ; iôta, ioth ;

1. G. Bertin.

tandis qu'elle affecte une légère différence avec celle de l'alphabet phénicien ; ce qui confirme ce que nous avons dit, que les Grecs connaissaient l'alphabet hébraïque avant que les Phéniciens leur eussent enseigné à employer une nouvelle forme matérielle de cet alphabet. Il faut aussi remarquer que les caractères affectent le même ordre dans ces langues [1].

En ce qui concerne les mots grecs dérivés de l'hébreu, nous répéterons ce qu'Hérodote a dit en parlant des noms des dieux : la plupart, viennent de racines juives ; pour le reste, il peut dériver du langage plus ou moins barbare que parlait les Pélasges : mais il doit y avoir un fort petit nombre de ces mots-là dans la langue grecque, pour deux raisons majeures : c'est que presque tous les mots grecs viennent de l'hébreu et qu'ensuite le peuple grec, d'origine hébraïque, colonisateur, civilisé, conquérant, dédaigneux, a dû imposer son langage, ses expressions, comme il a imposé les dieux qu'il avait amenés d'Egypte à la nation aborigène, peu nombreuse encore, et qui avant son arrivée ne donnait aucun nom à la divinité ; les hordes conquises ont dû être refoulées, anihilées, ou disparaître englobées dans l'ensemble des nouveaux venus : c'est ce qui est arrivé plus tard quand Rome a imposé on langage à la France, à l'Espagne, au Portugal, dont les idiômes forment avec l'Italien, fils aîné du Latin, une famille dont les membres ont de telles analogies que quiconque parle une de ces langues, peut comprendre facilement les autres.

Toutefois le lecteur ne doit pas attendre de nous un tableau complet des mots grecs dérivés de l'hébreu, il faudrait pour cela tout un volume et cela a déjà été fait magistralement [2].

---

1. « The Greeks have preserved not only the semitic names of the letters but their order in the alphabet... » On the origin of the Phœnician alphabet by G. Bertin, London, 1882.
2. Latouche, Dictionnaire idio-étymologique, hébreu et grec-hébreu : En 1839, j'étais dans une pension fondée à Paris par l'abbé Latouche, ancien principal du collège de Colmar ; à la fin de l'année scolaire, j'eus, en prix, toute une bibliothèque hébraïque, une averse de neige sur le printemps ; il fallait voir aussi, comme mes 15 ans

Et afin de ne pas entraver la marche de cet ouvrage, nous prions le lecteur de se reporter à la fin du volume où il trouvera ce tableau avec ceux des mots sanscrits dérivés de l'hébreu, soit directement, soit après avoir passé par le grec.

Le lecteur rencontrera là une assez jolie collection d'expressions dont l'origine ne peut être déniée, même par les savants qui ont la vue la plus obscurcie par l'esprit de parti pris ; et qui prouve à n'en pas douter que la langue grecque aussi bien que son alphabet vient de l'hébreu et que les Grecs qui aimaient tant à dénaturer les mots pour les rendre plus harmonieux, n'ont pu, malgré toute leur ardeur, en dissimuler l'origine.

« Ils ont toujours aimé, *on le sait* [1], à changer les noms, les noms barbares surtout, à dire, par exemple, Darius pour Dariécès, Parysatis pour Pharziris et Atargatis pour Athara [2]. »

Aussi un amateur qui voudrait s'amuser à étudier tous les mots de la langue grecque, trouverait assuré-

---

envoyèrent à tous les diables le chef de l'établissement. Me voyez-vous à cet âge du roman, plongé dans la chrestomathie, le panorama des langues, les dictionnaires étymologiques de toute sorte, je m'inquiétais bien vraiment d'où pouvaient venir les mots de notre langue à cet âge où l'avenir seul a du charme pour nous.
Plus tard, je rouvris ces bouquins, longtemps délaissés dans le fond d'une bibliothèque ; j'avais fait mon droit, j'avais parcouru l'Europe à pieds, j'étais marié, j'avais des enfants, j'étais avocat à Paris, je n'étais rien..., mais je croyais être quelque chose, j'étais rassis ; je fus d'abord étonné, je consultai l'histoire et je vis que mon vieil abbé m'avait donné un trésor : la vérité ! — pauvre savant, un vrai savant, celui-là, qui a usé sa vie sur les livres ! il est mort dans la misère et gît dans quelque coin ignoré de l'une des nécropoles parisiennes, quand tant d'imbéciles et de fripons trônent enchâssés dans le marbre et le granit ! Dans les derniers jours de sa vie, il faisait des conférences sur l'origine des langues, dans l'arrière-boutique d'un charbonnier de la rue du *Cherche-Midi !*

1. Il est bon là, Strabon avec son « *on le sait* » ; les ignorants le savent, mais non les savants ; les savants ignorent tout, même les choses les plus simples et qui courent les rues.
2. Strabon, l. XVI, ch. IV, 27.

ment pour la majeure partie leur origine dans la langue hébraïque. Quant à nous, nous en avons dit assez pour ce que nous voulions prouver, que la linguistique était d'accord avec l'histoire ; nous voulons dire que les descendants des émigrants, conduits par Danaüs, sont au même titre que ceux dirigés par Cadmus ou par Moïse, des enfants de Jacob.

CHAPITRE III

Des Mœurs et des Coutumes.

Il est certain que Danaüs et ses compagnons s'étant séparés de Moïse, avant la promulgation des codes hébraïques, il n'est pas possible de retrouver à l'époque primitive, avant Lycurgue et Solon [1], aucune loi grecque qui viennent du Pentateuque : Nous devrions même rencontrer chez eux beaucoup plus de réminiscences des coutumes égyptiennes, puisque les Hébreux vivaient mélangés avec les Egyptiens, et qu'il est constant qu'un grand nombre d'entre eux avaient abandonné le Dieu de leurs pères et les coutumes antiques pour sacrifier aux dieux étrangers, ou s'en forger de particuliers, entraînés par leurs femmes, par la superstition, par l'exemple journalier du peuple chez lequel ils vivaient ou par leur propre intérêt, et subissant d'avance ce terrible châtiment promis plus tard par Moïse à ceux d'entre les Hébreux qui se souilleraient des abominations des peuples païens [2], notamment du culte de la Vache, et de la promiscuité de sa race avec la race humaine. Toutefois, d'entre les coutumes observées par les Israélites de temps immémorial, nous en retrouverons plusieurs chez les descendants des compagnons de Danaüs :

Ainsi les Grecs enterraient leurs morts, ce que faisaient les Hébreux de tout temps, même en remontant jusqu'à Abraham [3] et ce que ne pratiquaient pas les Egyptiens, qui les embaumaient de peur que les animaux ne les mangeassent [4]. Il est vrai qu'Hérodote dit

---

1. Voir le *Droit divin de la Démocratie*.
2. Lévitique, ch. XVIII, 29.
3. Genèse, ch. XXIII, 4.
4. Hérodote, l. III, XVI.

que les Grecs tenaient cette coutume des Lybiens, avec celle de revêtir leurs statues de Minerve de l'Égide [1]; mais il ne faut pas oublier que la Lybie était un peuple de colons égyptiens et éthiopiens qui suivaient les coutumes de l'Egypte et de colons phéniciens [2], qui en leur qualité d'Hébreux, suivaient les coutumes de leurs ancêtres ; et que c'était évidemment chez eux que les Grecs avaient puisé l'habitude d'enterrer leurs morts.

Parfois cependant, les Grecs à l'instar des Egyptiens et surtout des Ethiopiens, embaumaient les cadavres et les doraient entièrement, coutume que nous retrouverons plus tard aussi chez les Arias [3].

De même que les hébreux, les grecs ne permettaient pas les mariages entre parents de degrés rapprochés ; et si Lycurgue et Solon plus tard autorisèrent les unions matrimoniales entre frères et sœurs, soit utérins, soit consanguins, ils n'allèrent pas jusqu'à les tolérer entre frères et sœurs germains : au reste, juqu'à Moïse le mariage entre frères et sœurs non germains étaient permis chez les hébreux comme nous le voyons par ce passage de la Genèse.

« Mais aussi, à la vérité, dit Abraham en parlant de Sara, elle est ma sœur, fille de mon père, bien qu'elle ne soit point fille de ma mère, et elle m'a été donnée pour femme [4]. »

Jamais les grecs, à aucune époque de leur histoire ne

---

1. Hérodote, l. IV, CLXXXIX-CXC.
2. Hérodote, l. III, XVII.
3. Diodore, l. I, S. I, XIII, l. II, XII. Il est vrai que c'était en Béotie, province colonisée par Cadmus; mais, Grecs et Phéniciens, ayant la même origine, parlant, dans le principe, la même langue, étaient tellement mêlés qu'ils ne faisaient absolument qu'un ; et que ce n'est que dans la suite des temps et à cause des rivalités, et après que les Grecs eurent par principe défiguré leur langage, que ces peuples formèrent des nations distinctes et encore la Béotie et même la Crète finirent par faire partie intégrante de la Grèce. Il n'y eut guère que la Phénicie proprement dite, les colonies d'Afrique et de l'Ibérie qui se séparèrent totalement; jusqu'à ce qu'elles fussent englobées, avec la Grèce elle-même, dans l'Hégémonie romaine.
4. Genèse, ch. XX, 12.

souffrirent les unions entre ascendants et descendants [1], ce qui dans tout l'univers, à l'exception des hébreux et de leurs descendants étaient permis et notamment en Egypte [2], ainsi que l'a établi un Egyptologue moderne :

« M. Maspéro a reconstitué la généalogie de cette famille, et il a trouvé que Pinot'em avait eu deux fils, Masahirti et Menkhopriri ; ce dernier avait épousé *sa mère, Ismikheb*, fille de Masahirti [3]. »

Il est donc bien certain que cette coutume des grecs de n'épouser ni frère ni sœur germain, ni père ni mère ne venait pas des Egyptiens, mais des Israélites où les unions aux premiers degrés avaient toujours été mal vues [4].

Pour les grecs, comme pour les égyptiens, le poisson était un aliment réprouvé : si les citoyens en mangeaient parfois, les prêtres ne se permettaient jamais cette licence [5]. Ils se contentaient en Egypte d'en faire brûler sur le seuil de leur porte.

Voici maintenant une loi qui vient soit des coutumes Egyptiennes, soit des coutumes Hébraïques. Il n'est pas facile de le décider puisqu'elle existait chez les deux peuples :

« On attendait que les femmes enceintes convaincues de quelques crimes fussent accouchées pour les conduire au supplice. La plupart des grecs ont adopté cette loi [6]. »

Les grecs avaient aussi apporté d'Egypte l'art de prédire :

« L'oracle de Thèbes en Egypte, et celui de Dodone, ont entre eux beaucoup de ressemblance. L'art de prédire l'avenir, tel qu'il se pratique dans les temples, nous vient aussi d'Egypte ; du moins, est-il certain que les

---

1. Sophocle.
2. Diodore en Sicile, l. I, Sect. I, XI, XV.
3. Gabriel Charmes, *la trouvaille de Deir el Bahari*, Débats, 22 janvier 1882.
4. Genèse, ch. XIX, 31 et suivants. — Lévit, XVIII, 7, 8 et 9.
5. Plutarque, sur *Iris et Osiris*.
6. Diodore, l. I, Sect. II, XXVII.

Egyptiens sont les premiers de tous les hommes qui aient établi des fêtes ou assemblées publiques, des processions et la manière d'approcher de la divinité et de s'entretenir avec elle : aussi les grecs ont-ils emprunté ces coutumes des Egyptiens[1]. »

Il nous faut encore citer cette coutume empruntée par les grecs aux égyptiens et aux hébreux, car souvent et même presque toujours les anciens confondaient ces deux peuples qui, pendant 430 ans avaient vécu côte à côte, mélangés d'une telle façon, que beaucoup de familles avaient plusieurs de leurs membres israélites ou égyptiens[2]. Toutefois, nous opinons à croire qu'elle venait des égyptiens parce que les israélites, nous entendons ceux qui étaient restés fidèles au Dieu d'Abraham, n'avaient pas de lieu sacré : ils se contentaient d'adorer Dieu dans leur cœur.

« Les égyptiens sont aussi les premiers qui, par un principe de religion aient défendu d'avoir commerce avec les femmes dans les lieux sacrés... Presque tous les autres peuples, si l'on excepte les Egyptiens et les Grecs, ont commerce avec les femmes dans les lieux sacrés[3]... »

Nous avons vu plus haut que les filles de Danaüs apportèrent d'Egypte en Grèce les mystères d'Egypte et les enseignèrent aux femmes pélasges. C'est aussi de ce pays que les grecs apprirent les initiations de Cérès qu'ils appelaient Termophories[4].

Ce sont encore les Egyptiens qui enseignèrent aux Grecs la géométrie[5], science que ce peuple avait dû apprendre à la suite des débordements du Nil : la nécessité a de tout temps été le meilleur des professeurs. Quant à l'arithmétique et à l'astronomie ils les tenaient de leurs ancêtres hébreux :

---

1. Hérodote, l. II, LVIII.
2. Strabon, l. XVI, ch. II, 35.
3. Hérodote, l. II, LXIV.
4. Hérodote, l. II, CLXXI.
5. Strabon, l. XVI, ch. II, 24.

« Il voulut bien — Abraham — leur enseigner (aux Egyptiens) l'arithmétique et l'astrologie qui leur étaient inconnues : et c'est par lui que ces sciences sont passées des Chaldéens aux Egyptiens, et des Egyptiens aux Grecs [1]. »

N'y a-t-il pas une grande ressemblance entre les repas que les Lacédémoniens prenaient deux fois par mois en public et ceux de la table du soleil de Lybie ?

« Voici en quoi consiste la table du soleil. Il y a devant la ville une prairie remplie de viandes bouillies, de toutes sortes d'animaux à quatre pieds, que les magistrats ont soin d'y faire porter la nuit. Lorsque le jour paraît, chacun est le maître d'y venir prendre son repas [2]. »

Cette coutume passa d'abord en Crète et delà se répandit en Thessalie, à Argos, à Sparte, à Athènes, en d'autres villes, en Arianie et même en Amérique.

N'oublions pas non plus qu'il y avait en Grèce une secte qui croyait comme les Egyptiens à la métempsychose et comme une portion des Israélites qui y croyait aussi ; car nous retrouvons plus tard ces doctrines, professées par les Pharisiens [3].

Nous devons rappeler ici que les Athéniens ont « emprunté des Egyptiens, la division qu'ils font de la République en trois classes [4], » et des Hébreux l'entretien du feu sacré devant les lieux saints : « Les autres disent que (à Rome), selon la coutume des grecs, le feu brûle toujours devant les lieux saints, comme une marque de la pureté qu'ils exigent [5]. »

« Et quant au feu qui est sur l'autel, (en Judée) on l'y tiendra allumé, on ne le laissera point éteindre [6]. »

---

1. Josèphe, *Histoire des Juifs*, l. I, ch. VIII.
2. Hérodote, l. III, XVIII.
3. Josèphe, *Hist. des juifs*, l. XXVIII, ch. II. — Diodore, l. IV, XXXI.
4. Diodore, l. I, Sect. I, XVI et XXV — l. V, XXIX.
5. Plutarque, Camillus, t. II, page 274.
6. Lévitique, ch. VI, 12.

Une particularité des mœurs grecques et qui leur vient à coup sûr des Hébreux, c'est leur amour passionné pour la musique [1], puisque si les Israélites avaient poussé cet amour au plus haut point, s'ils en avaient fait une des principales bases de l'éducation, de sorte qu'ils n'avaient qu'un seul mot, *Mousar*, pour exprimer ces deux ordres d'idées, mot que les grecs avaient transporté dans leur langue harmonieuse au suprême degré, pour peindre la littérature et la musique, *Mousa* et *Mousikè*, les Egyptiens eux à l'opposite, avaient proscrit cet art sublime comme indigne d'un citoyen, amollissant les âmes et avilissant les cœurs.

« La lutte et la *musique* étaient des arts défendus chez eux, parce que... à l'égard de la musique ils la regardaient non-seulement comme inutile, mais encore contraire aux mœurs, parce qu'elle amollit les âmes [2], » ce qui est naturel chez un peuple qui n'avait que des hiéroglyphes pour exprimer sa pensée, et ce qui confirme ce que nous avons dit précédemment à ce sujet. N'ayant point le principal instrument de cet art divin, la langue phonétique, il n'en pouvait comprendre ni percevoir toutes les beautés, tandis que les grecs, comme tous les enfants de la race Sémitique, s'exerçaient malgré eux et comme à leur insu, à toute heure du jour à moduler leurs pensées, rien que par le fait même de la parole.

Toutefois, les Egyptiens avaient plusieurs chansons, une entre autres, qu'ils appelaient Manéros, qu'ils chantaient à la mort de leurs proches, et qui fut d'abord leur unique hymne dès les commencements. Elle passa dans toutes les colonies phéniciennes et grecques ; ces dernières l'appelaient Linus [3]. C'est ainsi qu'aujourd'hui

---

1. Nous avons dans le *Droit divin* étudié assez longuement cette question pour qu'il soit utile d'y revenir ici.
2. Diodore, l. I, S. II, XXIX. — Ce que dit sur cette question M. Marius Fontane, n'a pas le sens commun (*Les Egyptes* XXIV) et est en contradiction formelle avec l'histoire et la nature des choses.
3. Hérodote, l. II, LXXIX.

l'on retrouve au Canada, chantées même par les sauvages, au milieu des forêts que sillonne le Saint-Laurent, toutes les vieilles chansons qui égayaient nos pères[1].

1. *Gagnon*, chansons populaires du Canada, Québec, 1865.

CHAPITRE IV

Colonies.

Lorsque l'essaim, sorti d'Egypte sous la conduite de Danaüs, se fut parfaitement installé dans le Péloponèse, qu'il se sentit maître de la contrée, une véritable fièvre de colonisation s'empara de lui, comme elle s'était emparée de l'essaim hébreu entré sous la conduite de Cadmus, en Phénicie. Les Grecs, trop à l'étroit dans cette petite presqu'île qui avait d'abord été leur lot, se répandirent sur toute la surface à peu près des terres encadrant la mer intérieure ; ils s'emparèrent des îles répandues à profusion dans cette mer et ils y établirent des colonies, à Ténédos[1], Samos[2], Lesbos[3], Lemnos, Scyros, Andros, Paros, Naxos, Ceos, Chio[4] et autres, ainsi que dans l'île de Crète, de Chypre[5] et celle de Rhodes comme nous l'avons vu précédemment. Ils colonisèrent aussi les îles de Corse, de Sardaigne[6] et de Sicile : ce fut l'athénien Théoclès qui amena dans cette dernière île une troupe composée de Colchidiens, d'Eoniens et de Doriens de Mégare[7].

Nous avons vu que pendant que par l'ordre de son père, Agénor[8], Cadmus était à la recherche de sa sœur Europe. Celle-ci, enlevée par Jupiter-Astérius, était allée peupler la Crète et ensuite la Lycie[9], mais dans la suite, les Doriens, sous la conduite de Teutamus, vinrent se mêler

---

1. Diodore, l. V, L.
2. Diodore, l. V, XLIX.
3. Diodore, l. V, XLIX.
4. Diodore, l. V, XLVII.
5. Hérodote, l. VII, XC.
6. Diodore, l, XXI.
7. Strabon, l. VI, ch. II, 2.
8. Diodore, l. V, XLVII.
9. Hérodote, l. IV, XLV.

à ses descendants et avec les Autochtones ou Etéocrètes et des barbares venus des Migades ne formèrent plus qu'une nation[1].

Dans l'histoire de Ténédos, nous retrouvons une réminiscence de l'histoire de Moïse :

« Cycnus, ayant écouté trop légèrement les calomnies que sa seconde femme lui débitait contre son fils, l'enferma dans un coffre qu'il fit jeter à la mer. Ce coffre fut porté par les flots dans l'isle de Ténédos[2]. Tennis, sauvé miraculeusement par la faveur de quelque Dieu, devint roi de cette même isle, où la justice et ses autres vertus le firent mettre au rang des Dieux. »

Ce Tennis aurait vécu du temps de la guerre de Troie.

Toutes les Cyclades furent peuplées par les Crètois ; plus tard elles devinrent la possession des Cariens qui à leur tour furent supplantés par les Grecs[3].

Mais le triomphe de la colonisation hellénique est très certainement la conquête de l'Asie-Mineure, car nous y trouvons Troie qui devait, de ses débris, fonder Rome, cette maîtresse du monde.

Les Ioniens bâtirent douze villes sur les côtes d'Asie :

« Conservant ainsi le même nombre de divisions politiques qui avait été établi naguère dans le Péloponèse[4], » en souvenir probablement des douze tribus d'Israël.

De leur côté, les Eoliens fondèrent 30 villes dont la plus importante fut Cumes qui eut dans l'antiquité une renommée de niaiserie aussi méritée que celle que nous avons généreusement octroyée aux habitants de Falaise[5].

Assos[6], Colones, Elœa[7], Pitape[8], Ægæ[9] et Temnos[10] étaient des colonies éoliennes.

---

1. Diodore, l. V, XLVII.
2. Diodore, l. V, L.
3. Diodore. l. V, LI.
4. Strabon. l. VIII, ch. VII, I,— l. XIV, ch. I, 3.
5. Strabon, l. XIII, ch. III, 6.
6. Strabon, l. XIII, ch. 1er, 58.
7. Strabon, l. III, ch. 1er, 67.
8. Strabon, l. III, ch. 1er, 67.
9. Strabon, l. XIII, ch. III, 5.
10. Strabon, l. XIII, ch. III, 5:

C'est à Colones[1] qu'elles auraient bâti le premier temple à Apollon Cilléen.

Aspende[2] en Panophylie et Tarse[3] en Cilicie sont des colonies argiennes.

Quant à Milet, Myonte, Mycale et Ephèse, ces villes seraient des colonies Ioniennes :

« De cette côte, une partie, suivant Phérécyde, avait été primitivement occupée par les Cariens, tandis que le reste jusqu'à Phocée, y compris Chios et Samos, appartenait aux Lelèges ; mais Lelèges et Cariens se virent du même coup expulsés par les Ioniens et refoulés de la Carie[4]. » Toutefois, Milet avait d'abord été colonisée par les Crètois qui, sous la conduite de Sarpédon, frère de Minos et petit-fils de Cadmus, avaient peuplé cette ville ; Sarpédon en fut le premier roi[5].

Les Crètois ont aussi colonisé la Macédoine[6] ainsi que la ville d'Uria en Iapygie et Brentesium dans la même contrée[7].

Nous devons une mention toute particulière à Phocée, colonie ionienne, dont nous avons parlé plus haut, car c'est de cette ville qu'est partie la colonie qui devait fonder dans notre patrie la ville de Massalia.

Phocée fut bâtie par l'athénien Philogène[8].

« Les Phéniciens, une fois installés sur la terre celtique, bâtirent un temple à Diane d'Ephèse, pour honorer dignement celle qui leur avait servi de guide... De leur côté, toutes les colonies de Massalia réservèrent leurs premiers honneurs à la même déesse, s'attachant, tant pour la disposition de la statue que pour tous les autres rits de son culte, à observer exactement ce qui se pratiquait dans la métropole[9]. »

---

1. Strabon, l. XIII, ch. 1ᵉʳ, 68.
2. Strabon, l. XIV, ch. IV, 2.
3. Strabon. l. XIV, ch. V, 12,
4. Strabon, l. XIV, ch. 1ᵉʳ, 3.
5. Strabon, l. XII, ch. VIII, 5.
6. Strabon, l. XI. ch. XIV, 15.
7. Strabon. l. VI, ch. III, 6.
8. Strabon, l. XIV, ch. 1ᵉʳ, 3,
9. Strabon, l. IV, ch. 1ᵉʳ, 4.

Les Massaliotes avaient bâti une ligne de places fortes pour les garantir des incursions des Salyens, des Lygiens, des Ibères et des Celtes : Rhodanusia, Agathé, Tauroentium, Olbia, Antipolis et Nicœa [1].

Les Grecs s'avancèrent loin dans les Gaules, car Alésia est une colonie d'Hercule [2], dont le fils Galatès donna son nom à la Galatie ou Gaule ; au reste, les Gaulois, comme les Egyptiens, croyaient à la métempsycose [3], et comme eux et les Crétois, Lacédémone et autres villes grecques, ils s'adonnèrent à l'amour du même sexe [4] et permirent les mariages aux plus proches degrés même entre fils et mère ; comme les Egyptiens et ainsi que chez eux avant qu'Osiris ne l'ait aboli, ils allaient jusqu'à l'antropophagie [5].

Les Phocéens, en cinglant vers Massalia, auraient laissé une partie des leurs sur la côte d'Italie en Laconie et auraient fondé la ville d'Elée [6].

La ville de Magnèsie, pour en revenir à l'Asie-Mineure, est une colonie éolienne, les Grecs s'avancèrent dans ces parages au-delà de Nysa qui fut fondée par trois Spartiates :

« L'histoire parle de trois frères, Athymbrus, Athymbradus et Hydrelus, qui, venus de Lacédémone, auraient fondé ici aux environs trois villes auxquelles ils auraient donné respectivement leurs noms ; mais, la population de ces villes ayant peu à peu diminué, les trois se seraient fondues en une seule et auraient ainsi formé Nysa. Il est de fait qu'aujourd'hui encore les Nyséens proclament Athymbrus comme leur Archégète ou leur premier fondateur [7]. »

---

1. Strabon, l. IV, ch. 1er, 5.
2. Diodore, l. IV, VI. Alè signifie long voyage, et vient de l'hébreu Alam, El, puissant, héros : quant à Hercule, ce nom qui a, dans le principe désigné un dieu égyptien (Hérodote, l. II, XLIV) signifie héros, du mot hébreu Erel. Hercule était Phénicien, et comme nous l'avons dit ailleurs, n'était qu'une reminiscence de Samson.
3. Diodore, l. V, XX.
4. Diodore, l. V, XXI.
5. Strabon, l. IV, ch. V, 4. — Diodore, l. V, XXI.
6. Strabon, l. VI, ch. I, 1.
7. Strabon, l. XIV, ch. 1er, 46.

Cette ville était située entre Tralles et Antioche [1], ou Antioche du Méandre, au pied du Mésangis et non loin du Méandre en Carie. Cette cité a été célèbre par les personnages remarquables qu'elle a produits et par son école de philosophie [2]. Nous avons parlé assez longuement de cette ville, parce qu'il ne faut pas la confondre avec *Nysa* où est né Bacchus, ni avec *Nysa* que ce personnage bâtit entre l'Indus et le Cophès, sur la rive orientale de cette dernière rivière qui est un affluent de l'Indus ; nous en parlerons plus loin.

Citons en passant la Médie, colonie grecque, à laquelle Médus, fils de Médée, donna son nom :

« Et de même que le souvenir de Jason s'est conservé en ces pays, grâce aux nombreux *hérôon* qui portent son nom et qui sont restés un objet de vénération profonde pour les barbares, sans parler de cette haute montagne située à gauche et en arrière des Pyles caspiennes, qu'on appelle le *Jasonium*, deux choses auraient, dit-on, contribué à y faire vivre la mémoire de Médée : d'une part, précisément le costume national, et d'autre part, le nom de la contrée, car les mêmes auteurs ajoutent que Médée transmit le pouvoir à son fils Médus et que celui-ci, à son tour, laissa au pays le nom de Médie [3]. » Les Bottiéiens descendaient des captifs qu'Athènes livrait tous les sept ans à Minos et des premiers-nés qu'Athènes envoyait à Delphes et qui d'Italie étaient allés peupler une partie de la Thrace [4]. En passant, nous nommerons aussi la Cappadoce qui fut colonisée par les Enètes, venus de l'Euxin au secours de Troie. Une partie de ces troupes alla jusqu'au fond de l'Adriatique former la Vénétie [5]. Il

---

1. Strabon, l. XIV, ch. 1er, 42.
2. Strabon, l. XIV, ch. 1er, 48.
3. Strabon, l. XI, ch. XIII, 9 et 10. — Précédemment, cette portion de l'Asie faisait partie de l'Arie [1].
4. Plutarque, Thésée, t. I, pages 141 et 142.
5. Strabon, l. XII, ch. III, 25. Enètes vient de l'hébreu *Ani*, vaisseau, naar, fleuve. Strabon, l. XIII, ch. I, 53.

---

1. Hérodote, l. VII, LXII.

est bien certain que les Enètes étaient Grecs d'origine, autrement ils ne seraient pas venus au secours de Troie ; au reste plus loin qu'eux encore, sur le Pont-Euxin, les Milésiens avaient bâti la ville d'Amisus [1], et Milet était une colonie de Crètois, qui, en même temps qu'elle, avaient peuplé la Lycie [2] et la ville de Borysténa [3] ; il me serait du reste impossible de dénommer toutes les colonies grecques en Asie, Halicarnasse, Cnide, Cos [4], Dédale [5] et mille autres ; en Italie, Egine, Cydonie [6], Ancône [7], Tarente, Locres [8], Crotone [9], Sybaris [10], plus douze autres villes, parmi lesquelles Tarquinia [11], Cumes, qui, dit-on, fut la plus ancienne des colonies grecques [12] ; en Ibérie, Malaca [13], que l'on aurait à tort dit être Mœnacé, la plus occidentale colonie de la Grèce et qui se trouvait à égale distance de Calpé où se voyait la colonne européenne d'Hercule [14] et d'Abdare, toutes deux colonies phéniciennes ; en Lybie, Platée, Cyrène, fondées par les Théréens [15], qui eux-mêmes étaient une colonie de Lacédémoniens [16].

Nous voulons nous arrêter seulement un instant sur Troie, la grande colonie des Hellènes, devenue si puissante que, plus tard, il ne fallut pas moins de la coali-

---

1. Strabon, l. XII, ch. II, 14.
2. Strabon, l. XII, ch. VIII, 5.
3. Hérodote, l. IV, XLV et XLVIII.
4. Strabon, l. XIV, ch. II, 6.
5. Strabon, l. XII, ch. II, 2.
6. Strabon, l. VIII, ch. VI, 16.
7. Strabon, l. V, ch. IV, 2.
8. Strabon, l. VI, ch. I, 7. Zaleucas avait puisé ses lois chez les Crètois et les Lacédémoniens.
9. Strabon, l. VI, ch. I, 12.
10. Strabon, l. VI, ch. I, 13.
11. Strabon, l. V, ch. II, 2.
12. Strabon, l. V, ch. IV, 4. Cumes vient de Kuma, *vague*, qui dérive de l'hébreu Qoum, s'élever, établir.
13. Strabon, l. III, ch. IV, 2.
14. Strabon, l. III, ch. IV, 5 ; la deuxième colonne d'Hercule était à Abilix sur la côte africaine.
15. Hérodote, l. IV, CLVII, CLIX.
16. Hérodote, l. IV, CXLVII, CXLVIII.

tion de toutes les forces des Grecs pour abattre cette fille qui, dans son épuisement, eut encore assez de vigueur pour enfanter Rome !

Dardanus, après s'être établi sur le trône d'Argos [1] alla fonder la ville de Dardanie en Asie-Mineure sur une côte destinée à devenir la Troade [2] :

Tros, fils d'Erichton et arrière petit-fils de Dardanus donna son nom à la ville de Troie et à la province [3]. Ilus son fils bâtit la ville d'Ilion [4].

« Déjà dans leur fuite, les Troyens ont laissé, derrière eux, *le tombeau d'Ilus* ; déjà, impatients de rentrer dans leurs murs, ils ont franchi la colline que le figuier sauvage couvre de ces rameaux [5]. » Les trois villes de Dardanie, Ilion et Troie n'étaient pas loin l'une de l'autre, mais formaient cependant trois agglomérations parfaitement distinctes. Dardanie la plus éloignée dans le Nord se trouvait à une certaine distance d'Ilion mais cette dernière touchait presque Troie et n'était séparée d'elle que par le Scamandre. La nouvelle Troie, malgré la prétention de ses habitants, dit Strabon, ne se trouvait pas sur l'emplacement de l'ancienne, mais à une trentaine de stades plus à l'ouest, c'est-à-dire à 4,459 mètres environ. Ce n'était encore qu'un modeste bourg du temps d'Alexandre, qui chargea ses intendants de l'agrandir, lui donna le titre de ville et lui accorda son autonomie, franche de tout impôt [6]. Plus tard les Galates fuyant d'Europe en Asie y cherchèrent en vain un abri, tant cette chétive ville offrait peu de ressources [7].

La guerre de Troie eut pour prétexte l'enlèvement d'une femme ; mais en réalité la jalousie que les Grecs du Péloponèse portaient à leurs frères de la Troade en fut la cause.

---

1. Strabon, l. VIII, ch. VI, 10.
2. Strabon, l. XIII, ch. I, 25. Plutarque, vie de Camillus, t. 2, page 275.
3. Diodore, l. IV, XXX.
4. Diodore, l. IV, XXX. — Strabon, l. XIII, ch. 1er, 25.
5. Homère, Iliade XI, 166.
6. Strabon, l. XIII, ch. 1er, 26.
7. Strabon, l. XIII, ch. 1er, 27.

Troie était en peu de siècles devenue la ville la plus importante de l'Asie-Mineure, il fallait absolument l'abattre, comme plus tard, Rome se sentit dans la nécessité d'anéantir Carthage qui avait dressé sa puissance en face de la sienne. Le *Delenda Carthago* est de tous les temps et de tous les siècles. Les prétextes ne manquent jamais.

Après la chute de Troie, Ænée, descendant d'Asaracus[1], emportant avec lui ses dieux pénates, consistant en deux jeunes hommes assis et tenant à la main une lance, d'un ouvrage très ancien et portant cette inscription : *Denas* pour *penas*[2], se retira en Sicile et de là passa dans le Latium où ses descendants fondèrent Rome[3].

« Quelques auteurs ont cru que Romulus, né d'une fille d'Ænée avait jeté les fondements de la ville de Rome. Mais ces auteurs se sont trompés, car c'est un fait vrai qu'il y a eu une longue suite de rois entre Ænée et Romulus. Rome ne fut bâtie que vers la seconde année de la septième olympiade, plus de quatre cents trente ans après la ruine de Troie ; au lieu qu'il n'y avait que trois ans qu'Ænée était échappé de l'embrasement de cette ville, lorsqu'il prit possession du royaume des latins[4]. »

Son fils Ascagne bâtit Albe la longue sur les rives de l'Alba, aujourd'hui le Tibre ; et bientôt la supériorité de la race hellénique[5] s'impose aux peuples autochtones. Quoiqu'il en soit des parrains de Rome, ils l'ont splendidement baptisée : *Roma* signifie *lance* en Hébreu, par allusion sans doute à la lance que les dieux pénates ap-

---

1. Diodore, l. IV, XXX.
2. Plutarque, Camillus, tome II, pages 274, 275 et la note *A*. Penas vient du mot Hébreu, *Pene, pane,* face, visage, d'où *Panim,* intérieur.
3. Strabon, l. XIII, ch. I, 54.
4. Diodore, l. VII. Latium vient, nous l'avons dit, de l'Hébreu *Lout* cacher, *laat* idem.
5. Strabon, l. V, ch. III, 3.

portés par Ænée tenaient à la main; ce mot a pour racine *Roum* qui veut dire puissant, devenir grand.

Ainsi que nous l'avons dit dans le *Droit divin de la démocratie*, jamais ville n'eût à sa naissance, plus de réminiscences [1] hébraïques: Rémus et Romulus, fils de la Vestale Rhéa Silvia, furent exposés sur le Tibre, ainsi que Moïse l'avait été sur le Nil ; et ayant été sauvés par des bergers, furent allaités par la femme de l'intendant du roi [2]. Les Vestales, comme la fille du grand prêtre de Jérusalem, subissaient le dernier supplice, quand elles manquaient à leurs devoirs, seulement en Judée, la fille du grand prêtre était brûlée vive, tandis que dans le Latium la Vestale était enterrée vive [3]. Un enfant, *Camillus*, servait à Rome le grand prêtre comme en Judée, et son nom était d'origine hébraïque [4]. Ainsi que les Benjamites, après la ruine de Guibha [5], ravissant les vierges de Silo, les Romains, manquant de femmes, opérèrent un vaste rapt dans une fête publique. Les Sabines descendaient pour une bonne partie d'une colonie de Lacédémoniens, qui avaient quitté la Grèce devant la rigueur des lois de Lycurgue [6]. Et pour trait final Romulus disparut ainsi que Moïse, d'un coup de foudre. Ce qui prouve que les sénateurs romains étaient plus forts en histoire que nos auteurs modernes et qu'ils savaient parfaitement ce qu'il se passait sur les rives du Jourdain [7]. Les ressemblances historiques ne sont pas les enfants du hasard, mais bien de l'imitation.

Il n'est pas étonnant dès lors que les *douze tables* renferment tant de souvenirs du Pentateuque, notamment

---

1. Plutarque, Romulus, page 204, tome Ier de l'édition de 1778 de Dacier.
2. Cette femme appelée Larentia, était connue sous le nom de *Lupa*, courtisane, à cause de ses débauches, de là, la fable de la Louve.
3. Lévitique, ch. XXI, 9.
4. De Camilos, Gamèlos, venant de l'Hébreu, Gamal, Chameau, Domestique, Cordage.
5. Juges, ch. XXI, 23.
6. Plutarque, Romulus, page 239, tome Ier.
7. Plutarque, Romulus, pages 273 et 274, tome I.

la *loi du Talion*, puisque nous savons que Lycurgue avait emprunté une majeure partie de ses lois au Code de Moïse [1]. N'oublions pas non plus que le latin qui longtemps conserva les terminaisons grecques, que l'on retrouve encore dans la loi des douze tables, dérive par la langue des Hellènes, sauf certains mots qui en viennent directement, de l'Hébreu [2]; ce qui s'explique par le voisinage des colonies phéniciennes et crètoises, telles que la Sardaigne, la Corse, la Sicile, la ville d'Uria [3] et autres. La province d'Iapigie qui renfermait cette ville, avait pris son nom de Iapix fils de Dédale et d'une femme crètoise et devenu lui-même un des chefs crètois [4].

Au reste jamais enfant n'a réalisé à un plus haut degré, dans son âge mûr, les espérances des fées qui ont présidé à ses premiers pas dans le monde et aux vœux prononcés sur son berceau. Rome a réuni sur sa tête toutes les puissances matérielles de l'homme : ses innombrables armées ont assujetti toutes les nations de la terre ; maîtresse d'une partie de l'Asie et de l'Afrique ainsi que de l'Europe tout entière, toutes les richesses du monde civilisé encombraient ses palais. Jérusalem elle-même, sa sœur aînée, avait été domptée après un siècle de luttes, elle avait été rasée, son temple, la plus somptueuse des sept merveilles du globe avait été incendié et onze cent mille de ses habitants avaient été massacrés ; presque tous les Israélites, transportés, exterminés; et cependant c'est du sein de ce peuple effondré, que la vérité qui avait eu 1600 ans d'incubation dans

---

1. Voir le *Droit divin de la démocratie*.
2. Tels sont *Mare*, *Amarus*, qui n'ont pas d'analogues en Grec et qui viennent de l'Hébreu. *Mar*, amer ; *Alma* de *Alman ;* le Q qui lui est venu des colonies crètoises, puisque les Grecs ne l'ont pas. Etc.
3. Strabon, l. VI, ch. III, 6. On parlait même presque exclusivement grec car « en ce temps-là la langue grecque n'avait pas encore été corrompue par les mots latins ». Plutarque, Romulus, page 237, tome I.
4. Strabon, l. VI, ch. III, 2.

son sein devait s'élancer pour terrasser la superbe nation.

Ce fut un grand spectacle, le plus beau qu'il sera jamais donné à l'homme d'admirer. Rome l'orgueilleuse dominatrice, cette fille toute-puissante mais dégénérée d'Abraham, a soumis toute la terre, rien ne lui résiste, l'univers à genoux attend en tremblant le moindre de ses arrêts, le plus petit signe de sa volonté.

En face d'elle un enfant, né dans une étable, pauvre, sans famille, renié plus tard par ses disciples, n'ayant pas même une pierre pour y reposer sa tête, et mourant ignominieusement du supplice des voleurs sur une croix infâme. Qui donc eût dit alors que cette immense puissance de la nation souveraine, disparaîtrait en un jour sous le souffle de ce misérable enfant? Qui jamais aurait pensé que tous les dieux de l'Olympe que dans ses rêves insensés la Grèce s'était forgés et que Rome avait patronnés, crouleraient à la voix gémissante d'un enfant né sur la paille destinée aux bestiaux? Si l'on eût affirmé aux sages d'alors, aux savants de ces époques gavées d'or, de puissance, de férocité et d'infamie que cet enfant juif, le dernier né de cette nation réprouvée, brisée, pulvérisée, anéantie, remplacerait un jour sur tous les autels de l'Europe leurs dieux en fuite, ils auraient traité de rêveur, de fou, de criminel, l'homme assez insensé pour émettre une idée aussi aventurée, aussi monstrueuse. Et cependant trois siècles étaient à peine écoulés que Constantin proclamait solennellement à la face du genre humain que le Dieu des Juifs était le seul Dieu digne d'être adoré.

En moins de trois cents ans, l'idée avait terrassé la puissance matérielle la plus vaste qui ait surgi sur le globe.

Tout l'empire romain, devint chrétien. Toute la race sémitique en un jour retrouva le Dieu de ses pères et l'adorer, pour elle, ne fut pour ainsi parler que se souvenir.

LIVRE V

Les Arias.

CHAPITRE PREMIER

Bacchus.

Si nous en croyons les grecs, Osiris naquit à Nysa ville de l'Arabie heureuse et voisine de l'Egypte. « C'est du nom de Jupiter son père joint à celui de cette ville, que les grecs ont fait Dionysius qui est le nom d'Osiris[1]. » Ce Jupiter était probablement le même que celui qui avait enlevé Europe, c'est-à-dire Asterius. La ville de Nysa n'était pas loin du Nil car « le poète fait mention de Nysa dans un hymne, où il dit :

> Assise entre les bois qui couvrent la montagne,
> Nyse voit l'eau du Nil couler dans la campagne[2]. »

« Cette ville est située dans une isle formée par le fleuve Triton : elle est prodigieusement escarpée de tous côtés, et l'on ne peut y entrer que par un passage étroit qu'on nomme les portes Nyséennes[3]. » D'après Hérodote le fleuve Triton touchait la Lybie[4] et d'après

---

1. Diodore, l. I, sect. 1, VIII. — « Quant au nom d'Osiris, il se compose de deux mots *Osios* « Saint » et *hiéros* « consacré ». Plutarque, sur Isis et Osiris, 61.
2. Diodore, l. I, sect. 1, VIII.
3. Diodore, l. III, XXXV.
4. Hérodote, l. IV, CLXXIX et CLXXX.

certains Egyptiens une Nysa était située à l'occident de l'Egypte :

Nous remarquons qu'une colonie grecque fut plus tard établie près du fleuve Triton : « Thymœtés voyagea en diverses parties du monde, et enfin étant arrivé vers les côtes occidentales de l'Afrique, il y vit la ville de Nyse, dont les habitants disent qu'ils ont élevé Bacchus....... Il rapporte entre autres choses qu'Ammon, roi d'une partie de l'Afrique, épousa Rhéa, fille d'Uranus... » Ce prince visitant ses Etats, devint amoureux d'une fille singulièrement belle, qui, s'appelait Amalthée, « il en eut un enfant d'une beauté et d'une force admirable... Cependant Ammon craignant la jalousie de sa femme Rhéa, cacha cet enfant avec soin et le fit élever secrettement dans la ville de Nyse qui était fort éloignée de son royaume [1]... » telle est la version égyptienne.

Voici maintenant la version des grecs qui, en apparence, ne diffère pas extraordinairement de celle des égyptiens.

« Agénor, roi de Phénicie ayant envoyé son fils Cadmus à la recherche d'Europe, il lui défendit de revenir en Phénicie sans ramener avec lui cette princesse. Cadmus ayant parcouru bien des pays sans la trouver, et forcé de renoncer à sa patrie, arriva enfin en Béotie, où il bâtit la ville de Thèbes par l'ordre d'un oracle. Ayant établi là sa résidence, il épousa Harmonie fille de Vénus, et il en eut *Sémélé*, Ino, Antonoé, Agapé et Polydore. Sémélé qui était très belle fut aimée de Jupiter et elle lui accorda ses faveurs [2]. »

On le voit en ce temps là les femmes étaient tout aussi faciles que de nos jours ; et si, Jupiter, ce père des Dieux, à la façon du roi d'Yvetot qui était père de ses sujets, avait aimé Europe, que son frère Cadmus avait en vain cherchée, il aima aussi sa nièce, avec beaucoup d'autres si nous en croyons les grecs. Quand de nos

---

1. Diodore, l. III, XXXV.
2. Diodore, l. IV, II

jours, une fille fait un enfant en dehors des règles établies par les lois, on inscrit cet enfant sur le registre de l'état civil sous le nom de sa mère et *de père inconnu* ; à cette époque, il était toujours fils d'un Dieu et le bon Jupiter a endossé ainsi une quantité fabuleuse de paternités. Les espagnols ont imité cette coutume : tout bâtard est noble. C'est flatteur, pour les grands de la Péninsule.

Quoiqu'il en soit, Jupiter-Astérius adorait en ce moment la fille de Cadmus.

Mais comme il se cachait pour aimer Sémélé, celle-ci crut qu'il la dédaignait, et voulut le voir dans toute sa gloire, ce qu'il lui accorda, de guerre lasse, elle en fut foudroyée et elle avorta de l'enfant qu'elle portait dans son sein.

« Jupiter prit aussitôt l'enfant et le donna à Mercure avec ordre de le transporter dans l'*antre* de Nyse qui est entre la Phénicie et le Nil. Il le fit nourrir par les nymphes, et leur recommanda de prendre un extrême soin à son éducation. Bacchus ayant ainsi été élevé à Nyse fut appelé Dionysius, d'un nom composé de celui de Nyse et et de celui de Jupiter que les grecs appellent Dios. Cette origine est appuyée du témoignage d'Homère déjà cité sur ce sujet. Bacchus plus avancé en âge inventa l'usage du vin et enseigna aux hommes la manière de planter la vigne. Il parcourut presque toute la terre ; et ayant policé plusieurs nations on lui a rendu partout de grands honneurs.

« Il inventa aussi la bière qui est une boisson composée d'orge et presque aussi bonne que le vin [1]. »

Osiris et Bacchus sont deux personnages différents, auxquels les Egyptiens et les Grecs attribuèrent les mêmes faits [2] : Seulement il y a quelque différence entre

---

1. Diodore, l. IV.
2. Hérodote, l. II, CXLIV. — Diodore, l. IV, I. — Plutarque sur Isis et Osiris, 13, 28, 34, 35. Les statues de Bacchus en Grèce portent une tête de taureau. Plutarque, sur Isis et Osiris 35. Il semblerait, d'après un passage de cet auteur, qu'Osiris personifierait l'Egypte et Typhon les juifs, lequel, se sauvant sur un âne, eut pour fils Hiérosolymus et Judaeus. — Sur Isis et Osiris, 31.

la version Egyptienne et la version grecque, c'est la situation de Nyse et les noms des père et mère des deux héros ; d'après les Egyptiens, Nyse était située près du Nil et du fleuve Triton à l'occident de l'Egypte, tandis que d'après les Grecs elle était bâtie dans l'Arabie heureuse entre la Phénicie et le Nil, conséquemment sur les confins de la Judée [1].

Nous retrouvons là la fameuse Cervoise, tant aimée du docteur Saffray, qu'il fait venir si ingénieusement des Arias, et que Bacchus a inventée avant l'existence,de ces mêmes Arias, puisque nous verrons plus loin, que ce héros colonisa les bords de l'Indus. Bacchus, nom sous lequel il est connu dans l'univers entier, a été appelé ainsi, de l'hébreu *Bacar, qui porte un nouveau fruit*, nom que lui a mérité la propagation de la vigne. Il en était en ce temps, absolument comme de nos jours, où toute nouvelle découverte est baptisée d'un nom grec, la langue usuelle étant trop commune pour mériter cet honneur; à cette époque, l'hébreu étant la langue savante de tous les peuples civilisés, c'était à son vocabulaire que l'on empruntait tous les noms nouveaux, et tous les noms de guerre. Jamais héros n'en eut plus que *Bacchus ;* à ceux de *Dionysios*, d'*Aigobos*, que nous connaissons déjà, de *Phanès*, qui veut dire éclatant de lumière, par ce qu'il fut adoré comme étant le soleil [2]; de *Bugène*, qui signifie fils de vache ; de *Licnon*, berceau d'enfant [3]; de *fils de l'oubli* ; d'*Eubulus*, sage conseiller [3]; de *Pyrigène*, enfant du feu [4]; de *Bromius*, à cause du tonnerre qu'on entendit à sa naissance et dont sa mère mourut ; de *Lenœus*, parce que l'on écrase les raisins dans des pressoirs qu'on nomme

---

1. Il est vrai que la Lybie, venant jusqu'au Nil à cette époque, il y a pu avoir confusion chez les auteurs : en effet, à cette époque la *Nyse* grecque, située près du Nil, sur les confins de la Judée, se trouvait aussi être proche de la Lybie, puisque cette partie du monde ancien commençait au Nil.
2. Diodore, l. I, s. I, VI.
3. Plutarque, sur Isis et Osiris, 35.
4. Plutarque, les symposiaques,I, VII, question V, 3, question IX.
5. Diodore l. IV, II.

en grec Lenoï [1]; d'*Omadius*; d'*Omestès* [2]; de dieu du vin, *Sôroadeios* [3]; de *Mérotraphe*, parce que l'on supposait que Jupiter, à la mort de Sémélé, l'avait mis dans sa cuisse [4]; de *Nyséen*, comme étant né à Nyse, où il mourut aussi [5]; de *Hyès*; d'*Omphis*; de *Thyoneus*; d'*Evius*, nous devons ajouter celui de *Mithrophore*; nous retrouverons bientôt chez les Arias le nom de *Mithra*, cette damnation de tous les orientalistes qui n'ont pas su expliquer l'origine de ce nom, écrit à chaque page des Védas et qui se retrouve jusque dans l'Avesta.

« Il (Bacchus) portait une mitre fort étroite, afin de se préserver des maux de tête que le vin cause à ceux qui en prennent avec excès; et c'est pour cette raison qu'on l'a appelé *Mithrophore*. On dit que c'est de cette mitre qu'est venu l'usage du diadème des rois [6]. »

En ce qui concerne le nom de *Mérotraphe*, nous retrouvons sur les bords de l'Indus le mont *Mérou*, la montagne sacrée des Arias, qui a tiré son nom de ce surnom de Bacchus.

Nous avons dit que Bacchus était le dieu du vin et de la comédie, *Sôroadeios* : Et bien, en sanscrit nous avons *suradevas*, le dieu du soleil qui est la transposition naturelle du mot grec avec une acception différente; notez que si *sura* veut dire soleil, *surâ* signifie liqueur spiritueuse; et que Bacchus était adoré en Grèce comme le soleil; qu'il a inventé la comédie et découvert les propriétés de la vigne; et que la comédie s'est retrouvée chez les Arias.

Ceux qui croyaient que Bacchus, né de Jupiter et de Sémélé, était le même que Bacchus né de Jupiter et

---

1. Diodore, l. IV, II. Lenoï vient de Laïneoi, Laïnos, de pierre, parce que les pressoirs étaient en pierre.
2. Plutarque, Thémistocle, t. II, p. 189. — Aristide, t. IV, p. 26.
3. Athenœus, 1, p. 27. D. *Sóros* vient de l'hébreu *sour*, dominer ou *Shorey* vigne; *sairai*, en Egypte désignait les jours de réjouissance, d'où l'on avait fait *Saropis* surnom d'Osiris; il aurait d'après les prêtres Egyptiens renfermé le nom d'*Apis* et d'*Osiris*. Plutarque, sur Isis et Osiris, 29.
4. Diodore, l. III, XXXIV.
5. Diodore, l. I, S. I, XV.
6. Diodore, l. IV, II.

d'Amalthée l'appelaient *Diméter*[1] ; évidemment l'on ne peut avoir deux mères, et il est certain qu'il n'y a eu qu'un Bacchus, mais que les Egyptiens voulant s'attribuer l'honneur de sa naissance, ont attribué, par vanité nationale, à Osiris, fils de « Jupiter » — Ammon et d'Amalthée, tous les hauts faits de Bacchus, fils de « Jupiter » — Astérius et de Sémélé. Il existe une preuve irrécusable de ce que nous avançons, c'est que Moïse s'est servi d'un *couteau de pierre* pour circoncire son fils, Gersom ; or, les instruments de pierre n'ont commencé à être en usage qu'à la mort d'Osiris, en haine du fer qui avait servi au meurtre de ce personnage ; d'où il en résulte que Bacchus, fils de Sémélé, ayant vécu deux générations après Moïse ne peut-être le même qu'Osiris. Plusieurs passages de Diodore confirment cette vérité[2]. Une autre preuve aussi forte de ce que nous avançons, c'est que Danaüs, contemporain de Cadmus, aïeul de Bacchus, est né dans la ville de Chemmis, fondée après la mort d'Osiris[3].

Il n'y a donc qu'un Bacchus et ce héros, petit-fils de Cadmus par sa mère Sémélé, vivait deux générations après le départ des hébreux de l'Egypte, environ 1485 ans, en suivant les données de la Bible et en donnant 16 ans à Sémélé quand elle eut Bacchus et 22 à celui-ci quand il commença son voyage des Indes ; ce qui fournit une légère différence avec la date donnée par Hérodote :

« De Bacchus, qu'on dit être né de Sémélé, fille de Cadmus, il y a jusqu'à moi environ mille soixante ans[4]. »

Or, cet historien lisait pour la première fois son histoire publiquement pendant les fêtes de la LXXXI° Olympiade, soit 456 ans avant Jésus-Christ, ce qui donne 1516 ans avant l'ère Chrétienne pour le voyage de Bacchus aux Indes, soit une différence de 31 ans. Mais il faut remarquer qu'Hérodote ne donne la date de 1080

---

1. Diodore, l. IV, II.
2. Diodore, l. I, s. I, XIII ; l. III, XXXIV ; l. IV, XIX ; l. V, XLV.
3. Diodore, l. I, s. I, IX. — Hérodote, l. II, XCI.
4. Hérodote, l. II. — CXLV.

qu'approximativement et qu'il est fort possible qu'il ait pu se tromper de quelques années. Il faut ajouter que nous avons suivi la chronologie de Larcher, mais que, d'après d'autres historiens, Moïse serait sorti d'Egypte 1625 ans avant le Christ[1]. Ce qui cette fois-ci nous donnerait trop, car même en supposant que Cadmus n'ait enfanté Sémélé que longtemps après être sorti d'Egypte, que celle-ci n'eût Bacchus qu'à 20 ou 25 ans même, et en donnant à celui-ci un âge déjà avancé lorsqu'il entreprit son voyage, il est difficile de remplir cette lacune de 109 ans qui existerait entre le départ des hébreux et l'âge donné par Hérodote. Toutefois, cela n'est pas impossible, il suffit de supposer que Cadmus eut Sémélé 40 ans après le départ d'Egypte. Ce qui est fort admissible puisque Cadmus n'épousa Harmonie, qui lui donna Sémélé, qu'après avoir couru vainement et longtemps à la recherche de sa sœur, et avoir fondé la ville de Thèbes[2]; il suffit aussi d'admettre que celle-ci enfanta Bacchus, étant âgée de 25 ans et que celui-ci entreprit son voyage dans sa 46ᵉ année. Le plus difficile c'est d'établir cette date par la généalogie d'Ariane; celle-ci était fille de Minos, dont la mère était Europe, grand'tante de Bacchus. En donnant 20 ans à cette fille d'Agénor, quand elle partit avec Jupiter et qu'elle fût née depuis le départ des hébreux d'Egypte, le même âge à Ariane quand elle fut aimée de Bacchus, il faudrait que Minos eut 58 ou 59 ans quand il enfanta cette dernière, ce qui sans être impossible, est contre les données ordinaires de la vie.

D'après Bossuet, Moïse aurait quitté l'Egypte 1491 ans avant Jésus-Christ.

« Les temps de la loi écrite commencent. Elle fut donnée à Moïse 430 ans après la vocation d'Abraham, 856 ans après le déluge, et la même année que le peuple hébreu sortit d'Egypte[3]. »

---

1. Bouillet; — Larousse.
2. Diodore, l. IV, II.
3. Bossuet, *Hist. Universelle*, 1ʳᵉ partie, 4. — Ladvocat, *Dictionnaire historique*.

Cette date réduirait la différence qui existe avec celle donnée par Hérodote de 6 ans, soit 25 ans.

En tous cas la vérité est entre ces chiffres, et ce qu'il y a de certain c'est que Bacchus était petit-fils de Cadmus, compatriote et compagnon de Moïse ; et qu'il entreprit son voyage deux générations après le départ des hébreux d'Egypte.

A la suite du meurtre d'Androgéos, fils de Minos, par les Athéniens, celui-ci les attaqua, les battit et les força à lui livrer, à des périodes fixes, les uns disent tous les ans, d'autres tous les sept ans, et enfin d'autres encore[1] tous les neuf ans, 7 jeunes hommes et 7 jeunes filles, qui étaient réduits en esclavage : Comme Minos allait lui-même à chaque échéance réclamer le prix du traité, monté sur des bâtiments ayant, selon la mode égyptienne, un simulacre de taureau à la poupe et que les Athéniens trouvaient bon de se venger par une accusation qui avait sa raison d'être dans les mœurs épouvantables du temps, ils accusèrent Pasiphaé de s'être livrée à un taureau, et que l'enfant de ce crime contre nature, le Minotaure, enfermé par Minos dans un labyrinthe construit par Dédale, sur le modèle de celui d'Egypte, dévorait ces malheureux enfants.

Il est certain que le Minotaure n'a jamais existé, la nature s'y oppose et qu'il n'est que le produit de l'imagination d'un peuple vaincu, qui se venge par une accusation atroce du mal qui lui a été fait[2] ; mais il n'en est pas moins certain que pour les esprits du temps, cette accusation était plausible. Les Egyptiens se livraient à l'amour des vaches. Nous avons vu que le Nil[3] s'était transformé en taureau pour séduire la fille d'un roi et que l'enfant de ses amours donna son nom à l'Egypte. Lorsque le nouveau taureau était consacré à Memphis, les femmes venaient, les vêtements relevés, offrir

---

1. Diodore, l. IV, XIX.
2. Plutarque, *Thésée*, t. I, p. 148 et suivantes.
3. Le Nil portait le nom d'Epaphus, connu sous les noms de Bacchus, Osiris et Sérapis. Plutarque, sur Isis et Osiris, 37. Ce qui confirme ce que nous avons déjà dit qu'Osiris personnifie l'Egypte.

leurs charmes au jeune dieu [1]. Au reste, le fait est malheureusement attesté par la Bible :

« Tu ne prendras pas leurs filles pour les marier à tes fils : elles se prostituent à leurs dieux et elles feraient prostituer tes fils à ces mêmes dieux [2].

« Tu ne t'approcheras point aussi d'aucune bête pour te souiller avec elles et la femme ne se prostituera pas à une bête ; c'est une confusion. »

« Ne vous souillez donc point par aucune de ces choses ; car c'est dans toutes ces choses-là que ce sont souillées les nations que je vais chasser de devant vous [3]. »

Il est donc incontestable que ces abominables mœurs existaient chez les Egyptiens et que les colonies juives à l'exception de celle conduite par Moïse les admirent légalement [4] ; nous les verrons même chez les Arias, consacrées par un texte de loi dans l'épouvantable Code de Manou.

Quoiqu'il en soit, Thésée, ayant fait construire plusieurs vaisseaux, marcha hardiment à la troisième échéance contre la Crète, battit la flotte de Minos et tua de cette façon le Minotaure, c'est-à-dire qu'il anéantit le vaisseau du roi ; il descendit à terre et délivra tous ses compatriotes et enleva Ariane, la propre fille de Minos [5].

Bacchus se trouvait, vraisemblablement à cette époque auprès du roi son parent ; il demanda l'autorisation de former une flotte des débris de l'ancienne et des bâtiments qu'il pourrait recueillir dans les ports de l'île, et commença par un coup audacieux, ses exploits, qui devaient plus tard l'amener sur les bords de l'Indus. Sans se laisser abattre par la défaite de son cousin, il poursuivit Thésée, le rejoignit à Naxos et lui ravit Ariane : Il la ramena à Cnosse et la rendit à son père

---

1. Diodore, l. I, S. II, XXXII (v. p. 50).
2. Exode, ch. XXXIV, 16.
3. Lévitique, ch. XXVIII, 23 et 24.
4. Nous disons *légalement*, car il est malheureusement trop certain qu'elles étaient mises, tout au moins partiellement en pratique en Judée. *Juges*, ch. XX, 22, 23, 24.
5. Plutarque, *Thésée*, t. I, p. 148 et suivantes.

qui la lui accorda en mariage comme récompense de sa victoire.

« Cependant Thésée et ceux qui l'accompagnaient étant arrivés dans l'île de Crète, à son seul aspect Ariadne, fille de Minos devint amoureuse de lui, et ayant trouvé le moyen de parler à Thésée, elle lui offrit son assistance. Ce prince entra sans crainte dans le labyrinthe où était ce monstre ; sûr d'en sortir par l'adresse d'Ariadne. Il tua le Minotaure et se tira de ces détours où tant d'autres s'étoient perdus. Voulant enfin s'en retourner dans sa patrie, il enleva secrètement Ariadne ; et étant parti pendant la nuit, il relâcha dans l'isle de Die à présent l'isle de Naxe. Là on dit que Bacchus épris de la beauté d'Ariadne, la ravit à Thésée ; et que la regardant comme sa femme, il conserva toujours pour elle un amour extrême. De telle sorte même que lorsqu'elle fut morte, il lui fit part des honneurs divins, et plaça sa chévelure au rang des astres [1]. »

Il fit beaucoup mieux que cela, il lui accorda une gloire infiniment plus durable en donnant son nom à l'Arianie ; comme nous le verrons bientôt.

Il faut croire que Bacchus avant de prendre son vol pour les rives de l'Indus, vécut un certain temps en Crète, où il jouit de son bonheur auprès d'Ariane, car nous allons retrouver les souvenirs de cette île, palpitants dans les Indes. Rassasié de plaisir, il rassembla une troupe de jeunes gens et de jeunes femmes, qu'il arma de thyrses et de lances de fer entourées de lierre ; et il marcha vers l'Indus [2]. L'Asie au-delà de la Syrie

---

1. Diodore, l. IV, XX.
2. Diodore, l. III, XXXIV. — l. IV, II. — Le nom d'Indus lui vient de celui d'un jeune seigneur du pays, qui pendant qu'on célébrait les fêtes de Bacchus « fit violence à Damasalide, fille du roi Oxyalus, et l'une des Caniphores. » Ce jeune homme redoutant la vengeance du roi se jeta dans le fleuve qui avant cet évènement s'appelait Mausolus du nom de Mausole. (Plutarque, sur la dénomination des fleuves et des montagnes, XXV). — Mausole, roi de Carie vivait dans le IVe siècle avant Jésus-Christ, ce n'est donc pas de lui dont il s'agit, puisque du temps d'Hérodote, 456 ans avant l'ère vulgaire, l'Inde portait déjà ce nom. Hérodote, l. IV, XL.

n'était pas encore peuplée jusqu'aux rives de l'Indus ; l'on y rencontrait seulement quelques tribus nomades de noirs laissées par Sésostris, lors de sa conquête de ces contrées, qui n'avaient ni bourg ni ville [1]. Ce ne fut donc pas une conquête, mais une colonisation. Arrivé entre le Cophès [2] et l'Indus, il y fonda la première ville qui ait existé dans ces pays et lui donna le nom de *Nysa* en souvenir de la ville où il avait été élevé [3]. Il baptisa la montagne située à l'extrémité de cette ville et au pied de laquelle elle était bâtie, du nom de *Méros*, qui signifie *Cuisse* et *Antre*, en l'honneur de l'antre où Jupiter l'avait fait élever ; le pays lui-même, fut appelé Arianie, témoignage touchant de ses amours avec la fille de Minos ; aussi sommes-nous médiocrement étonné que tous les savants qui se sont occupés de trouver le sens de ce mot et que M. Lévy-Bing cite complaisamment, y aient perdu leur latin, leur grec et leur sanscrit par dessus le marché [4] ; ce nom de femme, s'il a un sens, ne peut en avoir aucun qui puisse s'appliquer au peuple aria ; et si les savants avaient eu, cela soit dit sans jeu de mot, le plus petit bout du fil d'Ariane entre les mains, ils seraient sortis facilement de ce labyrinthe inextricable pour les esprits prévenus, mais bien simple pour qui suit l'histoire de l'humanité.

Un canton de l'Arianie prit le nom de Dédale [5], de celui du constructeur du labyrinthe de Crète, et c'est peut-être bien dans ce lieu que Valmiki a placé le labyrinthe que nous retrouverons dans le Ramayana.

Un autre canton s'appela *Kirata*, de Kaeratos, nom primitif de la ville de Cnosse dans l'île de Crète ; cette

---

1. Diodore, l. II, XXIV.
2. Cophès vient de l'hébreu *Qoph*, guenon, de *Qapha*, masque, soit parce qu'il y avait beaucoup de singes sur les bords de cette rivière, soit parce que Bacchus enseigna la comédie aux tribus de ces contrées. Il existe en sanscrit le mot *Kapi*, singe, mais il vient du mot grec *Képos*, qui, lui, dérive de l'hébreu *Qoph*. Copher, en hébreu, signifie bourg.
3. Diodore, l. I, S. I, X.
4. Lévy-Bing, dans *la Languistique dévoilée*, ch. VIII, cite un passage fort curieux à lire, et qui prouve combien les savants divaguent quand ils sont en belle humeur.
5. Quinte-Curce, l. VIII, ch. X, 34.

portion du sol arien est restée sauvage ; Kirâti est le nom du Gange. Bacchus donna son propre nom à la Bactrianne et à la ville de Bactres. « Nous devons placer ici quelque chose de ce que les Indiens les plus sçavans dans leurs antiquitez racontent de leurs premiers tems. Ils disent que lorsqu'ils n'habitoient encore que dans des villages, Bacchus venant des pays occidentaux entra chez eux avec une puissante armée, et qu'il parcourut aisément toute l'Inde, *n'y ayant alors aucune ville qui fût capable de l'arrêter.* Des chaleurs excessives étant survenues, et la maladie s'étant mise dans son armée, cet habile capitaine la tira des lieux bas pour la conduire sur les montagnes. Les vents frais que ses soldats y recevoient, et les eaux pures qu'ils buvoient dans leurs sources les eurent bien-tôt rétablis. Ce lieu qui avoit été si salutaire pour ses troupes étoit *Méros*, mot qui en grec signifie Cuisse.... Outre cela il bâtit des villes considérables et bien situées et y appela les habitans des villages pour les peupler. Il leur enseigna le culte des Dieux, et leur *donna des loix*[1]. »

Les lois qu'il leur donna sont les lois de Minos, qu'il rassembla dans un code, que du nom de son beau-père, il appela loi de Manou ; mais n'anticipons pas.

Strabon, dans un passage, met en doute l'existence de la *Nysa* fondée par Bacchus[2] ; ce géographe prétend aussi que les peuples rencontrés par Alexandre-le-Grand, entre le Cophès et l'Indus ne savaient pas écrire[3] ; mais dans deux autres endroits il se donne à lui-même un démenti :

« Et dans l'Inde, où il est constant que nul voyageur n'a vu debout les colonnes d'Hercule et de Bacchus, il a bien fallu que le nom ou l'aspect de certains lieux rappelât aux Macédoniens tel ou tel détail de l'histoire de

---

1. Diodore, l. I, Sect. I, X ; — l. II, XXIV.
2. Strabon, l. XV, ch. I, 7.
3. Strabon, l. XV, ch. I, 53.

Bacchus ou d'Hercule pour qu'ils se soient vantés d'avoir atteint les colonnes de ces héros [1]. »

« Un autre détail que nous donne Néarque, c'est que les Indiens *écrivent leurs lettres sur des toiles apprêtées;* or, ce renseignement contredit l'assertion des autres historiens, que les Indiens ne font pas usage de l'écriture [2]. »

Aujourd'hui il ne serait plus possible de nier l'existence de la *Nysa*, et du *Méros* de Bacchus, ces deux noms sont palpitants dans les livres ariens ; le mont Mêrou est le mont sacré des rives de l'Indus ; dans dix passages du Ramayana il est invoqué :

« Elles avaient pour mère la fille du *Mêrou*, Ménâ, à la taille gracieuse déesse charmante, épouse de l'Himalaya [3]. »

Le Mêrou se retrouve aussi dans le Mahâbhârata [4]. Et cependant voici ce qu'en dit Burnouf dans son dictionnaire :

« *Mêru*, montagne sacrée et symbolique, située au centre du monde, au nord-ouest de l'Inde ; sa cime est dans le ciel, son milieu sur la terre et sa base dans les enfers ; le Gange en découle au sud, et arrose les trois mondes, à l'est descend la Sila, à l'ouest le C'axu ou Oxus, au nord la Badrasômâ en Tartarie. Le Mêru est l'habitation des dieux, il répond à l'olympe des Grecs et au Borj ou Elbourz des Persans [5]. »

C'est bien pompeux, cela peut-être très beau en poésie, mais ce n'est pas la description du vrai *Mêru*, montagne située à l'orient de la ville de Nysa, laquelle

---

1. Strabon, l. III, ch. V, 6. — Quinte-Curce, *H. d'Alexandre*, l. VII, ch. IX, 35. — Diodore, l, sect. I, X.
2. Strabon, l. XV, ch. I, 67.
3. Valmiky, Ramayana, traduction de M. Hippolyte Fauche, t. I, p. 24, 93, 271 ; t. II, p. 221, 239, 288, 294 et 317.
4. Mahâbhârata traduction de M. Ph. Ed. Foucaux, p. 101, 146, 174 et 416.
5. Burnouf et Leupol, *Dictionnaire sanscrit-français*.

était bâtie sur les bords du Cophès, entre cette rivière et l'Indus.

M. Louis Enault, le charmant conteur, est, à la suite du grammairien, tombé dans cette erreur :

« Le mont Mèrou était pour les Indiens ce que le *Caucase* était pour les Perses, le *Parnasse* pour les Grecs avec cette différence toutefois qu'il n'exista jamais que dans leur imagination [1]. » Nous ne serons certes pas sévère pour le romancier ; il n'est pas tenu, comme le savant, de connaître l'histoire, et cependant ce mont Mèrou attesté par Diodore, Quinte-Curce et Arrien, nous allons le retrouver dans l'Avesta :

« Niça, située entre Mouru et Bâkdhi [2] » M. de Harlez dans sa magistrale traduction de l'Avesta dit, à cette occasion et en parlant de Niça : celle-ci n'est point la Niça de Strabon. Je le crois bien, puisque ce géographe a mis en doute l'existence de la Nysa dont nous nous occupons ; mais c'est bien la Nysa de Diodore, d'Arrien et de Quinte-Curce.

En effet Niça d'après l'Avesta est située entre le Mouru et Bâkdhi :

Eh bien, Alexandre venant de Bactres arrive à Nysa après avoir passé le Cophès, sur les bords duquel était bâtie cette ville et le lendemain monte sur le Méros.

« Entre le Cophès et l'Indus, se présente la ville de Nysa, fondée, dit-on par Bacchus, vainqueur de l'Inde. Alexandre, arrivé devant cette ville, vit venir à sa rencontre une députation de trente principaux citoyens, à la tête desquels était Acuphis, le premier d'entre eux ; ils lui demandent de respecter, en l'honneur du dieu, la liberté de leur ville.... Au nom de Dionysus, daignez, prince, laisser à la ville de Nysa sa liberté et ses lois. Le grand Dionysus, prêt à retourner dans la Grèce, après la conquête de l'Inde, fonda cette ville, monument éternel de sa course triomphale. Il la peupla des compa-

---

1. Louis Enault, *Inde Pittoresque*, III.
2. Zend-Avesta Fargard, I, 26.

gnons émérites de son expédition.... Ce dieu appela notre ville Nysa, en mémoire de sa nourrice ; ce nom s'étend à toute la contrée : cette montagne qui domine nos murs, porte celui de *Méros*, et rappelle l'origine de notre fondateur. Depuis ce temps, les habitants de Nysa sont libres et se gouvernent par leurs lois. Le dieu nous a laissé un témoignage de sa faveur, ce n'est que dans notre contrée que croît le lierre, inconnu dans tout le reste de l'Inde[1]. » Ce lierre fut découvert par Osiris et porte en Egyptien un nom qui signifie plante d'Osiris[2]. Les Grecs prétendent de leur côté que cette découverte est due à Bacchus.

« Alexandre, curieux de visiter les monuments à la gloire de Dionysus, dont le pays des Nyséens est peuplé, monte sur le Méros, suivi de la cavalerie des Hetaires et de l'Agéma des phalanges ; le lierre et le laurier y croissaient en abondance, on y trouve des bois sombres et peuplés de fauves. Les Macédoniens reconnurent avec transport le lierre qu'ils n'avaient pas vu depuis longtemps. En effet, il n'en croit pas dans l'Inde, même au lieu où l'on trouve la vigne[3]. »

Tout ceci est confirmé par Quinte-Curce.

« Après la défaite de ce peuple peu connu, il se rendit à la ville de Nyse[4]. »

« Le roi avait déjà fait avancer ses troupes et investissait les murs, lorsque les assiégés, ayant tenté une sortie, se virent accablés de traits des ennemis : les uns en conséquence étaient d'avis de se rendre et les autres d'en venir à une action. Alexandre, ayant eu connaissance de leur irrésolution se contenta de les bloquer et défendit qu'on leur fît aucun mal ; fatigués enfin des incommodités du siège, ils prirent le parti de se rendre. Ils se disaient fondés par Bacchus, et cette origine était

---

1. Arrien, *Expédition d'Alexandre*, l. V, ch. I.
2. Diodore, l. I, sect. I, IX. Ce nom est *Chenosiris*.
3. Arrien, *Expédition d'Alexandre*, l. V, ch. I.
4. *Vie d'Alexandre*, l. VIII, ch. X, 32.

vraie : *Leur ville est située au pied d'une montagne que les gens du pays appellent Méros.....* Le roi, ayant su des habitants quelle était la situation de cette montagne, monta jusqu'au sommet avec toute son armée, après avoir eu la précaution d'y envoyer des vivres. Il croît sur toute la montagne quantité de lierre et de vignes.... les soldats, poussés, je crois, non par une inspiration divine, mais par un simple mouvement de belle humeur.....[1] » se grisèrent de la bonne façon en l'honneur de Bacchus.

Ainsi voilà une montagne, Mèrou, Méros, Méru ou Mouru, comme il vous plaira de l'appeler, qui certes n'est rien moins qu'Idéale, elle existe bel et bien en réalité. Alexandre l'escalade avec toute son armée, sa cavalerie, et tous s'y grisent à qui mieux mieux. Son existence est donc bien avérée ; et c'est véritablement celle de l'Avesta, car Alexandre prend d'abord la ville, qui est au bord du Cophès, et il faut nécessairement que le mont Mèrou soit derrière elle du côté de l'Indus, conséquemment Nysa est placée entre le Méros et Bactres ; ou mot à mot comme le dit l'Avesta.

« Niça située entre Mouru et Bâkdhi. »

Les livres Arias confirment donc les dires des historiens d'Alexandre, comme ceux-ci confirment et expliquent les ouvrages indiens. Il est bien évident que les soldats d'Alexandre n'ont pas inventé le mont Méros puisqu'il existe dans l'Avesta, le Ramayana, le Mahâbhârata et probablement beaucoup d'autres ; comme il est aussi certain que les Arias n'ont pas inventé ce nom de Méros puisque c'était un nom qui avait trait à Bacchus et à sa naissance. Nous avons vu, qu'il avait été à cette occasion surnommé *Mérotraphe*. Ils n'avaient donc pu le puiser que dans les données que Bacchus avait apportées avec lui en colonisant les pays d'entre le Cophès et l'Indus. Il ne faut pas non plus oublier que dans la langue sanscrite ce nom de Méru n'a aucun sens tandis qu'en grec il signifie cuisse et antre, par allusion

---

1. Quinte-Curce, *Histoire d'Alexandre*, l. VIII, ch. X, 33.

à la double supposition de la manière dont Bacchus aurait été élevé.

Nous devons rappeler ici le surnom de Bacchus, Mithrophore. « Il portoit une mitre fort étroite, afin de se préserver des maux de tête que le vin cause à ceux qui en prennent avec excès ; et c'est pour cette raison qu'on l'a appellé Mithrophore. On dit que c'est de cette mitre qu'est venu l'usage du diadème des rois [1]. » M. de Harlez comme nous l'avons déjà dit, dans la savante étude qui précède sa traduction de l'Avesta, s'évertue, après vingt autres à trouver le sens de *Mithra* et tombe naturellement à côté de la vraie signification, à cause de son ignorance de l'histoire :

« Mithra est un génie Aryaque ; les Védas le connaissent et le considèrent aussi comme une personnification de la lumière ; son nom signifie « Ami » en sanscrit. Il peut dériver de la racine *Mith*, se rencontrer, convenir ou de Mid, aimer [2]. »

Comme tout ce bel échafaudage croule devant l'histoire, quand nous savons que Mithra, était un des noms de Bacchus, le dieu du soleil et du vin, et qu'en grec ce mot signifie bandeau, dont les femmes grecques aussi bien que Bacchus s'entouraient le front, et se soutenaient les seins.

Ce mot n'a donc pas pu passer du sanscrit en grec puisqu'il existait chez les grecs avant l'existence du sanscrit. Au reste si l'on comprend que cette expression qui s'applique à la couronne des rois de Perse, peut bien venir du grec « *Mitra* » qui signifie bandeau on ne comprendrait pas du tout que le *Mitra* grec, *bandeau*, vienne du sanscrit qui signifie, *Ami*. Au contraire ce sens *Ami* s'explique à ravir, lorsque l'on se souvient que c'était le surnom de Bacchus, le héros regardé par les Indous non-seulement comme un *ami*, mais même, comme un dieu.

Avant de terminer ce chapitre nous dirons que, après la prise de Nysa, Alexandre s'empara du rocher d'*Aorne*,

---

1. Diodore l. IV, 11.
2. De Harlez, *Trad. de l'Avesta*, Introduction, p. C.

situé sur les rives de l'Indus, et sur lequel toutes les populations des bourgs et villages environnants s'étaient retirées[1]. Or ce nom est encore un souvenir grec : ce mot synonyme d'Averne signifie en grec privé d'oiseaux, où les oiseaux ne peuvent atteindre ; il vient de *Ornis*, oiseau ; précédé de l'*a* privatif, et dérive de la racine hébraïque *Ranan*, chanter[2].

Comme nous l'avons dit Bacchus mourut à Nyse dans l'Arabie ; du temps de Diodore on voyait encore une colonne sur laquelle était gravée cette inscription en *caractères sacrés ;* ces *caractères sacrés* étaient probablement des lettres hébraïques ou phéniciennes :

« J'ai pour père le plus jeune de tous les dieux ; je suis le fils aîné de Saturne, formé de son plus pur sang et frère du jour. Je suis le roi Osiris[3], qui suivi d'une armée nombreuse ai parcouru la terre entière, depuis *les sables inhabitez de l'Inde* jusqu'aux glaces de l'Ourse ; et depuis les sources de l'Ister jusqu'aux rivages de l'Océan ; et j'ai porté partout mes découvertes et mes bienfaits[4]. »

En faisant abstraction de ce qu'il y a de fabuleux et de mythologique dans cette inscription, il en résulte que du temps de Bacchus, l'Inde était inhabitée, ce qui confirme ce qu'en a dit Diodore précédemment. Si nous n'avons pas parlé du voyage d'Hercule aux Indes, c'est qu'il est loin d'y avoir laissé les traces de Bacchus, et que ce que nous en pourrions dire n'ajouterait rien aux preuves irréfutables que nous avons données de la colonisation grecque de l'Arianie.

Néanmoins, nous retrouverons quelques particularités de son histoire dans le Ramayana, nous les signalerons quand nous étudierons ce poème.

---

1. Quinte-Curce, l. VIII, ch. XI, 36. — Arrien, *Exp. d'Alex.* l. IV, ch. X. — Diodore, l. XVII, XLIV.
2. M. Renan qui a renié son Dieu et la Bible ne peut pas du moins renier son nom : Renan vient de *Ranan*, qui signifie *Autruche*, crier, chanter, vociférer. Il y a décidément des noms prédestinés.
3. Il ne faut pas oublier que pour les Grecs, Osiris et Bacchus étaient un seul et même personnage.
4. Diodore, l. I, sect. I, XV.

Historiquement, il n'a laissé de traces certaines [1] de son passage que la fondation de la ville de Palibothra ou Polibothre, capitale du Magadha ; car on retrouve ces deux orthographes dans Diodore et la première seulement dans Strabon [2]. Cette ville s'appelle en sanscrit Pâtaliputra ; en grec, le sens du nom de cette cité est : *ville bâtie dans un fond*. Ce que cette ville avait de particulier, c'est que les rois du pays étaient, en montant sur le trône, obligés d'ajouter son nom à leur propre nom, ce qui évidemment est une coutume égyptienne, où tous les rois prenaient le nom de Pharaon ; cela n'a rien d'étonnant pour nous qui savons que les Grecs étant d'origine Hébraïque, avaient longtemps vécu en contact avec les Egyptiens.

Un des traits caractéristiques de la race sémitique est d'avoir la peau blanche ; les Israélites étaient blancs au milieu des Egyptiens qui étaient noirs ; aussi quand Hérodote veut établir que les Colchidiens étaient une colonie d'Egyptiens laissés par Sésostris, revenant de sa conquête des Indes, il dit :

« Les Egyptiens pensent que ces peuples sont des descendants d'une partie des troupes de Sésostris. Je le conjecture sur deux indices : le premier, c'est qu'ils sont noirs et qu'ils ont les cheveux crépus, preuve assez équivoque, puisqu'ils ont cela de commun avec d'autres peuples ; le second, et le principal, c'est que les Colchidiens, les Egyptiens et les Ethiopiens sont les seuls hommes qui se fassent circoncire de temps immémorial. Les Phéniciens et les Syriens de la Palestine conviennent eux-mêmes qu'ils ont appris la circoncision des Egyptiens : mais les Syriens (Cappadociens) qui habitent les bords du Thermidon et du Parthénius, et les

---

1. Et encore, car ainsi que nous l'avons dit dans le *Droit divin de la Démocratie*, nous croyons qu'Hercule n'a jamais existé. — C'est Samson dont les Grecs se sont emparé et dont ils ont poétisé l'histoire selon leur tradition. C'est ce qui explique qu'il y a eu tant de héros de ce nom. Cicéron en a compté six, et Varron jusqu'à quarante-trois.

2. Diodore, l. II, XXIV et XXXII. — Strabon, l. XV, ch. 1er, 36.

Macrons, leurs voisins, avouent qu'ils la tiennent depuis peu des Colchidiens [1]. » Et bien, les Arias étaient blancs comme leurs ancêtres les Hébreux, et ils vivaient au milieu d'un peuple noir : « Ce n'est pas l'ardeur du soleil qui rend noirs les Indiens, ils le sont naturellement. Il y a parmi eux des hommes et des femmes très-blancs, quoique en petit nombre [2]. »

Il est évident que cette couleur de la peau, ainsi que le dit judicieusement Hérodote, serait un bien faible argument, si nous n'avions que celui-là, mais joint à la multitude de ceux que nous avons déjà présentés et à ceux que nous donnerons plus loin, il ne laisse pas que d'avoir sa valeur pour établir que les Arias descendent de la race hébraïque.

---

1. Hérodote, l. II, CIV.
2. Ctésias, IX.

CHAPITRE II

Les Lois, les Mœurs et les Coutumes.

Les Grecs et les Phéniciens n'ont pas laissé de corps de lois de sorte qu'il faut aller dans les auteurs anciens puiser, de ci et de là, les lois, les coutumes éparses qui peuvent établir la parenté de ces peuples avec les Hébreux ; seule, la loi des douze tables, ainsi que nous l'avons démontré ailleurs, entièrement puisée en Grèce, peut servir à retrouver l'analogie des coutumes des peuples sémitiques, issus des Hébreux, avec celles de la mère-patrie ; et cela est d'autant plus difficile que Cadmus, Danaüs et les autres étaient partis d'Egypte en même temps que Moïse, le peuple juif n'ayant pas encore à cette époque de lois écrites ; il n'avait que des coutumes, et il était bien difficile qu'elles n'aient pas participé aux infamies des mœurs égyptiennes. La tâche est beaucoup plus aisée pour les Arias. Bacchus (Brighou) ayant donné un code, que du nom de son beau-père Minos, il a appelé loi de Manou, nous aurons là des données certaines et coordonnées, où nous pourrons puiser à pleines mains : Bacchus vivait deux générations après le départ des Juifs, tant en Judée qu'en Grèce et en Phénicie ; il avait été élevé sur les confins de la Judée et de l'Egypte, de sorte que nous devrons retrouver dans le code de Manou (Manu) des lois juives et des coutumes grecques et égyptiennes. Nous ne les citerons assurément pas toutes ; il y en a tant que rien que pour traiter cette matière, il faudrait un volume tout entier. M. Fontane qui a trouvé le moyen d'écrire 400 pages de symphonies sur les hymnes des Védas, aurait, s'il avait lu le code de Manou, pu en faire au moins une centaine, et lui qui admire l'innocence, la candeur des

Arias, il aurait été légèrement désillusionné, car il faut bien le dire hautement, le code de Manou, reflet pour une bonne partie des lois de Crète dont nous avons une idée par celles de Sparte, qui ont été copiées sur elles, est un code infâme ; comme tout ce qui a été promulgué en dehors du Sinaï, il consacre la sodomie, le vol et l'assassinat, ainsi que l'écrasement du faible sous toutes les formes, enfants, femmes et serviteurs. A côté des quelques lois juives qui apparaissent là comme des étoiles brillantes, mais perdues au milieu des ténèbres d'une nuit sombre, nous y retrouvons les abominations des mœurs égyptiennes, importées par les dissidents israélites en Crète et de là dans les Indes. L'auteur de l'*Histoire universelle, sans histoire*, est vraiment merveilleux quand il prétend, après son maître Michelet, peindre les mœurs des Arias en puisant ses matériaux dans les hymnes védiques ! Voyez-vous un historien français qui, oubliant nos codes passés et présents, laissant de côté César, Vercingétorix, Clovis, Charlemagne, François Ier, Louis XI, Jeanne d'Arc, Richelieu, Mazarin, Charles IX, la Fronde, Louis XIV, nos trois Républiques et les deux Napoléon, croirait peindre la France, ses faits, sa vie, ses pensées et ses mœurs en s'inspirant seulement et uniquement des cantiques que nos petites-filles chantent dans les chapelles de nos cathédrales ! Pour peindre les mœurs d'un peuple, l'étude principale doit être celle des lois de ce peuple ; ses codes sont le miroir où se reflète l'état de son âme, de son cœur aux différents âges de son existence.

Ce qui frappe tout d'abord, c'est que les Arias adoraient non pas le Dieu d'Israël, le Créateur de tout ce qui existe en dehors de lui-même, mais ce que les Grecs croyaient être le Dieu des Juifs, c'est-à-dire le Ciel, cette enveloppe de toute la nature ; ils prétendaient que Moïse enseignait : « Que la divinité ne saurait être autre chose que ce qui nous enserre, nous, la terre et la mer, autre chose par conséquent que ce que nous appelons le ciel et le monde ou la nature [1]. »

---

1. Strabon, l. XVI, ch. 11,, 35 ; cependant les Grecs savaient que les habitants de la Thébaïde croyaient en un Dieu, Cneph, incréé

C'était du pur naturalisme : les Grecs peu versés dans la théogonie hébraïque et ne pouvant s'élever jusqu'à l'idée d'un être infini, Créateur de toute chose, se méprenaient et s'étaient toujours mépris, depuis le jour où ils avaient abandonné leurs frères, sur les idées juives : Eh bien, c'est du naturalisme que nous retrouvons dans l'Arianie ; il y a bien l'idée d'un être supérieur, mais c'est une idée vague qui se confond avec l'âme de l'univers ; aussi ce que nous apercevons noyé dans des doctrines panthéistes grecques, c'est une réminiscence de la Bible :

« Ce monde était plongé dans l'obscurité..... Les eaux ont été appelées *Nâras*, parce qu'elles étaient la production de *Nara* (l'esprit de Dieu) ; ces eaux ayant été le premier lieu de mouvement (ayana) de Nara, il a, en conséquence, nommé *Nârayana* (celui qui se meut sur les eaux[1]. »

Lisez maintenant ce verset de la Bible et comparez :

« Et la terre était sans forme et vide, et les ténèbres étaient sur la face de l'abîme, et l'*Esprit de Dieu se mouvait sur les eaux*[2]. »

Nous avons dit que c'était une réminiscence, c'est bien mieux que cela ; c'est presque un commentaire et l'expression Nâras, elle-même, est venue en ligne droite du mot hébreu Naar qui veut dire fleuve, eau, ce qui coule, ce qui resplendit, ce qui vit : Naar, c'est le jeune homme dans la force de son intelligence et dans l'exhubérence de sa jeunesse ; Naarah, c'est la jeune fille dans la perfection de sa beauté ; Nâras, en sanscrit, c'est la créature, l'onde ; Nara, c'est le créateur, l'âme de l'univers ; quoique de proportion moins grande, puisque le Dieu d'Israël, le grand Jéovah, le créateur de tous les êtres, s'était effacé pour faire place à un être fictif, l'âme de la nature, on sentait encore un souffle puissant que

---

et impérissable (de l'hébreu Canaph, Protection); Plutarque, sur Iris et Osiris, 21.

1. Lois de Manou, l. I, 5 et 10.
2. Genèse, ch. 1, 2.

n'avait pu inspirer le peuple qui, sur les bords du Nil, adorait ignominieusement les animaux les plus immondes et les plus cruels.

La Constitution Arienne à l'instar des constitutions égyptiennes[1] et crétoises que nous connaissons par la Constitution spartiate[2], copiée sur celle de Crète, était aristocratique au plus au point; il y avait quatre classes :

« Cependant, pour la propagation de la race humaine, de sa bouche, de son bras, de sa cuisse et de son pied, il produisit le Brhâmane, le Kchatriya, le Vaisya et le Soûdra[3]. »

Ce qu'il y a de remarquable c'est que sur les bords de l'Indus comme sur les rives du Nil, il n'était pas permis de sortir de sa classe, à tel point que les mariage étaient formellement interdits entre les citoyens de castes différentes.

« Le Brâhmane qui n'épouse pas une femme de sa classe, et qui introduit une Soûdra dans son lit, descend au Séjour infernal; s'il en a un fils, il est dépouillé de son (droit du) Brâhmane[4]. » Il en était de même sur les rives du Nil :

« C'est le seul pays du monde (l'Egypte) où ceux qui sont nés dans une profession, et qui pour ainsi dire l'ont reçue des lois, ne la quittent jamais pour en exercer une autre[5] : »

Le Brâhmane ou noble a le droit de tout faire, tout lui est permis, pourvu qu'il ne sorte pas par ses enfants

---

1. Hérodote, l. II, CLXIV. — Diodore, l. I, S. II, XXV ; — l. II, XXV.
2. Diodore, l. I. S. I, XVI.
3. *Lois de Manou*, l. I, 31 ; *les Nobles, les Militaires, les marchands et les artisans.*
4. *Lois de Manou*, l. III, 17 — l. VIII, 365, 366.
5. Diodore, l. I, S. II, XXV. M. Marius Fontane a osé dire le contraire : « Par le talent, ou par le travail, le plus infime des égyptiens pouvait arriver jusqu'à la plus proche de Pharaon, chacun avait le droit de choisir son métier. » *Les Egyptes*, ch. XXVI : On ne sait vraiment ce qu'il faut le plus admirer ou de l'impudence ou de l'ignorance de cet auteur.

de sa classe : la terre est à lui, il peut donc s'emparer de tout sans voler ; c'est l'effroyable doctrine de Sparte encore embellie : on exerçait à Lacédémone les enfants à dérober[1] ; on les punissait s'ils se laissaient prendre ; entre le Cophès et l'Indus, on disait au noble : Prends, tout est à toi.

« Il peut prendre ce dont il a besoin dans la grange, dans le champ, dans la maison ou dans un autre endroit quelconque ; mais il doit en dire la raison au propriétaire, *s'il la demande.* » Le Kchatriya, lui, n'avait pas le même pouvoir :

« Un homme de la classe militaire ne doit jamais s'emparer de ce qui appartient à un Brâhmane[2]. »

Les Brâhmanes, naturellement ne pouvaient se voler entre eux ; et quand cela arrivait, le voleur devait pendant un an, faire la pénitence du Prâdjâpatya, si c'était un objet mobilier et la pénitence du Tchândrâyana, s'il avait dérobé un homme, une femme ou un objet immobilier ; s'il avait volé des choses de consommation il faisait pénitence en avalant les cinq choses que produit la vache : du *lait*, du *caillé*, du *beurre*, de *l'urine*, de la *bouse*[3]. Nous retrouvons ici la justification par l'urine en honneur en Egypte, et la vénération de tout ce qui appartient à la vache[4]. Lorsque le

---

1. Plutarque, *Vie de Lycurgue.*
2. *Lois de Manou*, l. 11, 12, 13 à 17 — l. VIII, 417.
3. *Lois de Manou*, l. XI, 162 à 165.
4. Diodore, l. I, S, II, XI, XXXII.—L'historien grec raconte une histoire qui peint à ravir la dépravation des mœurs égyptiennes : Sésostris II, ayant perdu la vue, apprit d'un oracle qu'il ne la recouvrerait qu'en se lavant les yeux avec l'urine d'une femme fidèle à son mari, ce roi fut longtemps sans rencontrer cette perle ; à commencer par celle de sa femme, toutes les urines échouaient ; tout le royaume y aurait passé, sans la vertu magique de celle de l'épouse d'un jardinier ; toutefois si le liquide féminin de la plupart des épouses du Delta ne lui avait pas rendu la vue, cela l'avait cependant éclairé, aussi fit-il brûler vives toutes les femmes coupables ; on se demande ce qu'il aurait fait si la chance avait voulu que la jardinière fut celle dont l'urine n'eût été essayée qu'après celle de toutes les épouses du Delta ?

vol était commis par un membre de classes inférieures et que l'objet appartenait au roi, *le coupable était foulé aux pieds des éléphants*[1]. Voler un Brâhmane est un crime égal à celui d'enlever un homme ou une femme[2]. Si le voleur a dérobé une vache à un brâhmane, on lui coupera la moitié du pied[3]. Mais s'il a volé avec effraction, il sera mis à mort[4].

Il en sera de même pour ses parents, ses complices et ceux qui lui donnent à manger[5].

Aussi en admiration devant d'aussi jolies lois, l'auteur de « *les Sémites et le Sémitisme* » s'écrie-t-il avec enthousiasme :

« Il est bien évident, et il suffit de parcourir l'histoire pour s'en convaincre, que le rameau Aryan ou indo-européen a seul produit les grandes civilisations et *possède seul la notion de la justice et la conception du beau*[6]. »
« Pour trouver le droit, pour trouver la justice, c'est-à-dire la manifestation la plus haute de la raison humaine appliquée à la conduite de la vie, il faut s'adresser aux peuples de la race Aryane[7]. » Ou ce brave homme a lu le Code de Manou, ou il ne l'a pas lu ; s'il l'a lu c'est un fourbe, n'en parlons plus ; s'il ne l'a pas lu, c'est un ignorant : alors pourquoi a-t-il dans l'un et dans l'autre cas la prétention d'instruire les hommes ?

Cet ignorant ajoute :

« Les civilisations Sémitiques, si éclatantes qu'elles paraissent, ne sont que de vaines images, des parodies plus ou moins grossières, des décors de carton peint, que certaines gens ont la complaisance de prendre pour des œuvres de marbre ou de bronze. Dans ces sociétés artificielles, le caprice et le bon plaisir sont tout, et sont seulement couverts du nom prostitué de la justice qui

---

1. *Lois de Manou*, l. VIII, 34.
2. *Lois de Manou*, l. XI, 57.
3. *Lois de Manou*, l. VIII, 325.
4. *Lois de Manou*, l. IX, 270.
5. *Lois de Manou*, l. IX. 269, 271.
6. E. Gellion Danglar, *les Sémites*, ch. I.
7. *Les Sémites*, ch. IV.

n'est rien. Le bizarre, le monstrueux y tiennent la place du beau, et la profusion a banni de l'art le goût et la décence [1]. »

Ce qui prouve qu'il ne connaît pas plus les livres de Moïse que le Code de Manou; et que s'il les connaît; ou il ne les a pas compris ou il ment sciemment ; dans ce cas-ci encore, c'est un fourbe, un imbécile ou un âne. Et ces gens-là ont la prétention de défendre aux catholiques d'instruire la jeunesse! Ah! nous comprenons bien leur but : abrutir par le mensonge l'enfance de la population pour mieux la dominer, l'écraser dans son âge mûr.

Ils osent mettre ces infâmes lois de Manou, où le peuple était livré, pieds et poings liés à une caste impitoyable, farouche, égoïste, lâche, ivrogne, lubrique, insatiable et sanguinaire ; où la femme était tellement avilie, qu'elle mourait avec son infernal époux afin d'assurer pendant l'existence de son maître, la sécurité journalière de cet effroyable despote ; où les lois les plus saintes de la nature étaient méconnues ; où l'amour, le pudique amour des sexes différents, était remplacé par je ne sais quelle promiscuité libidineuse de la bête ; où le Brahmane avait le droit de voler, de piller, d'assassiner l'enfant du peuple sans que celui-ci ait même la permission des larmes.

Ils osent mettre toutes ces turpitudes, qui sont la honte du genre humain, au-dessus des lois sublimes de Moïse, de ces lois qui proclamaient l'égalité de l'homme devant la loi, qui défendaient sous les peines les plus rigoureuses, d'opprimer le faible : femme, enfant, serviteur ; qui protégeaient l'approche des sexes différents, par les lois les plus saintes ; qui flagellaient le sodomisme et l'amour de la brute ! Ah ! nous croirions faillir à notre devoir, si nous ne livrions pas aux lanières du mépris des honnêtes gens, l'ignominie de semblables écrits! Ce

---

1. Eug. Gellion-Danglar, *les Sémites et le Sémitisme*, ch. I. Il faut lire aussi les absurdités et les mensonges débités par l'auteur dans le ch. VIII de cet ouvrage.

serait la honte de notre siècle et de notre pays si aucune voix ne s'élevait pour dire aux gens de cœur passez loin de ce livre ; c'est un pestiféré !

Et celui qui a pu écrire :

« Il faut donc veiller et combattre, et reprendre le cri de Caton l'ancien :

« Et insuper censeo delendam esse Carthaginem. » Ce que l'on peut traduire par cet autre cri de Voltaire : « Ecrasons l'infâme[1]. »

Est un misérable !

Le Brahmane est tellement inviolable, sa personne est tellement sacrée que quelque soit le crime qu'il ait commis, il ne sera jamais mis à mort.

« Il n'y a pas dans le monde de plus grande iniquité que le meurtre d'un brâhmane ; c'est pourquoi le roi ne doit pas même concevoir l'idée de mettre à mort un brâhmane[2] ! »

Jamais chez aucun peuple, pas même à Sparte, pas même à Rome, où l'aristocratie faisait peser sa main de fer sur l'Ilote ou le plébéien, la folie de la domination n'a été poussée plus loin, lisez cet article et dites si le peuple qui a enduré une pareille loi, n'est pas le plus vil de la terre, si la classe qui en a profité n'est pas la classe la plus farouche, la plus épouvantable qui ait écrasé de son talon sanguinaire le front de l'enfant du peuple !

« Un brâhmane possédant le Rig-Véda tout entier ne serait souillé d'aucun crime, même s'il avait tué tous les habitants des trois mondes, et *accepté de la nourriture de l'homme le plus vil*[3]. »

Aussi était-ce le plus grand honneur de servir un Brahmane même pour un Kchatriya, car toutes les clas-

---

1. E. Gellion-Danglar, *les Sémites et le Sémitisme*, ch. VII.
2. Lois de Manou, l. VIII, 380, 381.
3. Lois de Manou, l. XI, 261.

ses devaient être à genoux devant cette caste privilégiée [1], et il valait mieux avoir nourri un seul Brahmane que d'avoir hébergé une multitude de gens qui ne connaissaient pas les livres saints [2].

La peine de Tchândrâyana consistait à diminuer sa nourriture d'une bouchée par jour, en ayant commencé à quinze, jusqu'à une, et à augmenter ensuite jusqu'à quinze ; cela se pratiquait pendant le cours de la lune ; il fallait se baigner le matin, à midi et le soir ; c'était une imitation venue tout droit des coutumes égyptiennes.

La peine de Prâdjâpatya consistait à manger pendant trois jours, dans la matinée seulement, pendant trois jours seulement dans la soirée, pendant trois jours des aliments donnés volontairement, et enfin jeûner pendant les trois derniers jours. Cette loi était une réminiscence de ce qui se passait sur les bords du Nil, aussi bien que la précédente [3].

Mais si, comme à Sparte, le vol et l'assassinat étaient permis à la première caste de la Société, la sodomie, comme dans toute la Grèce et particulièrement à Lacédémone et en Crète, était réglée par la loi. « Ils se portent, dit Hérodote, avec ardeur aux plaisirs de tous genres, en parlant des Perses, et ils ont emprunté des Grecs l'amour des jeunes garçons [4]. » Au reste cette coutume ne pouvait manquer d'être introduite par Bacchus qui était adonné à cette funeste passion [5].

« Le Dwidja qui se livre à sa passion pour un homme, n'importe dans quel lieu, doit se baigner avec ses vêtements [6]. »

Nous avons quelque chose de plus épouvantable encore : en l'honneur ou en souvenir de ce qui se passait

---

1. Lois de Manou, l. XI, 121, 122, 123.
2. Lois de Manou, l. III, 129.
3. Lois de Manou, l. XI, 211, 216. — Hérodote, l. II, XXXVII, Diodore, l. I, S. 11, XXXIII.
4. Hérodote, l. I, CXXXV.
5. Plutarque, sur *Isis et Osiris*.
6. Lois de Manou, l. XI, 174.

sur les bords du Nil, lors de l'avènement du nouvel *Apis*, et des amours supposés ou réels de Pasiphaë et d'un taureau [1], il était permis d'aimer une vache ; et si notre devoir d'historien-philosophe ne nous forçait à remuer cette pourriture, comme le médecin qui, pour dévoiler le crime à la justice des hommes et au mépris de l'univers, plonge ses mains frémissantes dans un horrible cadavre rongé par les vers, nous n'oserions reproduire cet article qui ferait trembler d'horreur même un libre-penseur :

« L'homme qui a répandu sa semence avec des femelles d'animaux, *excepté la vache*, ou avec une femme ayant ses règles, ou dans toute autre partie que les naturelles, ou dans l'eau, doit faire la pénitence de Sântapana [2]. »

Pénitence aussi ignoble que dérisoire qui consiste à manger, *pendant un jour*, de l'urine et de la bouse de vache mêlées avec du lait, du caillé, du *beurre clarifié* (!) et de l'eau bouillie avec du kousa, puis jeûner un jour et une nuit.

Moyennant quoi l'Aria pouvait se livrer à ses plus bestiales passions... et mériter l'admiration enthousiaste du naïf M. Marius Fontane.

La vache faisait tout naturellement exception. Cette brute, considérée chez les Arias, aussi bien que chez les Egyptiens, comme un être supérieur, un dieu, procurait trop d'honneur à l'homme en consentant à s'unir à lui [3],

---

1. Voir plus haut. — « On dit que dans la plus haute antiquité (en Arianie), il y eut un immortel qui s'accoupla avec un veau ; ce veau mit un fils au monde, et depuis le nom de Veau resta à la famille. » Foè Kouè ki, ch. XXXVI, n. 10.— Voir aussi les *Amours du Roi des lions avec la Fille d'un roi de l'Inde*. Foè Kouè ki, ch. XXXVIII, n. 1.
2. Le commentateur prétend sans preuve à l'appui de son affirmation, que l'approche de l'homme et de la vache était punie de la peine de Prâdjâpatya. Mais il n'y a rien dans le texte de la loi de Manou qui le dise. Au reste, cette peine de Prâdjâpatya comme celle de Sântapana était dérisoire.
3. Graetz, *Histoire des Juifs*, ch. 1. Chez les Egyptiens, « les animaux étant réputés dieux, partant supérieurs à l'homme, avoir commerce avec eux était chose ordinaire qui n'entraînait ni punition ni déshonneur. » P. 17 de la trad. de Wogue.

pour que cette alliance encourût le plus petit blâme de la part de la loi. Au reste c'était parfaitement dans l'esprit des mœurs ariennes et égyptiennes.

Et dire que les libres-penseurs se voilent la face et rougissent de pudeur effarouchée en lisant les livres saints :

« Ce texte (celui de la Bible), qui oserait le mettre aux mains d'un enfant ? Quelle femme osera dire qu'elle l'a lu sans baisser les yeux ? [1] »

Ah ! Molière ! ce n'est pas que pour les faux dévots que tu as écrit *Tartufe !*

Comprenez-vous un charlatan qui s'ébahirait et crierait haro au docteur qui plonge le bistouri et la sonde dans une plaie gangrenée et fait jouer le scalpel pour sauver le malade ! Est-ce que, pour nettoyer les écuries d'Augias, Hercule pouvait faire autrement que de mettre le pied dans le fumier qui empestait l'air ? Pour interdire les turpitudes, les infamies, les monstruosités dans lesquelles, à cette époque, toute la terre était plongée, est-ce que Moïse pouvait n'en pas parler, ne pas les livrer à la réprobation des honnêtes gens et jeter sur elles, comme les savants le font à l'égard des lois païennes, un voile mensonger et hypocrite ?

Si l'Aria se livrait à l'amour des autres animaux, il devait faire la pénitence de Sântapana [2]. Cette pénitence, comme nous l'avons dit, consistait à « manger, *pendant un jour*, de l'urine et de la bouse de vache mêlée, avec du lait, du caillé, du *beurre clarifié* (!) et de l'eau bouillie avec du kousa, puis jeûner un jour et une nuit [3]. »

Eh bien ! qu'en doit penser le naïf M. Marius Fontane ? avait-il vraiment sa tête sur ses épaules quand il a écrit ceci des Arias ?

« Les femmes aryennes peuvent être belles impunément, l'Arya *ne sépare pas le beau plastique du beau moral !* »

---

1. Michelet, *La Bible de l'humanité*, préface.
2. Lois de Manou, l. XI, 173.
3. Lois de Manou, l. XI, 212.

« Les pensées aryennes sont pures ; *les amours aryennes sont chastes ;* et c'est pourquoi dès les premières heures védiques, les Aryas, race humaine privilégiée, improviseront des hymnes que nulle poésie ne surpassera, créeront un type de famille supérieure, formeront un groupe national dont l'organisation, d'une admirable simplicité, pourrait être le système social préférable ! [1] »

Ah ! Monsieur Marius Fontane, l'Aria ne sépare pas *le beau plastique du beau moral ! les amours ariennes sont chastes !* Où diable avez-vous vu cela ? Et vous prétendez faire une histoire universelle ?

Mais c'est à n'y pas croire ! mais il y a donc dans les lobes du cerveau d'un libre-penseur une dose de fatuité naïve dont nous autres chrétiens nous n'avons pas d'idée ? Car enfin, ou vous ne connaissez pas le premier mot du peuple aria, ou vous nous avez supposés bien crédules ? Pas tant que cela, Monsieur, nous croyons aux choses vraies et logiques, mais il n'est pas facile de nous faire prendre un chardon pour une rose. La vérité c'est que ce peuple avait hérité de toutes les infamies grecques et crétoises venues avec Danaüs des bas-fonds de l'Egypte et contre lesquelles Moïse, que les compagnons de Danaüs et de Cadmus n'avaient pas eu le courage de suivre, avait réagi avec toute la sublimité que lui communiquait l'inspiration divine. Aussi, voyez ! le châtiment de ce lâche abandon n'avait pas tardé à s'abattre sur leurs têtes ; pendant qu'en Judée, l'égalité la plus idéale, la morale la plus pure régnaient parmi les Hébreux, pendant que les lois du Sinaï, sous l'égide divine, protégeaient le faible contre le fort, à Sparte, à Athènes, à Cnosse, à Rome, sur les bords de l'Indus, l'aristocratie la plus effroyable écrasait le faible entre les serres toutes puissantes d'une caste sans vergogne ; l'immoralité la plus crapuleuse avilissait les cœurs ; les pratiques les plus dégoûtantes abâtardissaient les âmes ; l'aplatisse-

---

1. Marius Fontane, *Histoire universelle*, l'Inde védique, chapitre VII.

ment des esprits fut chez les Arias poussé si loin, que la femme s'élançait, à la mort de son mari, sur le bûcher qui réduisait en cendre son cadavre, dans la crainte, disait la loi, que si la femme survivait à son époux, elle ne fût tentée durant sa vie de l'empoisonner pour en prendre un plus jeune.

Cette coutume avait pris naissance en Ethiopie, où les amis du roi mouraient avec lui, ou perdaient les mêmes membres que lui quand il devenait estropié [1].

« Il était en usage (chez les Arias) que les femmes se brûlaient avec le corps de leurs maris morts. Cette loi fut imposée chez ce peuple en conséquence du crime d'une femme qui avait empoisonné son mari [2]. »

« Cet usage vient, dit-on, de ce qu'autrefois les femmes qui avaient de jeunes amants abandonnaient leur mari ou s'en débarrassaient par le poison [3]. »

Strabon ajoute qu'il ne croit pas que cette loi ait jamais existé, comme il a mis en doute l'existence du mont *Méros* et la connaissance de l'écriture chez les Arias; cette loi est aussi attestée par Elien et Plutarque [4] et malheureusement il n'y a aucun doute qu'elle n'ait été mise en pratique. Elle existait aussi chez les Crestoniens [5], où c'était la femme la plus aimée qui avait cet affreux privilège, tandis que chez les Arias celle qui devait périr avec l'époux mort était tirée au sort [6]. Cette loi s'est répercutée jusqu'à nous ; les Anglais ont tout fait pour la déraciner sans y parvenir complètement et les sacrifices humains sous toutes les formes y sont encore dans leur hideux épanouissement.

« Aujourd'hui même, malgré les louables efforts des Anglais, les sacrifices humains sont encore en usage

---

1. Strabon, l. XVII, ch. II, 3.
2. Diodore, l. XVII, ch. XLVII.
3. Strabon, l. XV.
4. Plutarque, *Si le vice suffit pour rendre malheureux*, 3.
5. Hérodote, l. V, V.
6. Elien, l. VII, ch. XVIII. On l'a retrouvée jusque dans les îles de l'Océanie. Univers pittoresque, Domeny de Rienzi.

dans le Gandwana, et l'on y pratique, sur une effrayante échelle, la traite des enfants, que les parents, poussés par la misère, consentent à vendre pour l'autel et le bûcher. Le sang humain coule sur cette terre maudite, d'une source inépuisable. A chaque fête publique ou privée c'est une vie d'homme qu'il faut offrir aux dieux, c'est par une mort d'homme qu'on les invoque, qu'on les remercie, qu'on les apaise [1]. »

« Mais la plus épouvantable de ces tragédies domestiques, ce fut celle qui suivit la mort d'Ajit, prince de Marwor. Celui-là laissant cinquante-huit reines, toutes, jusqu'à la dernière, étaient fermement résolues à se jeter dans les bras d'Agni ! Ce qui rendit cette grande hécatombe humaine plus odieuse encore ce fut de voir les enfants de ces femmes allumer le bûcher qui devait consumer leurs mères [2]. »

Comme en Grèce et en Italie, les enfants mal conformés étaient détruits ; seulement à Rome aussi bien qu'à Sparte c'était un conseil de famille ou de voisins qui décidait de la vie ou de la mort de l'enfant venant au monde. Aux Indes, c'était une commission qui statuait sur son droit à la vie.

« C'est *un peuple distingué* entre les barbares par sa sagesse, et qui *se gouverne par de bonnes coutumes*. Les enfants qui leur naissent sont nourris et élevés, non au gré de leurs parents, mais selon la décision des personnes chargées par état d'examiner la constitution de ces petits êtres ; s'ils leurs trouvent quelques membres notablement difformes ou inutiles, ils ordonnent leur mort [3]. »

« Ils n'ont pour objet en toutes choses que l'honneur et la bienséance, et la beauté même du corps est parmi eux une qualité essentielle. Sur ce principe ils font un choix rigoureux de leurs enfants dès leur naissance, et nourrissant avec soin ceux qui se trouvent bien confor-

---

1. L. Enault, *Indes pittoresques*, VI.
2. Louis Enault, *Indes Pitt.*, VI.
3. Quinte-Curce, *H. d'Alexandre*, l. IX, ch. I, 3.

més et qui paraissent devoir être un jour beaux et bien faits, ils font mourir tous ceux dans lesquels ils aperçoivent quelques défauts corporels[1]. »

Cette abominable coutume importée aux Indes par les Crètois couvrit d'infanticides légaux toute l'Asie et fut signalée par Iambule jusque dans l'île de Ceylan ; mais là, Diodore, pris d'un remords, veut bien stigmatiser *faiblement*, il est vrai, cette loi qui précédemment avait son approbation comme elle avait celle de Quinte-Curce :

« Une loi *trop sévère* condamne à mourir tous ceux qui naissent ou deviennent estropiés[2]. »

Il est vraiment étonnant Diodore, avec son épithète *trop sévère*, comme si ces pauvres victimes de la férocité païenne étaient coupables de ne pas être nés aussi beaux ou aussi bien faits que leurs concitoyens : cela peint les temps ; enfin il faut lui tenir compte de ce mouvement d'humanité, bien rare chez un Grec.

Cette abominable loi avait pris son origine chez les Troglodytes d'Egypte qui châtraient les nouveaux-nés estropiés de peur qu'ils aient des enfants aussi difformes qu'eux[3].

Ainsi que cela se pratiquait en Grèce et plus tard à Rome, le débiteur insolvable devenait l'esclave de son créancier[4].

A Rome, à Sparte, sur les bords de l'Indus, tout ce qu'acquéraient l'épouse, l'enfant et l'esclave appartenait au père de famille[5].

Une coutume bien égyptienne était celle qui consistait à imprimer sur le front du séducteur les parties natu-

---

1. Diodore, l. XVII, L. — Strabon dit quelque chose d'approchant, seulement c'était, d'après Onésicrite, son plus ou moins de beauté qui décidait du sort du nouveau-né. L. XV, ch. I, 30.
2. Diodore, l. II, XXXI.
3. Diodore, l. III, XVI.
4. Loi des Douze tables, 3e table, VI et VII ; — L. de Manou, l. VIII, 415.
5. L. de Manou, l. VIII, 416.

relles de la femme coupable[1], comme Sésostris le fit sur les colonnes qu'il élevait chez les peuples vaincus[2].

De même qu'en Egypte on faisait des sacrifices à la pleine lune[3].

Les Indiens ainsi que les habitants des bords du Nil avaient deux genres de s'exprimer : la langue sacrée et la langue populaire.

« Le roi pouvait sur les rives de l'Indus aussi bien que dans les plaines arrosées par le Nil être choisi dans les deux premières classes[4]. »

Les Egyptiens croyaient à la métempsycose, de là venait leur adoration pour les animaux, pour certains surtout, ceux qui étaient censés destinés à être le plus habituellement la demeure nouvelle des âmes des défunts :

« Ces peuples sont aussi les premiers qui aient avancé que l'âme de l'homme est immortelle ; que, lorsque le corps vient à périr, elle entre toujours dans celui de quelque animal ; et qu'après avoir passé ainsi successivement dans toutes les espèces d'animaux terrestres, aquatiques, volatiles, elle *rentre* dans un corps d'homme qui naît alors et que ces différentes transmigrations se font dans l'espace de trois mille ans. Je crois que quelques Grecs ont adopté cette opinion, les uns plus tôt, les autres plus tard, et qu'ils en ont fait usage comme si elle leur appartenait[5]. »

Les pharisiens en Judée avaient aussi adopté cette philosophie primitive : mais elle était repoussée par le gros de la nation.

C'est cette idée qui avait rendu si respectable la personne des bêtes, à tel point qu'à Memphis celui qui tuait un chat était incontinent mis à mort[6].

---

1. Lois de Manou, l. IX, 237.
2. Hérodote, l. II, CVI. — Diodore. l, I, S. II, IX.
3. Lois de Manou, l. IV, 10.— Hérodote, l. II, XXXVI, XLVII.
4. Plutarque, *Sur Isis et sur Osiris*, 9. — Code de Manou, l. VII, 2.
5. Hérodote, l. II, CXXIII. C'est le cas de Pythagore qui puisa ses doctrines soit en Egypte, soit en Judée, soit en Phénicie où il voyagea.
6. Diodore, l. 1, S. II, XXXII.

« Un romain qui avait tué un chat fut assommé par le peuple qui se jeta dans sa maison, sans pouvoir être arrêté ni par l'intérêt de l'état, ni par les remontrances des officiers du roi, ni par les protestations que faisait le romain même de n'avoir tué le chat que par mégarde. Je n'allègue point ce fait sur le rapport d'autrui et *j'en ai été témoin moi-même dans mon séjour en Egypte*. S'il paraît fabuleux et incroyable, on sera bien plus surpris d'apprendre qu'en une famine dont l'Egypte fut affligée, les hommes en vinrent jusqu'à se manger les uns les autres, sans que personne n'ait été accusé d'avoir touché aux animaux sacrés. Dans une maison où il meurt un chien, tout le monde se rase et se met en deuil ; ce qui est encore plus singulier, ils ne se servent plus ni de pain, ni de vin, ni de toutes les provisions de bouche qui se trouvent chez eux [1]. »

Nous retrouvons aux Indes, la Métempsycose avec toutes ses conséquenses ridicules, odieuses et bestiales : elle s'est répercutée jusque dans les doctrines de Gaudama dont elle a été le point de départ comme nous le verrons plus loin ; et jusque dans l'Avesta, où si elle s'est effacée en partie, elle apparaît encore dans ce culte effroyable du chien que nous décrirons quand nous traiterons des doctrines de ce code.

La métempsycose est l'âme du code de Manou ; quand le gendre de Minos, Brighou (Bacchus)[2] donna ses lois ou plutôt celles de Crète, que cette île avait empruntées à celles d'Egypte, à ses compagnons de colonisation, il fit reposer toute l'économie de son code en ce qui concerne les récompenses de l'observance et les châtiments de l'inobservance de ses abominables règlements, sur le passage de l'existence humaine dans celle d'animaux considérés comme plus ou moins sacrés, ou plus ou moins heureux ; nous ne pourrions citer tous les articles

---

[1]. Diodore, 1. 1, s. 11, XXXI.
[2]. *Lois de Manou*, 1. XII, 2, dans l'art. 3, 1. V, il est qualifié fils de Manou — il en était le gendre en réalité puisque ainsi que nous l'avons démontré il avait épousé, Ariane, fille de Minos.

de loi qui ont trait à cette ridicule et terrible croyance, qui en même temps qu'elle avilissait les cœurs, terrifiait les âmes et les livrait entièrement enchaînées entre les mains de leurs tout puissants maîtres; il nous suffira d'en citer quelques-unes qui feront connaître au lecteur l'esprit général de cette funeste doctrine :

« Lorsque le souverain maître a destiné d'abord tel ou tel être animé à une occupation quelconque, cet être, l'accomplit de lui-même, toutes les fois qu'il revient au monde [1]. »

« Les maîtres de maison assez dépourvus de sens pour aller prendre part au repas d'un autre, (un inférieur) en punition de cette conduite, sont réduits, après leur mort, à la condition des bestiaux de ceux qui lui ont donné des aliments [2]. »

« Le Brâhma invité convenablement à des offrandes en l'honneur des Dieux et des mânes et qui commet la moindre transgression renaîtra pour cette faute sous la forme d'un porc [3]. »

Le Dwidja qui par « colère et à dessein, a frappé (un Brahmane) rien qu'avec un brin d'herbe, doit renaître, pendant vingt et une transmigrations, dans le ventre d'un animal ignoble [4]. »

Naturellement, ainsi que nous l'avons dit précédemment, les animaux comme en Egypte deviennent très respectables, on ne peut manger ni tuer aucun d'eux [5], et leur âme par le pouvoir de la dévotion parvient au ciel [6]. La vache surtout, aussi bien qu'à Memphis, devient un être de prédilection et la plus grande des purifications est de se laver avec son urine ou même

---

1. *Lois de Manou*, 1. I, 28.
2. *Lois de Manou*, 1. III, 104.
3. *Lois de Manou*, 1. III, 190.
4. *Lois de Manou*, 1. IV, 166. Voir l. XII, 39 à 78, toute la série des transmigrations heureuses et malheureuses. Châtiments ou récompenses.
5. Hérodote, 1. II, LXV, 1. II, XVIII, 1. III, C., 1. IV, CLXXXVI. — Strabon, 1. XV, ch. I, 69 — L. de Manou, 1. XI, 68, 70.
6. *Lois de Manou*, 1. XI, 240.

de la *boire*[1]. Le même nom *matri* servira à désigner ce qu'il y a de plus respectable au monde : la mère de famille et la vache[2] ; et la loi ne défendra pas d'avoir des rapports charnels avec cette bête : Cela se comprend du reste ; c'est la même raison qui a fait défendre de la tuer : cette brute peut n'être que la grossière enveloppe qui recèle le corps voluptueux d'une jeune et belle fille.

Le meurtre du chat, cet animal vénéré à Memphis, est mis sur le même pied que celui d'un Soûdra :

« S'il a tué à dessein *un chat*, une mangouste, un geai bleu, une grenouille, *un chien*[3] un *crocodile*, un hibou ou une corneille, qu'il fasse la pénitence prescrite pour le *meurtre d'un Soûdra*[4]. »

Cet article est d'autant plus remarquable qu'il renferme la défense de tuer trois des animaux les plus vénérés en Egypte et même adorés comme des dieux : le chat, le chien et le crocodile[5].

Une des particularités du culte de la vache en Egypte s'est transmise jusque dans l'histoire de Gaudama : C'est que la mère du bœuf Apis ou Epaphus, ne pouvait avoir d'autres enfants[6]. La mère du Boudha qui avait le singulier privilège de donner le jour à un fils si élevé ne devait pas produire d'autres hommes et devait mourir pour éviter une pareille déchéance, le septième jour après ses couches[7]. Le taureau égyptien obsède tellement l'Aria qu'il en a fait l'emblème de la justice.

---

1. *Lois de Manou*, l. XI, 91.
2. Ce mot vient du grec *meter*, lequel vient de l'hébreu *am, em*, mère.
3. Anubis, fils de Bacchus, et l'ayant suivi aux Indes, était revêtu d'une peau de chien, d'où vient la vénération des Arias pour cet animal. Diodore, l. 1, S. 1, IX.
4. *Lois de Manou*, l. XI, 131.
5. Hérodote. l. II, LXIV, LXVII, LVIII. — Diodore l. 1, S. 1, IX — S. II, XXXI. La métempsycose Egyptienne, avec sa défense de tuer certains animaux, s'est répandue sur toute la terre habitée, puisque nous la retrouvons jusque dans les chants héroïques de l'Edda (2e chant de Sigurd).
6. Hérodote, l. III, XXVIII.
7. Légende de Gaudama, traduction de Victor Gauvain, ch. 1er, p. 38. Cette légende est écrite en pali.

« Dans le Krita-Jouga, la justice, sous la forme d'un taureau, se maintient ferme sur ses quatre pieds [1]. »

Cette coutume s'est répercutée jusqu'à nous : « On cite un Rajah qui voulant expier ses crimes, fit construire une vache en or — creuse bien entendu — Il y logeait souvent, s'y trouvant bien, quoiqu'un peu à l'étroit, et data désormais tous ses actes du *passage par la vache*[2]. »

C'était une réminiscence de la vache dorée, dans laquelle Mycérinus, roi d'Egypte fit enfermer sa fille morte[3].

A l'instar des prêtres Egyptiens, les Brahmanes gardent le secret le plus profond sur leurs mystères ; l'instruction ne doit être donnée qu'à la première caste de la société ; les autres restent plongées dans l'ignorance la plus complète, autrement elles deviendraient dangereuses.

« Ce livre (code de Manou) doit être étudié avec persévérance par tout Brâhmane instruit, et être expliqué par lui à ses disciples, *mais jamais par un autre homme d'une classe inférieure*[4]. »

Les deux articles suivants feront bien connaître toute l'économie des lois rédigées par le gendre de Minos :

« Une *obéissance aveugle aux ordres des Brâhmanes* versés dans la connaissance des saints livres, maîtres de maison et renommés pour leur vertu est le *principal devoir d'un Soûdra*, et lui procure le bonheur après la mort. »

« Que le roi mette tous ses soins à obliger les Vaysias et les Soûdras (les marchands et les artisans) de remplir leurs devoirs ; car si ces hommes s'écartaient de leurs devoirs, ils seraient capables de bouleverser le monde[5]. »

---

1. Lois de Manou, l. 1, 81.
2. L. Enault, Indes pittoresques, VI.
3. Hérodote, l. II, CXXIX, CXXX.
4. L. de Manou, l. 1, 103, voir l. IV, 81.
5. Lois de Manou, l. VII, 418 ; l. IX, 334.

C'est en effet ce qu'ils ont fait plus tard, soit avec Zarathustra, soit avec Phralaong, ce dont nous parlerons dans la suite.

Comme en Egypte l'instruction était interdite en Arianie, aux basses classes :

« Nous avons déjà dit que tous les Egyptiens apprenoient de leurs parents mêmes le métier qu'ils trouvoient dans leur famille : ainsi ils n'apprenoient pas tous à lire ; cela n'étoit permis qu'à ceux qui étoient destinez aux sciences par leur état [1]. »

Toutefois la loi de Manou pouvait être lue par les deux classes intermédiaires, mais jamais par les Soûdras ou artisans [2]. Et celui qui étudiait sans droit descendait au séjour infernal [3].

Aussi l'enfant d'un simple Brahmane devait être plus considéré qu'un Kchatriya de cent ans [4] ; et la femme, quelle que soit la conduite de son mari, était dans l'obligation de le révérer comme un dieu [5].

De même qu'à Athènes, l'épouse qui n'avait pas d'enfant, pouvait être fécondée par un frère, ou par un parent du mari avec l'autorisation de ce dernier [6].

Comme en Grèce la femme pouvait se prostituer avec le consentement du mari [7].

Une loi qui vient à coup sûr de l'Egypte, quoique du premier abord il semble qu'elle soit venue de la Bible, c'est celle qui défend de manger de certains animaux :

« Que tout dwidja, s'abstienne des oiseaux carnassiers sans exception, des oiseaux qui vivent dans les villes, des quadrupèdes au sabot non fendu, excepté ceux que

---

1. Diodore, l. I, S. II, XXIX.
2. L. de Manou, l. II, 16.
3. L. de Manou, l. II, 416. Inutile de relever de nouveau l'assertion fausse de M. Marius Fontane. Les Egyptes, ch. XXVI. Voir plus haut.
4. L. de Manou, l. II, 135.
5. L. de Manou, l. VI, 154.
6. Plutarque, vie de Solon. Lois de Manou, l. IX, 59.
7. Plutarque, Solon — Strabon, l. XV, ch. I, 54. *Lois de Manou*, — l. IX, 59, 60.

permet la Sainte Ecriture, et de l'oiseau appelé littibha, » — « du porc apprivoisé ¹. » La première de ces lois a quelqu'analogie avec celle de Moïse ; en effet, celui-ci avait dit :

« Vous mangerez entre les bêtes, de toutes celles qui ont l'ongle divisé, et qui ont le pied fourché, et qui ruminent. » Mais la seconde lui est tout à fait semblable.

« Le pourceau vous est aussi défendu ; car il a bien l'ongle divisé, mais il ne rumine point, il vous sera souillé ². »

La loi Arienne défendait l'usage du bœuf que permettait la loi de Moïse ; et nous savons que la loi Egyptienne ne le permettait pas.

Des habitants de la frontière de la Lybie « ayant pris en aversion les cérémonies religieuses de l'Egypte, et ne voulant point s'abstenir de la chair des génisses, ils envoyèrent à l'oracle d'Ammon pour lui représenter qu'habitant hors du Delta... ils voulaient qu'il leur fût permis de manger de toutes sortes de viandes. Le dieu ne leur permit point de faire ces choses ³. »

Il est donc bien constant que c'est d'Egypte que leur est venue la coutume de ne pas manger de viande de vache ainsi que celle de ne pas faire usage de celle du poisson ⁴.

Quant à celle de ne pas se nourrir de porc, elle semble plus particulièrement venir de la défense de Moïse puisque s'il était défendu en général en Egypte de manger du porc, cette défense n'était pas comme dans le deutéronome et dans la loi de Manou, une défense absolue ; puisqu'il était permis d'en manger à la pleine lune, après le sacrifice qu'on en avait fait à cet astre ⁵. Toutefois, nous n'oserions pas nous prononcer. Mais

---

1. *Lois de Manou*, l. V, 11 à 15 et 19.
2. Deut, ch. XIV, 6 et suivants.
3. Hérodote, l. II. XVIII.
4. Hérodote, l. II, XXXVII. — *Lois de Manou*, l. V 14.
5. Hérodote, l. II, XLVII ; Plutarque, *sur Isis et Osiris*. Le lait de porc donne la lèpre.

la défense qui vient bien exclusivement de la Bible, c'est celle de se nourrir d'oiseaux carnivores [1] ; puisque les lois Egytiennes n'en font pas mention.

L'homme devenu vieux en Asie, comme en Lybie aussi bien qu'en Grèce, devait mourir; s'il ne trouvait pas un moyen naturel, il fallait qu'il se détruisît lui-même.

« Que le roi, lorsque sa fin approche, abandonne à son fils le soin du royaume, et aille chercher la mort dans un combat, ou, s'il n'y a pas de guerre, qu'il se laisse mourir de faim [2]. »

Il en était de même en Egypte :

« Ceux que la vieillesse a rendu incapables de mener leurs troupeaux, s'étranglent avec une queue de *bœuf*, et terminent ainsi courageusement leur vie [3]. » Aujourd'hui encore aux Indes « mourir une queue de vache à la main semble le comble de la félicité, dans ce monde et le gage de l'éternel bonheur dans l'autre [4]. »

Quand Alexandre conquit les Indes, cette loi était encore en plein exercice. Un philosophe, âgé de soixante-treize ans et n'ayant jamais été malade jusqu'à ce jour : « Attaqué alors de sa première maladie, qui s'augmentoit de jour en jour, pria le roi de lui faire dresser un bûcher, sous lequel, dès qu'il y seroit monté, le roi voudroit bien ordonner à ses esclaves de faire mettre le feu : Et Calanus soutenant sa résolution jusqu'au bout, monta courageusement sur l'échafaud, et se jeta dans le bûcher où il fut consumé [5]. »

Cette loi désolante trouve son explication par la Métempsycose qui existait sur les rives du Nil comme sur les bords de l'Indus. Du moment que l'on était sûr de renaître après sa mort sous la forme d'un être pri-

---

1. Deut, ch. XIV, 12 à 18. — *Lois de Manou*, l. V, 13 à 18.
2. *Lois de Manou*, l. IX, 323.
3. Diodore, l. III, XVII. — l. I, S. II, X.
4. L. Enault, *Indes Pitt.* VI.
5. Diodore, l. XVIII, LIX. — Plutarque, *Vie d'Alexandre.* — Arrien, *Expédition d'Alexandre*, l. VII, ch. I. — Elien, ch. VI.

vilégié, si l'on avait mené une vie exempte de reproches *légaux*, la mort n'avait rien que de fort attrayant : on échangeait simplement sa vieille enveloppe, usée par l'âge et la maladie, contre une nouvelle plus jeune et d'autant plus honorable que la vie passée aurait été conforme aux lois. C'est la fable du Phénix mise en action par les descendants de Sem, à l'exemple de ceux de Cham.

Une loi analogue existait à Céos, île voisine de la Crète.

« C'est une belle loi, sais-tu ? ô Phanios, que cette loi des Céiens : l'homme qui ne peut plus espérer une heureuse vie sera tenu de se soustraire à la vie malheureuse[1]. »

« Il est probable que la loi en question prescrivait à tout homme ayant passé la soixantaine, de boire de la ciguë, et cela apparemment pour assurer la subsistance des autres[2]. »

Il est évident que c'est de cette loi qu'est dérivée celle du code de Manou.

La ressemblance qui existe entre les coutumes des Indous et celles des Crétois avait frappé les anciens, ce qui se comprend, car il faudrait être aveugle pour la nier :

« Ce qui, en revanche, semble appartenir en propre aux Musicâniens[3], c'est cet usage des *syssities* ou repas publics analogues à ceux de Lacédémone et alimentés par la mise en commun des produits de la chasse, cet autre usage de se passer absolument d'or et d'argent malgré la présence de mines dans le pays, l'usage aussi de n'avoir pour esclaves que de *jeunes garçons à la fleur de l'âge* rappelant les Aphamiotes de Crète et les Hilotes de Spartes[4]... »

Les soldats eux-mêmes d'Alexandre, admiraient l'a-

---

1. Cet usage et le suivant ont été retrouvés en Amérique, comme nous l'avons vu livre III. — « Qu'on boive ou qu'on s'en aille » a dit Cicéron, de Republicâ.
2. Strabon, l. X, ch. V, 6. — Elien, livre III, ch. XXXVII.
3. Peuples des rives de l'Indus.
4. Strabon, l. XV, ch. I, 34.

nalogie qui existait entre les lois des Indous et celles de la Grèce ; et cependant il ne leur était permis d'étudier que les choses extérieures :

« Cette ville — Hyala — suivoit des loix, presque semblables à celles de la République des Spartiates [1]. »

Et toujours c'est l'analogie des lois des Indous avec celles d'Égypte, transmises en Crète et de là à Lacédémone, qui étonne les Macédoniens comme elle nous frappe nous-même et comme elle convaincra le lecteur intelligent et de bonne foi.

Si un grand nombre de lois Ariennes sont venues des lois Egyptiennes, ce qui n'a rien d'étonnant puisque les ancêtres des Arias avaient longtemps habité les rives du Nil avant d'être allés sous la conduite de Cadmus coloniser la Crète et la Béotie, et dont nous avons cité quelques-unes, il en est venu aussi une certaine quantité des codes juifs ; et cela n'a rien non plus qui doive surprendre, puisque les arias descendaient des hébreux et que Bacchus leur chef, avait été élevé sur les confins de la Judée[2], au moment probablement, où Josué prenait possession du pays des palestins, ou peu de temps après et à l'époque où Moïse venait de promulguer ses admirables lois ; et comme il n'en était pas des lois juives, que tout le monde devait étudier[3] et enseigner, comme des lois Egyptiennes et Ariennes dont la connaissance n'était réservée qu'à la classe supérieure, Bacchus a dû en prendre un aperçu plus ou moins superficiel et il a adopté quelques-unes de celles qui ne froissaient pas trop la nature pervertie de ses compagnons. Les Avatars de Vishnou, ne sont que des réminiscences de l'Incarnation du Sauveur, promis par Dieu, dès les premiers âges du monde.

Le mariage était interdit entre proches parents

---

1. Diodore, l. XVII, LVII.
2. Certains historiens de l'antiquité ignorant les mœurs et les lois de la Judée aussi bien que son culte ont même prétendu que Bacchus était le dieu des israélites. Plutarque, *les Symposiaques*, l. IV, 9, VI.
3. Deutéronome, ch. XI, 19, 20 — ch. VI, 6, 7, 8 et 9.

jusqu'au sixième degré, aux membres des trois premières classes [1] ; seulement la transgression de cette loi qui chez les juifs était frappée des peines les plus sévères, n'entraînait qu'un châtiment ridicule chez les Arias :

« Celui qui a entretenu une liaison charnelle avec ses sœurs de la même mère, avec les femmes de son ami ou de son fils..., doit subir la pénitence imposée à celui qui a souillé le lit de son père spirituel ou naturel [2]. »

Il est bien certain que cette loi est venue du code Hébraïque, sans passer par les lois Grecques, puisque ces lois autorisaient le mariage entre frère et sœur consanguins et utérins, selon que vous habitiez Sparte ou Athènes. Et en Egypte ainsi que sur toute la terre, à l'exception des peuples descendants de Jacob, les mariages entre frères et sœurs germains, entre ascendants et descendants mêmes, étaient autorisés par les lois. En Judée, le mariage était interdit entre proches parents, frères et sœurs germains, utérins et consanguins, ascendants et descendants de tout degré [3].

Sur les bords de l'Indus aussi bien qu'en Judée, la femme était toujours sous la dépendance de quelqu'un, fille, elle appartenait à son père ; mariée, à son mari ; veuve, dans le principe, car plus tard elle dut mourir avec son époux, elle tombait sous la dépendance de ses enfants : « Elle ne doit jamais se conduire à sa fantaisie [4]. » A Jérusalem, elle ne tombait pas sous la dépendance de ses enfants, elle rentrait sous la direction de son père. Comme à Jérusalem, celui qui, sur les bords de l'Indus disait qu'une fille n'était pas vierge, était puni [5]. L'enlèvement d'un homme entraînait, chez les arias, comme chez les juifs, la peine capitale [6].

---

1. *Lois de Manou*, l. III, 5.
2. *Lois de Manou*, l. XI, 170.
3. Lévitique, ch. XVIII, 6 et suivants jusqu'à 19.
4. *Lois de Manou*, l. IX, 3.
5. *Lois de Manou*, l. VIII, 225. — Deut. ch. XXII, 14.
6. *Lois de Manou*, l. VIII, 323.

Nous retrouvons encore dans le Code de Manou la confession Juive, où, certes les libres-penseurs seront bien étonnés de la rencontrer : seulement comme toutes les lois Ariennes, elle atteste une partialité révoltante :

— « Ou bien, si un brâhmane vertueux en tue sans intention un autre qui n'avait aucune bonne qualité, il peut expier son crime en le proclamant dans une assemblée de Brâhmanes et de Kchatriyas réunis pour le sacrifice du cheval, et en se baignant avec les autres Brâhmanes à l'issue de la cérémonie [1]. »

La loi était loin d'être aussi anodine pour le Soûdra :

« L'homme qui a volé de l'or à un Brâhmane doit aller trouver le roi, lui déclarer sa faute et lui dire : « Seigneur, punissez-moi. »

« Le roi, prenant une masse de fer, que le coupable porte sur son épaule, doit le frapper, lui-même, une fois : par ce coup, le voleur, qu'il meure ou non, est déchargé de son crime ; *la faute du Brâhmane ne doit s'expier que par des austérités* [2]. »

Toujours cette épouvantable inégalité entre le Soûdra et le Brahmane, le plébéien et le noble ; et notez que le Brahmane ne commettant jamais de vol puisque tout est à lui, et qu'il a le droit de prendre son bien où il le trouve, les austérités auxquelles il peut être parfois condamné ne visent que les plus grands crimes, excepté pour le cas rare où il aurait volé un collègue.

La Bible avait dit :

« Quand donc *quelqu'un* sera coupable dans l'un de ces points-là, il confessera en quoi il aura péché [3]. »

« Alors ils confesseront le péché qu'ils auront commis, et le coupable restituera la somme totale de ce en quoi il aura été trouvé coupable, et il y ajoutera un cinquième pardessus [4]. »

---

1. *Lois de Manou*, XI, 82.
2. *Lois de Manou*, XI, 99, 100.
3. Lévitique, ch. V, 5.
4. Nombre, ch. V, 7.

Les livres de Moïse disent *quelqu'un*, c'est-à-dire, n'importe qui, riche ou pauvre; grand ou petit; faible ou puissant ; la loi englobe tout le monde, elle est égale pour tous ; la peine ne change pas selon la puissance du coupable. Elle est légère pour tous les coupables car la faute n'est pas grande ; sur les bords de l'Indus, elle est terrible pour le faible, dérisoire pour le noble; la vie du larron pauvre dépend de l'impression d'un monarque, en grande partie, sous la dépendance des Brahmanes, qui pourra avoir la main lourde ou légère selon le degré de la colère et du ressentiment du volé, et l'intensité de l'ineptie ou de la poltronnerie du roi.

Comme à Jérusalem le rapt, sur les bords de l'Indus entraînait la peine capitale [1] ; mais il fallait que les personnes victimes du rapt fussent de bonne famille ; toujours la différence des castes, ce qui n'avait pas lieu en Judée.

Une loi entièrement empruntée à la Bible est celle-ci :

« Celui qui prend sous sa garde les biens, meubles et immeubles d'un frère mort et sa femme, *après avoir procréé un enfant pour son frère, doit remettre à ce fils tout le bien qui lui revient,* lorsqu'il entre dans sa seizième année [2]. »

La Bible avait dit :

Si un homme vient à décéder sans enfant, « la femme du mort ne se remariera point dehors à un étranger, *mais son beau-frère viendra vers elle, et la prendra pour femme,* et l'épousera comme étant son beau-frère. »

« Et le premier né qu'elle enfantera, *succédera au frère mort et portera son nom* [3] ».

Les lois de Manou sont encore semblables à celles de Moïse en ce qui concerne les héritages qui appartiennent toujours aux parents les plus proches sans distinction de sexe. On sait qu'à Jérusalem les filles n'héritaient

---

1. L. de Manou, l. VIII, 323.
2. L. de Manou, l. IX, 146, 59, 97, 190.
3. Deutéronome, ch. XXV, 5 et 6.

qu'à défaut d'aussi proches parents mâles ¹ ; et à défaut de toute parenté, sur les bords de l'Indus, l'héritage revenait à l'exclusion du roi aux Brahmanes ; en Judée c'était à la tribu à laquelle appartenait le décédé ² ; toutefois quand le mort aux Indes n'appartenait pas à la classe des Brahmanes, le roi était héritier ³.

La Bible avait fait retomber les conséquences des fautes jusqu'à la septième génération sur le front des enfants des coupables. La loi de Manou en fait autant pour le plus grand crime que peut commettre un Brahmane, c'est-à-dire épouser une Soûdra ⁴.

Moïse avait déclaré la femme durant ses mois et à la suite de ses couches impure pendant un certain nombre de jours ⁵. La loi de Manou en fait autant ⁶.

La défense de condamner un accusé sur la déposition d'un seul témoin vient en ligne directe de la Bible ; il n'y avait rien de semblable, ni dans les lois égyptiennes, ni dans les lois grecques ; Moïse avait dit :

« On fera mourir celui qui doit mourir, sur la parole de deux ou trois témoins ; mais on ne le fera pas mourir sur la parole d'un seul témoin ⁷. »

Le code de Manou dit après les livres saints :

« Lorsqu'un homme amené devant le tribunal, par un créancier, étant interrogé par le juge, nie la dette, l'affaire doit être éclaircie, par le témoignage de trois personnes au moins, devant les Brâhmanes préposés par le roi ⁸. »

Mais, par une inégalité et une injustice flagrante, un

---

1. L. de Manou, l. IX, 185, 186, 187. Nombre, ch. XXVII, 7 à 11. « Le droit de tester était absolu sur les bords du Nil. » (M. Fontane, les Egyptes, Ch. IX). Conséquemment la loi indoue n'est pas venue des Égyptiens.
2. L. de Manou, l. IX, 188. Nombre, ch. XXXVI, 3 à 9.
3. L. de Manou, l. IX, 189.
4. L. de Manou, l. X. 64, 65.
5. Lévitique, ch. XX, 18.
6. Lois de Manou, l. II, 87.
7. Deutéronome, ch. XVII, 6. Nombre, ch. XXXV, 130.
8. Lois de Manou, l. VIII, 60.

seul témoin honnête pouvait parfois suffire, tandis que jamais, celui-même d'un *grand nombre de femmes honnêtes* ne suffira ; il en sera de même pour les témoins artisans¹. Comme à Jérusalem, le faux témoin était menacé de la vengeance divine, seulement en Judée, la loi était sage, puisqu'elle faisait encourir au faux témoin un châtiment égal à celui que son mensonge avait attiré sur la tête du condamné ; tandis qu'aux Indes, elle était comme toutes celles que dominait la métempsycose, ridicule au possible, puisque pendant *cent transmigrations*, il tombait au pouvoir de Varouna, le juge des morts².

Néanmoins la loi devient plus raisonnable lorsqu'elle punit le faux témoin à de fortes amendes, selon que le faux témoignage a eu pour mobile, la cupidité, la crainte, l'amitié, la concupiscence, la colère et l'étourderie, mais où elle est injuste, c'est lorsqu'elle châtie l'erreur et l'ignorance³.

Comme en Judée le voleur était parfois, sur les rives du Cophès, condamné à rendre une certaine quantité de fois la valeur de l'objet volé à la victime de sa faute⁴. Mais tandis qu'à Jérusalem, c'était une peine graduée selon l'importance de l'objet dérobé, en Arianie, cela ne s'appliquait qu'aux choses de minime valeur ; pour les autres le vol entraînait des peines corporelles⁵, qui allaient parfois, comme nous l'avons vu, jusqu'à la mort⁶, nous avons dit que la femme arienne, aussi bien que la femme juive, était sous la dépendance de son père, de son mari ou de ses enfants ; qu'elle ne devait jamais se conduire à sa fantaisie⁷. Cette loi établit sans ambages que dans le principe la femme ne mourait pas sur le

---

1. Lois de Manou, l. VIII, 65 et 77.
2. Lois de Manou, l. VIII, 82.
3. Lois de Manou, l. VIII, 117 à 122.
4. Nous avons vu dans le ***Droit divin de la démocratie*** que la loi des douze tables avait imité cette loi, II° 8, I°° 3.
5. L. de Manou, l. VIII, 320 à 329. — Exode, ch. XXII, 1, 7, 9. — Nombre, ch. V, 7.
6. L. de Manou, l. VIII, 334.
7. L. de Manou, l. IX, 3.

bûcher de son mari, puisqu'à la mort de ce dernier elle tombait sous la dépendance de ses enfants.

La femme est considérée comme un être inférieur qui n'a que des mauvais penchants, la perversité au cœur, le désir de l'inconduite, l'amour de la concupiscence. Elle doit être privée de la connaissance des lois et des prières expiatoires ; aussi les maris devront-ils mettre toute leur attention à la surveiller; voilà comment une loi de protection de la Bible est devenue une loi de despotisme en passant chez les Arias[1]. Ce qui n'a pas empêché ce grand innocent de M. Marius Fontane d'écrire :

« La femme est l'égale de l'homme, *incontestablement*, fiancée puissante par les attraits, épouse bienaimée, maîtresse au logis[2]. »

Voilà pourtant ce que c'est que d'écrire l'histoire d'un peuple sur des airs de mirliton. Mais Michelet avait dit avant lui : « l'Inde primitive des Védas nous donne la famille dans la *pureté naturelle*, et l'incomparable noblesse que nul âge n'a pu dépasser[3]. » Et en excellent mouton de Panurge il lui faut emboîter le pas. Ce pauvre écrivain connaît si peu l'histoire des Arias qu'il s'écrie :

« La corruption ronge *le corps sacerdotal.* Les cérémonies complètement théâtrales, pleines de mystérieuses minuties menées, liées sottement à des nombres sacrés, sont devenues grossières, sanglantes, hideuses, bêtes[4]. »

Eh bien, jamais il n'y a eu de corps sacerdotal en Arianie ; le prêtre y a toujours été inconnu : il y existait un corps de nobles, qui seul avait le droit d'offrir des sacrifices, et de produire Agni, le feu sacré, par le frottement d'Arani ; mais cela se faisait au domicile du Brahmane ; pas d'église, pas de temple d'aucune espèce ; le seul culte

---

1. L. de Manou, l. IX, 11 à 19.
2. Deut. XXIV, 1. Lois de Manou, l. IX, 149. — Inde Védique, ch. VII.
3. Bible de l'humanité, préface.
4. L'Inde védique, ch. XV.

qui existât, était celui de la vache. Et quand plus tard Gaudama parut, il y eut des moines mendiants, mais qui n'avaient aucune fonction cléricale, et qui vivaient dans des couvents sans faire aucun sacrifice, ni aucun office religieux d'aucune sorte. A qui les Boudhistes auraient-ils dressé des temples, fait des sacrifices, puisqu'ils étaient athées; ils attaquaient les dieux des Brahmanes, mais ne les remplaçaient pas [1].

Le Juif pouvait divorcer, dans les cas graves ; mais il fallait quelque chose d'infâme pour qu'il pût répudier sa femme [2]. En adoptant la polygamie mosaïque [3], les Arias ne pouvaient faire autrement que d'adopter son corollaire, mais au lieu de se borner aux fautes graves, ils l'adoptèrent pour une foule de cas qui se présentent journellement dans la vie en commun, et qui feraient jubiler M. Naquet et son succédané, A. Dumas; notamment pour l'ivresse de la femme, pour ses mauvaises mœurs, pour ne pas être de l'avis de son mari généralement, quand elle était attaquée d'une maladie incurable, qu'elle avait un caractère peu commode, qu'elle dissipait son bien, qu'elle n'avait pas d'enfant ou n'avait que des filles et qu'elle parlait avec aigreur !

Je comprends bien que M. Dumas aime le divorce, il est aristocrate et cette coutume est aristocratique au suprême degré, car elle est toute à l'avantage du mari, qui plantera là sa femme quand il en aura assez et se remariera indéfiniment tant qu'il ne sera pas arrivé à la satiété, tandis que la femme avec ses enfants, qui en voudra? une veuve accompagnée de deux ou trois héritiers a déjà bien du mal à retrouver un nouvel époux, que sera-ce quand le mariage ne pourra qu'être civil et que l'ancien mari sera toujours là comme un trouble fête?

D'un autre côté M. Dumas est un dramaturge, à court

---

1. Légende de Gaudama, ch. V, 1.
2. Deut. XXIV, 1. — Lois de Manou, l. IX, 149.
3. Lois de Manou, l. II, 210 à 216. Voltaire a impudemment menti quand il a dit le contraire. Dictionnaire philosophique, au mot impuissance. — Deut., ch. XXIV, 1.

de sujets, il ne peut désirer qu'une chose, c'est qu'une nouvelle loi lui taille de la besogne ; chacun en ce monde prêche pour son saint. Mais pour M. Naquet qui se dit démocrate, il n'est pas permis d'être plus illogique, plus inconséquent, car il travaille en faveur des hautes classes et des maris ; le peuple a bien autre chose à faire qu'à divorcer ; chez lui il y a du cœur, et les enfants seront toujours pour son existence le plus grand lien qui le rattachera à une femme mal réussie... et pour la femme, c'est bien autre chose !

Les Arias avaient comme les Juifs le respect des arbres appartenant à l'ennemi ; « ils ne mettent jamais le feu aux blés ni la coignée au pied des arbres de leurs ennemis [1]. »

La Bible avait dit :

« Quand tu tiendras une ville assiégée plusieurs jours, tu ne gâteras point les arbres à coups de coignée, parce que tu en pourras manger [2]. »

Moïse n'avait visé que les arbres fruitiers, la loi de Manou allant plus loin défend d'abattre toute espèce d'arbres. Il se pourrait bien que cette loi vînt de l'Egypte, car Plutarque dit :

« C'est pour cela qu'aux adorateurs d'Osiris il est défendu de détruire aucun arbre fruitier, et d'obstruer aucune source [3]. »

Et nous ne saurions trop le répéter, les Egyptiens et les Israélites, ayant été mêlés pendant plus de quatre siècles, il est une infinité de coutumes communes aux deux peuples.

Maintenant que nous avons examiné la majeure par-

---

1. Diodore, l. II, XXIII. — Deut. ch. XX, 19 et 20. — Nombres, ch. XXXVI, 1 à 9.
2. Deutéronome. Ch. XX, 19. Ce qui n'a pas empêché M. Marius Fontane de nous conter avec toute la grâce et la sincérité qui le caractérisent, ce charmant petit mensonge « Jérusalem et Samarie feront un Jéovah terrible, armant les hommes, régnant par le fer de la guerre, purifiant par le feu des incendies. » Les Egyptes, ch. I.
3. Plutarque sur Isis et sur Osiris, 35.

tie des lois de Manou et des coutumes des Arias, venant soit de l'Egypte, par la Crète, soit des Hébreux, comme le voyageur qui a franchi une longue étendue de marais fétides parsemés de quelques suaves fleurs, et qui se repose pour jeter un coup d'œil en arrière, arrêtons-nous un instant, et promenons nos regards sur le chemin que nous avons parcouru. Ce qui frappe l'esprit, non prévenu et sincère, c'est que toutes les lois ou coutumes venues de Crète et d'Egypte sont toutes à peu près sans exception, épouvantables, hideuses, despotiques au suprême degré, immorales jusqu'à l'infamie ; la turpitude humaine ne pouvait pas descendre plus bas ; l'amour de la domination, la folie de l'écrasement, l'ivresse du despotisme ne pouvaient pas aller plus loin ; les Grecs, les Romains, les Egyptiens eux-mêmes, n'avaient pas rêvé une tyrannie aussi bien organisée, jamais le délire de l'exploitation des classes inférieures par une caste supérieure n'avait atteint un tel degré d'intensité ; jamais le vice des grands ne s'était ainsi abattu sur le faible, ne l'avait enlacé dans d'aussi inextricables réseaux, ne l'avait broyé, pulvérisé, anéanti avec une aussi odieuse effronterie. Si à Sparte, à Rome, on tuait l'enfant mal conformé, si en Lybie on le châtrait, si la femme était rivée comme une esclave au talon de son tout-puissant maître, au moins la mort du bandit, son tyran, lui accordait une ombre de liberté ; sur les bords de l'Indus, il n'en était pas ainsi, il lui fallait sous peine d'être déshonorée, de trainer son existence dans la honte et dans l'opprobre, qu'elle montât sur le même bûcher qui réduisait en cendre le cadavre du tyran de sa vie [1].

Jamais le despotisme humain, jamais la dépravation du cœur et de l'esprit de l'homme n'ont été élevés à une pareille puissance.

Quant aux mœurs, c'est l'abrutissement égyptien poussé jusqu'à ses dernières limites ; non seulement la loi autorise l'amour entre les mâles, non-seulement elle réglemente la pédérastie, mais elle permet l'union de l'homme avec la bête. L'homme pourra aimer une vache

---

1. Strabon, l. XV, ch. I, 62.

et si Dieu, prévoyant l'incontinence effroyable de la race humaine, n'avait pas mis une barrière infranchissable au mélange des races, le sang des enfants des hommes se mêlant à celui de la brute, on aurait vu, ce que les Grecs et les Egyptiens avaient admis dans leur délire, des métis de la race humaine et de la race bovine. Le taureau égyptien obsède nuit et jour l'imagination malade de l'Aria; il le voit partout, il lui rend des hommages, il le considère comme un être divin, il le chante dans ses hymnes jusque dans les cieux, où les nuages, sous la plume affolée de ses poètes deviennent des vaches célestes. Sa corruption arrive à un tel degré d'intensité que les philosophes se promènent nus dans les rues de ses villes¹, y ont commerce publiquement avec leurs femmes, comme les Nasamons de Lybie, les Massagètes et les Caspiens², sans que la modestie de ses filles en soit le moins du monde choquée ; et que ces filles elles-mêmes pour lutter avantageusement contre l'amour de la vache, qui leur fait une redoutable concurrence, devront sur le *marché,* où, leur père les met à l'encan, se montrer nues³, afin de tenter les prétendants qui pourraient, peut-être, séduits par la grâce et la beauté de leurs formes, les préférer à la brute.

« En somme, a dit un écrivain, pourtant entiché de la fausse science moderne, la religion védique trahit une tendance marquée à l'égoïsme, glorifie les plus basses aspirations et excite à la satisfaction des appétits animaux, aux jouissances de la chair et de la fortune⁴. »

Il était dit que la race blanche, les enfants de Sem, d'Abraham et de Jacob, abandonnée de son Dieu, ne laisserait point en arrière, sur la route de l'infamie, la

---

1. Strabon, l. XV, ch. I, 63, 70.
2. Hérodote, l. IV, CLXXII, l. I, CCIII. — Strabon, l. XV, 56. L'incontinence des Arias, tant avec les jeunes garçons, qu'avec les animaux, explique pourquoi ce peuple ne s'est jamais beaucoup multiplié au milieu des jaunes qui l'enserraient de toutes parts.
3. Strabon, l. XV, ch. 1, 62.
4. J.-W. Draper, histoire du développement intellectuel de l'Europe, Ch. III.

race noire, ces hideux rejetons de Cham. Si, comme à son insu, elle a conservé dans ses lois quelques souvenirs épars des coutumes civilisatrices de ses ancêtres, ces souvenirs apparaissent, au milieu des abominations venues d'Egypte, comme des vierges éperdues au milieu d'un troupeau de ribaudes ; roses pudiques et tremblantes égarées dans un parterre qui ne produit que la ciguë, la morelle et l'aconit ; colombes timides et désolées, poursuivies, harcelées, déchirées par une meute d'oiseaux de proie.

CHAPITRE III

La Langue.

Un des grands arguments,—le seul à vrai dire, car celui de la couleur de la peau, n'a qu'une valeur relative comme nous l'avons dit précédemment, — des écrivains qui prétendent que les Européens descendent des Arias, c'est la ressemblance des langues issues du Grec avec le Sanscrit : assurément c'est une preuve de parenté, mais cela n'établit en aucune façon la filiation, pas plus que la ressemblance entre deux femmes n'établit que l'une est la mère et l'autre la fille. Et certes nous avons prouvé d'une façon irréfutable que c'était la langue hébraïque qui était la mère et non la langue sanscrite.

Cette ressemblance entre les langages grec, phénicien, arien, arabe, hébraïque, n'a pas été reconnue d'aujourd'hui seulement, il y a longtemps qu'elle a été affirmée :

« Il est constant, en effet, que les nations arménienne, syrienne [1], arabe, ont entre elles beaucoup de cette affinité et comme un air de famille qui se manifeste *dans leurs langues, leurs genres de vie et leurs caractères* physiques...... Ajoutons que les Assyriens et les *Ariens* offrent avec ces mêmes peuples, aussi bien qu'entr'eux, une grande ressemblance [2]. »

Et lorsque M. Curtius a reconnu la parenté du Sanscrit avec le Grec (une des langues sémitiques) il n'avait certes pas été l'inventeur de cette découverte. Mais lorsque lui et les autres orientalistes ont avancé qu'à cause

---

1. Nous rappellerons que la Syrie renfermait la Judée et la Phénicie.
2. Strabon, L. I, Ch. II, 34.

de cette ressemblance le grec et toutes les filles du grec étaient issus du Sanscrit ils ont dit une sottise, une de ces énormités que l'on ne pardonnerait pas à un collégien qui n'aurait déjeûné qu'une seule fois en compagnie des anciens. Il ne faut pas en effet avoir longtemps causé avec Hérodote, Diodore, Strabon, Quinte-Curce, Arrien, Plutarque et autres pour être convaincu, que la civilisation est partie des rives du Nil ; que dès l'époque des Pharaons la lutte existait entre la race blanche, les enfants de Jacob et la race noire issue des Ethiopiens, les descendants de Cham ; et dès ce temps il était facile de prévoir que les fils de Sem s'échappant de toutes les cités égyptiennes, comme des centaines d'essaims, iraient, industrieuses et mélodieuses abeilles, peupler toute la terre, tandis que la race de Cham sous la conduite de Sésostris, était allée précédemment peupler la Colchide, une partie de l'Inde et la Chine, dont les habitants, eux passèrent plus tard, par le détroit de Behring, pour aller coloniser l'Amérique où ils furent rejoints par les Phéniciens qui franchirent l'Atlantique. Bacchus fut un des chefs qui vint dans les Indes planter les tentes d'Israël ; ce héros, petit-fils de Cadmus, élevé à Nyse sur les confins de la Judée devait évidemment parler une langue pleine d'analogie, de souvenirs, de ressemblance avec la langue hébraïque ; mais né en Grèce, en Béotie, son langage devait renfermer aussi beaucoup de mots de cette nouvelle langue qui avait la prétention, prétention constatée par Strabon comme nous l'avons déjà vu, de corriger, de changer, de perfectionner les mots étrangers [1] ; Aussi devons-nous retrouver dans le Sanscrit un grand nombre de mots Hébreux à peine défigurés — avec les mêmes acceptions ou des acceptions nouvelles — et un certain nombre de mots dérivés du grec, mais souvent à peine reconnaissables.

Nous exposerons ici deux tableaux, le premier renfermant les mots sanscrits venus du grec et pour ne méri-

---

1. Cette prétention a passé chez les Arias où le mot *sanscrit*, signifie langue perfectionnée.

ter aucun reproche nous suivrons le dictionnaire de Burnouf ; seulement et tout naturellement, changeant l'ordre des idées de ce grammairien, au lieu de faire venir les mots grecs du sanscrit, ce qui est un contre bon sens, nous ferons venir les mots sanscrits du grec en mettant quand nous la connaîtrons la racine hébraïque en regard ; le lecteur trouvera peut-être que beaucoup de ces étymologies sont comme l'on dit vulgairement tirées par les cheveux ; qu'il s'en prenne à Burnouf, nous n'y sommes pour rien, nous n'avons fait que retourner le gant.

Le second tableau renfermera des mots sanscrits qui selon nous dérivent directement de l'hébreu : non pas que nous pensions, que tous les mots que nous faisons ainsi, en suivant Burnouf, venir du grec, aient passé par cette langue en venant de l'hébreu ; car pour n'en citer qu'un : *nâra*, eau et *nari*, femme, dont le grammairien tire le mot grec *naras*, qui coule d'une source, nous sommes convaincu et nous affirmons que ce mot vient directement, tant en grec, qu'en sanscrit de l'expression hébraïque *naar*, qui veut tout à la fois dire fleuve et enfant, tandis qu'en grec, il n'a que l'acception de source. *Nar* en Egyptien hiéroglyphique signifie poisson [1], c'est de la première lettre de ce mot qu'est venu le *nu* hébraïque [2].

Nous ferons observer que lorsque Bacchus est allé coloniser les rives de l'Indus, la langue grecque avait déjà fait son évolution, puisque ce héros était l'arrière petit fils d'Agénor et le petit fils de Cadmus. Il ne faut donc pas être étonné que de l'autre côté de la Perse qui écrivait de droite à gauche, les Arias, eux, seuls écrivissent de gauche à droite : ce qui s'explique par ce fait que la Colchide et l'Ibérie [3] étaient des colonies, la première d'Egyptiens conduits par Sésostris et la seconde vraisemblablement d'Hébreux, qui n'avaient pas changé la

---

1. Ce mot signifie aussi *haine*, les Egyptiens abhorraient le poisson. (Plutarque)
2. On the Origin of the Phœnician alphabet By G. Bertin, 1882.
3. *Ibérie* vient, comme nous l'avons dit précédemment, de *Ibri* qui signifie Hébreu.

manière d'écrire, tandis que les Arias avaient tout naturellement hérité du système grec.

C'est ainsi, que le sanscrit a emprunté au grec son *a* privatif et sa forme du *duel ;* particularités assez remarquables pour que nous les soulignions. Nous répéterons ici ce que nous avons dit au sujet des dérivés grecs de l'hébreu, nous renvoyons pour nos tableaux des mots sanscrits dérivés soit du grec soit de l'hébreu à la fin du volume afin de ne pas arrêter le développement de notre pensée et de ne pas enchaîner notre démonstration : nous ajouterons que si l'alphabet Arien a modifié sensiblement l'ordre des lettres, il a conservé la première place à l'alpha Grec, qui comme on le sait signifiait, en phénicien, en hébreu et en égyptien, tête de vache ; ceci est assez remarquable pour que nous appellions l'attention du lecteur sur ce fait, car quoiqu'en dise Plutarque, c'était bien là la raison qui chez les Egyptiens, adorateurs de la vache, avaient mis cette lettre en tête de l'Alphabet ainsi que le dit Ammonius [1].

C'est ici le moment de rappeler quelques réminiscences grecques que l'on rencontre çà et là dans la littérature arienne ; il est évident que nous avons été très limité dans nos recherches, d'abord parceque nous ne possédons qu'un très petit nombre d'ouvrages sanscrits, ensuite parce que pour lire les œuvres qui existent dans les Indes il faudrait plusieurs existences humaines, puisque rien que sur Boudha, le traducteur du voyage du chinois Fahian aux Indes dit, que d'après les Boudhistes du Népal, le corps des saintes écritures quand il est complet, s'élève à quatre vingt quatre mille volumes [2].

Mais l'existence de quelques écrits nous suffiront pour montrer les traces de la mythologie grecque tellement évidentes que nul ne pourra le nier.

---

1. Plutarque, Symposiaques, l. XI, partie II.
2. Abel Rémusat, Foé Kouè Ki, ch. XXXVI, n. 6.

CHAPITRE IV

Les Védas.

On s'est demandé si le Rig-Véda[1] avait précédé le code de Manou ou si c'était ce dernier qui avait été écrit le premier : nous croyons la question assez futile, qu'importe au fond ; toutefois, si nous devons donner notre avis, nous dirons que ni l'un ni l'autre n'a été le prédécesseur. Autrement dit, nous sommes convaincu qu'ils sont contemporains ; dans le Code de Manou, l'on trouvera cité le rig-véda au moins cent fois : tandis que dans les Védas, Manou est rappelé au moins un nombre de fois égal : Les Védas sont un recueil d'hymnes fait évidemment longtemps après la colonisation des Crètois sur les bords de l'Indus ; mais beaucoup de ces chants ont dû être écrits aussitôt l'arrivée de Bacchus : Quant au Code de Manou les premières lois ont du émaner directement de Bacchus, principalement celles qui rappellent les coutumes égyptiennes, crètoises et hébraïques, mais il est probable que dans la suite ces lois ont du s'augmenter de toutes celles qui étaient votées par les Brahmanes puisqu'il y a trois articles du Code de Manou qui semblent viser ce fait[2]. Au reste cela n'a qu'une importance fort secondaire, surtout pour le sujet qui nous occupe.

Michelet donne six mille ans[3] au Rig-Véda, il est bien avare, pourquoi pas 10, 20, cent mille ans ? il ne le dit pas : Ces braves libres-penseurs qui nous trouvent ridicules de croire en Dieu, sont tout ébahis que nous ne les croyons pas sur parole ; six mille ans, c'est encore

---

1. Le Rig-Véda, comme le Ramayana, les lois de Manou, le Mahâbhârata, Cakountala, est écrit en sanscrit.
2. L. de Manou l. XII, 108, 109, 110.
3. Michelet, la Bible de l'humanité, ch. IV.

plus de deux mille cinq cents ans avant que l'écriture phonétique ne fût connu sur les bords de l'Indus ; mais nous savons que les prêtres de la raison ont le privilège de déraisonner : ils sont même persuadés qu'ils en ont le droit.

Il y avait une loi crétoise qui ordonnait de chanter des hymnes en l'honneur des Dieux [1] ; l'Aria s'empressa de suivre ce précepte de la mère patrie. Il chanta Indra, l'enveloppe du soleil, ce que nous pourrions appeler son atmosphère, sous tous les noms qui appartiennent à Bacchus, car ce n'est évidemment que lui qui est adoré dans cet astre : Mitra, Bagha, Baghavan, Suria, qui sont les noms de Bacchus, reviennent à chaque page du Rig-Véda. Il adressa des vœux enthousiastes à *Agny*, le feu et à *Arani*, le double bois qui le produit par le frottement. C'était un souvenir phénicien, puisque ce peuple, d'après Sanchoniaton, avait inventé l'art de produire le feu par le frottement : « Ce furent eux (les phéniciens) qui trouvèrent l'usage du feu en frottant deux morceaux de bois l'un contre l'autre [2]. »

Mais l'Aria n'oublia pas surtout d'adresser ses hymnes les plus sonores, les plus harmonieux, les plus poétiques, les plus pressants aux vaches célestes.

Et quand il demande à ses dieux de lui accorder des riches troupeaux de vaches, ce n'est pas uniquement comme le croit le pudique et innocent M. Marius Fontane pour labourer ses terres ; la loi ne lui permet la culture que lorsqu'il a une nombreuse famille, et que les autres moyens de s'enrichir lui font défaut : autrement il dérogeait ; ce n'est pas non plus pour la faire figurer sur sa table sous la modeste forme de côte d'aloyau ou de pot au feu : la loi lui interdit ce genre d'aliment [3] :

---

1. Elien, ch. XXXIX.
2. Sanchoniaton, rapporté par Eusèbe.
3. Une des lois les plus sublimes de Moïse et dont on ne se rend plus bien compte, aujourd'hui que toutes les infamies Egyptiennes sont tombées dans l'oubli, mais que l'on ne saurait trop admirer, ce fut d'ordonner à son peuple de se nourrir de vache, de manger le Dieu suprême des payens : Il est vrai que les juifs regimbèrent d'abord ; et pendant l'absence de leur impassible législateur ils dres-

Quant au lait, il n'en fallait pas tant pour le sacrifice et pour sa nourriture : mais c'était aussi, pour peupler son harem : la loi permet d'épouser la vache [1].

Il avait le droit d'aimer la vache terrestre comme Indra aimait les vaches célestes : Il ne s'en privait pas.

Nous rencontrons aussi un grand nombre d'hymnes — et cela devait être — en l'honneur de Manou (Minos) beau-père de Bacchus.

Voici un hymne qui est une allusion à la légende de Bacchus qui mourant de soif dans l'Arabie déserte, invoqua son père (Jupiter-Astérius?) lequel lui apparut sous la forme d'un bélier : le dieu frappa du pied pour faire jaillir une source du sol :

« Charmez par vos accents, Indra, le bélier, invoqué par toutes les bouches, célébré par nos hymnes ; (Indra), océan de richesses, dont les (œuvres), favorables aux mortels, s'étendent aussi loin que les mondes célestes [2]. »

La légende grecque pourrait bien elle-même n'être qu'une allusion à Moïse frappant, dans le désert, la roche d'Horeb [3], de sa baguette, pour en faire jaillir une source.

Plus loin on rencontre une allusion à Actéon, petit-fils de Cadmus, changé en cerf, dit la fable, par Diane, que ses yeux imprudents avaient surprise au bain et qui fut dévoré par ses chiens :

« Foudroyant Indra, toi qui portes le tonnerre, tu possèdes une force indomptable. Mais tu sais aussi employer la magie, et quand le magicien se cachait sous la forme d'un cerf, tu l'as frappé, consacrant ainsi ta royauté [4]. »

Dans un hymne suivant, nous trouvons l'épouse du

---

sèrent un veau d'or et se prosternèrent devant lui, jusqu'au retour de Moïse, ou après un rigoureux châtiment le peuple se soumit. Ex. ch. XXXII.

1. Rig-Véda, s. III, lect. II, h. 11, 10. Code de Manou, 1, XI, 173.
2. Rig-Véda, sect. 1, lecture IV, h. V, I.
3. Exode, ch. XVII, 6.
4. Rig-Véda, s. I, l. V, h. XIX, 7.

soleil appelée *Ménâ*; c'est-à-dire la lune : Or, ce mot vient de l'hébreu *Meni*, ainsi que le mot grec *Mené* qui signifie *lune*[1].

Les deux stances suivantes nous donneront une réminiscence complète du fruit défendu de la Genèse :

« Deux esprits jumeaux et amis hantent le même arbre ; l'un d'eux s'abstient de goûter le fruit de cet arbre appelé *pippala*, l'autre le trouve doux et le cueille. »

« Le Seigneur, maître de l'Univers et rempli de sagesse, est entré en moi, faible et ignorant, dans ce lieu où les esprits obtiennent, *avec la science*, la jouissance paisible de ce fruit doux comme l'ambroisie[2] ; » nous ne saurions nous attarder longtemps à cette étude qui pourrait prendre de grandes proportions si l'espace nous le permettait, nous rappellerons seulement que tantôt Bacchus est appelé fils de Manou[3] (gendre de Minos), tantôt Bagha, qui est son nom à peine défiguré[4].

Il n'est pas étonnant que l'Aria offre continuellement ses vœux à Bacchus, ce héros devenu dieu de l'ivresse, qui transporta la vigne et la bière dans les Indes. Et l'on sent dans tous ces hymnes comme un vent de révolte contre la loi de Moïse en faveur de la science qui a causé la première chute de l'homme ; révolte qui plus tard se personnifiera dans la personne de Gaudama, ce roi des libres-penseurs de tous les siècles.

La Vache égyptienne adorée sur les bords du Cophès aussi bien que sur les rives du Nil, est chantée sur tous les rythmes avec cette abondance digne des enfants de Danaüs et de Cadmus, à tel point que les écrivains modernes, matérialisant la poésie des chantres indous, ont vu dans les vaches célestes, les nuages, tout autre chose que des fleurs de rhétorique et que M. Marius Fontane,

---

1. Rig-Véda, s. I, l. VIII, h. IX, 2.
2. Rig-Véda, S. deuxième, l. III, H. VII, 20 et 21 ; pippala vient des mots hébreux pala, séparer, diviser, condamner, et pid, ruine.
3. Rig-Véda, S. VIII, l. III, H. XIII, 40.
4. Rig-Véda, S. VIII, l. III, H. XIII, 36.

dont la naïveté est poussée à la sublimité du genre, confondant après MM. Max Grazia et Jules David, les *Dasyous* avec les habitants autochtones des indes [1] en fait des « Dasyou céleste, invisible, retenant les eaux des rivières ou dérobant les eaux des nuages [2] », ignorant que les Dasyous, ces ennemis redoutables qui ont fini par renverser, ainsi que nous le verrons plus loin, la puissance terrible des Brahmanes, comprenaient :

« Tous les hommes issus des races qui tirent leur origine de la bouche, des bras, de la cuisse et du pied de Brahmâ, mais qui ont été exclus de leurs classes pour avoir négligé leurs devoirs sont appelés Dasyous, soit qu'ils parlent le langage des Barbares (Mlétchhas) ou celui des hommes honorables (Aryas).

« Les fils de Dwidjas (nobles) nés du mélange des classes dans l'ordre direct, et ceux qui sont nés dans l'ordre inverse, ne devant subsister qu'en exerçant la profession méprisée des Cwidjas [3]. »

Nous verrons plus tard Zarathustra s'appuyant sur cette masse de déclassés, fonder un nouvel état dans l'Etat arien, avec ses lois propres et ses mœurs particulières en haine de la tyrannie des Brahmanes et des folies ascétiques des Boudhistes.

---

1. Introduction du Rig-Véda, p. 26.
2. Marius Fontane, l'Inde védique, XV, cet amusant auteur écrit : « Les hymnes védiques sont muets sur ce point, le problème n'est que posé. » Ch. XIII, il fallait lire le code de Manou et le problème n'aurait pas eu à être posé.
3. Loi de Manou, l. X, 45 et 46. M. Burnouf commet la même erreur au mot Dâsa (Dasyou), il écrit : « homme de race non arienne. » Ce mot vient de l'hébreu Dasha, pulluler ; en effet, la masse des Dasyous devait être le produit des mésalliances. La loi de Manou met au rang des Soûdras (ouvriers) les Kâmbodjas, les Tchînas (chinois), les Yavanas (grecs), les Kirâtas (crètois), etc. (L. II, 44), Kchatriyas de naissance qui auraient omis de fréquenter (obéir aux) les Brâhmanes.

CHAPITRE V

Çakountala.

Bacchus inventa le théâtre :

« On dit que Bacchus inventa les farces et les théâtres, et qu'il établit même des écoles de musique. Il exempta de toutes fonctions militaires, dans ses armées, ceux qui s'étaient rendus habiles dans cet art. » Aussi les Arias ne pouvaient manquer d'avoir des auteurs dramatiques, ils ont même divinisé la musique, puisque Indra était suivi d'un corps de musiciens célestes dans sa course flamboyante à travers l'espace.

Des œuvres de Kâlidâsa, nous n'examinerons, au point de vue des réminiscences grecques, que Çakountala, drame en sept actes, d'une grande naïveté, c'est presque une idylle, mais d'une riche poésie.

Partout, dans le courant de ce poème, l'amour lance ses flèches.

« Que j'ai sans cesse enrichi *les autels* par des centaines de stériles offrandes, te sied-il, Amour, de lancer contre moi seulement tes flèches de ton arc vigoureusement tiré [1]. »

« Intimidé lui-même, l'Amour, je le crains, a remis sa flèche à demi-tirée dans le carquois [2]. »

« L'Amour encoche aujourd'hui, mon ami, la flèche de manguier à son arc, afin d'en frapper mon cœur, échappé des ténèbres, qu'avait offusqué le souvenir de ma flamme pour la fille de l'anachorète [3]. »

---

1. Acte III.
2. Acte VI.
3. Acte VI.

« Oh ! mon ami, attends ! que je brise les flèches de l'Amour avec ce parement de fagot qui me sert de canne [1]. »

Il est bien certain que dans ces différents passages, l'Amour est personnifié, il a même des autels, et *les flèches de l'Amour* sont une figure essentiellement grecque, que l'on ne retrouve dans aucun endroit des livres hébreux.

Dans l'acte II, il y a aussi une allusion à la guerre des dieux contre les géants.

« Les dieux, après la guerre engagée contre les démons, n'ont-ils pas reconnu dans leurs assemblées que la victoire n'était pas moins due à son arc bandé qu'au tonnerre d'Indra lui-même ? »

Dans l'acte V, il y a une allusion à la métempsycose qui, du reste était toute la base de la religion Arienne. Or, ainsi que nous l'avons vu, la métempsycose avait été empruntée à la philosophie Egyptienne.

« Si, quand il voit des sites enchanteurs, si, quand il entend des sons mélodieux, l'homme ressent du chagrin au sein même du bonheur, c'est peut-être que l'âme se rappelle une chose oubliée jusque-là et que les amours d'une vie antécédente restent fortement imprimée dans l'esprit. »

Ce drame a été écrit bien après la venue de Gaudama, car il est parlé dans l'acte V d'un mendiant boudhiste, et ce n'est que longtemps après la mort de Phralaong que sa doctrine s'établit sérieusement. Il est écrit en sanscrit.

---

1. Acte VI.

CHAPITRE VI

Le Mahâbhârata.

Le Mahâbhârata n'est pas un poème, mais un recueil, quelque chose d'analogue aux *Mille et une Nuits*.

Nous rappellerons que le Mont Méros y est cité plusieurs fois :

« Tu es digne de la porter, toi, dont la renommée est égale à celle du (Mont) *Mérou* [1]. »

Dans le Paraçourama, nous trouvons un sacrifice aux mânes [2], tel que l'enseigne le code de Manou :

« Je vais vous déclarer, sans rien omettre, quelles sont les offrandes faites suivant la règle, qui procurent aux mânes une satisfaction durable et même éternelle. »

Jamais les Grecs n'oubliaient de faire un pareil sacrifice avant de commencer une affaire importante. Ils avaient puisé cette coutume en Egypte pendant le séjour de leurs ancêtres dans ce pays.

Comme dans le code de Manou (Minos), il y est parlé de Brighou (Bacchus), ancêtre de Râma [3].

Dans la mort de Vritra, il y a une allusion au déluge :

« Par toi, la terre a été autrefois détruite à l'aide de l'Océan. Elle a été restaurée par toi, quand tu pris le corps d'un sanglier, en face de l'univers, ô toi qui a des yeux de lotus [4]. »

Cette histoire du déluge est racontée tout au long dans un autre passage du Mahâbhârata, où un poisson aurait dit à Vaivaswata :

---

1. Kairata, page 174.
2. Page 203. — Lois de Manou, l. III, 266 et suivants.
3. Page 204.
4. Page 227.

« Dans peu, tout ce qui existe sur la terre sera détruit ; voici le temps de la submersion des mondes ; le moment terrible de la dissolution est arrivé pour tous les êtres mobiles et immobiles. En construisant un fort navire pourvu de cordages, dans lequel tu t'embarqueras avec les sept Richis, après avoir pris avec toi toutes les graines. Tu m'attendras sur ce navire et je viendrai à toi, ayant une corne sur la tête, qui me fera reconnaître.

« Vaivaswata obéit ; il construisit un navire, s'y embarqua et pensa au poisson qui se montra bientôt. Le saint attacha un cable très fort à la corne du poisson, qui fit voguer le navire sur la mer avec la plus grande rapidité, malgré l'impétuosité des vagues et la violence de la tempête, qui ne laissait distinguer ni la terre ni les régions célestes. »

Le poisson traîna ainsi le vaisseau pendant un grand nombre d'années et le fit enfin aborder sur le sommet du mont Himmovat (Himmâlaya), où il ordonna au Richis d'attacher son navire. « Je suis Brahmâ, Seigneur des créatures, dit-il alors, aucun être ne m'est supérieur. Sous la forme d'un poisson, je vous ai sauvé du danger. Manou, que voici, va maintenant opérer la création. Ayant ainsi parlé, il disparut, et Vaivaswata, après avoir pratiqué des austérités, se mit à créer tous les êtres [1]. »

On y rencontre aussi la descente aux enfers de Jadishira imitée des Grecs.

La métempsycose égyptienne ne pouvait non plus être oubliée dans ce recueil :

« Certainement, dans *mes naissances antérieures*, j'ai commis quelque faute pour laquelle Brahmâ m'a conduit à des actes qui produisaient les douleurs [2]. »

Le chien tant aimé, tant adoré, devons-nous dire, des Egyptiens, joue un grand rôle dans le Mahâbhârata, il ne pouvait manquer d'y avoir son apothéose [3].

---

1. Lois de Manou, l. I, 62, n. 1.
2. Stripara, p. 255.
3. Mahaprasthanika parva, p. 426.

CHAPITRE VII

Le Râmayana.

Le Râmayana est un poème épique qui, à lui seul, est toute une réminiscence grecque : le plan est absolument le même que celui de l'Iliade. Sitâ, comme Hélène, est enlevée par un prince étranger : Râma, comme Ménélas, rassemble toutes les nations des alentours et marche contre la ville où est cachée sa bien-aimée. Seulement, ici, les guerriers des peuples grecs, sont remplacés par une armée de singes, ce qui étonnerait au premier abord, si l'on oubliait que Valmiki, était on ne peut plus sérieux quand il écrivit son amusant poème et que les Indous, pénétrés des principes de la Métempsycose, regardaient tous les animaux comme leurs frères, à l'instar des Troglodites d'Egypte ; on pourrait croire à une parodie du chef-d'œuvre d'Homère. A part les différences de détail, les deux poèmes sont tellement identiques que notre madré académicien, si légendaire pour ses nombreux plagiats, et qui a élevé le vol littéraire à la hauteur d'un dogme, n'aurait assurément pas mieux fait, sous ce rapport, que le poète Indou.

Nous ne rappellerons pas que le Mont-Méros est continuellement invoqué dans ce poème, nous l'avons assez dit.

La destruction de Bali par Vishnou [1], n'est autre chose que le renversement de *Baal* [2], dont il est tant question dans la Bible.

L'investiture par l'échange des chaussures est aussi empruntée à la Bible [3].

---

1. Page 12 de l'édition de M. Hippolyte Fauche, t. I.
2. Baal, Bali, viennent tous deux du mot hébreu *Bal*, dominer.
3. P. 243, t. I.

La punition du mensonge jusqu'à la septième génération est encore un souvenir hébraïque[1]. Nous ne serons pas étonnés d'y rencontrer des phrases comme celle-ci : « Ce resplendissant taureau du troupeau des hommes... » c'est une réminiscence du culte de la vache, que l'on rencontre continuellement dans l'histoire d'Egypte, et qu'Homère avait aussi rappelé quand il compare les yeux de Junon à ceux d'une vache.

Le labyrinthe de Crète ne pouvait non plus manquer de trouver place dans l'ouvrage de Valmiki : il y est décrit sous les couleurs les plus poétiques ; une troupe de singes conduits par Hanoûmat est entrée dans une caverne « enveloppée de ténèbres, sans soleil, sans lune, horrible, épouvantable. »

Après s'être perdus et avoir supporté de longues souffrances ils arrivèrent dans un lieu charmant, où s'offrit à leurs yeux « une femme Anachorète, vouée au jeûne, vêtue d'écorce et d'une peau de gazelle noire. » Aussitôt le docte Hanoûmat[2], courbant aux pieds de la pénitente sa taille semblable à une montagne, réunit en coupe à ses tempes les paumes de ses deux mains, et : 'Qui es-tu ? lui demanda-t-il. A qui sont ce palais, cette caverne et ces riches pierreries ?

« Auguste sainte, nous sommes des singes, qui parcourons incessamment les forêts ; nous sommes entrés avec imprudence sous les *voûtes* de cette caverne enveloppée de ténèbres, consumés par la faim et la soif, accablés de fatigue, exténués de lassitude, nous avons pénétré dans ce gouffre de la terre, espérant y trouver de l'eau. Mais la vue de cette admirable, céleste et fortunée caverne, d'un parcours impraticable, a redoublé la peine, le trouble et l'aliénation de notre âme...

1. P. 6, t. II.
2. Hanoûmat est lui-même une réminiscence de Phaéton : il voulut aller trouver le Soleil, mais il fut précipité sur un rocher où il se brisa la mâchoire ; d'où lui vient son nom : en sanscrit, *han*, qui tue, mâchoire ; *nudami*, lancer ; de l'hébreu *han*, douleur, *mat*, étendre : (Râm. p. 173, t. II). Ces deux fables ne seraient-elles pas nées de Josué qui arrêta le Soleil un jour. Ce qui arriva aussi à la suite de la mort de Phaéton où l'on fut une journée sans soleil.

— « A ces mots d'Hanoûmat, la pénitente, fidèle à suivre le devoir et qui trouvait son plaisir dans celui de toutes les créatures, lui répondit en ces termes : « Jadis, il fut un prince des Dânavas, savant magicien, doué d'une grande vigueur et nommé Maya[1] ; ce fut par lui que fut construit entièrement cette caverne d'or avec l'art de la magie... » « Alors, exempt de la mort, plein d'une vigueur formidable, maître souverain de toutes les choses qu'il pouvait désirer, il habita quelque temps au sein des plaisirs dans cette immense caverne. »

Maya épousa Hémâ qui hérita de la fameuse caverne, « Hémâ est ma bien chère amie ; je garde, à cause de l'amitié qui nous unit, le palais de cette nymphe, qui excelle dans le chant et la danse. »

Et ayant restauré ce *Thésée* des singes et ses gais compagnons, l'Ariane indoue les congédia par ces mots :

« Ici est le fortuné mont Vindhya, rempli de grottes et de cascades ; là, est le mont Prasravana ; à côté, c'est la mer. La félicité vous conduise, nobles singes ! Moi, je m'en retourne dans mon palais[2] ! »

Ravana, le ravisseur de Sitâ, n'est autre chose que l'hydre de Lerne, dont les dix têtes renaissent aussitôt qu'elles sont abattues[3] :

« Râma..., abattit du corps une des têtes de Râvana.

« Les trois mondes virent donc alors gisante sur la terre cette grande tête coupée. Mais, sur les épaules de Râvana, tout-à-coup s'éleva une autre pareille tête, que le magnanime Raghouide à la main prompte abattit également. On vit décollée encore la seconde tête de Râvana ; mais, à peine eut-il coupé cette horrible tête, que Râma en vit une nouvelle à sa place. On la voit tomber, comme les autres, sous les traits de Râma, semblables à la foudre ; mais autant il en coupe dans sa

---

[1]. Maïa est le nom de la mère de Mercure. *Dânavas* ne désignerait-il pas les Grecs ; de Danaüs leur chef ?
[2]. Page 31, t. II.
[3]. Page 263, t. I, p, 212, t. II.

colère, autant il en renaît sur les épaules de Râvana. Ainsi, dans ce combat, il était impossible à Râma d'obtenir la mort du cruel démon. Enfin il trancha l'une après l'autre une centaine de têtes égales en splendeur ; mais on n'en vit pas davantage se briser la vie du monarque des Rakshasas [1]. »

Heureux temps où l'on avait ainsi des têtes de rechange, combien de savants de nos jours seraient heureux de pouvoir user de ce procédé; au moins à force d'en essayer une nouvelle ils finiraient peut-être par en rencontrer une qui ne soit pas par trop vide.

Il y a une allusion à la destruction des enfants qui, nous l'avons vu, était pratiquée aussi bien aux Indes que dans la Grèce [2].

Les femmes du palais de Râvana sont un souvenir des harpies, et la poursuite de la gazelle, par Râma, n'est autre chose que la poursuite par Hercule de la biche aux cornes d'or et aux pieds d'airain.

Il semble même que Valmiky ait eu particulièrement en vue l'histoire ou plutôt la légende d'Hercule, confondue avec la conquête d'Alexandre le Grand, qui on le sait, prétendait avoir été beaucoup plus loin, et avoir fait infiniment de plus grandes actions que ce héros fabuleux. Râma ne semble à vrai dire qu'un mélange du caractère d'Achille, d'Hercule et d'Alexandre, et Sitâ, une Hésione délivrée par cet Hercule indou, du monstre marin auquel elle avait été abandonnée.

Non-seulement il y a dans ce poème des réminiscences hébraïques et grecques, mais la prise de Tyr par le conquérant Macédonien, a, sans contredit servi de modèle au poète Indien pour le siège de Lanka : Râma [3]

---

1. Page 287, t. II.
2. Page 148, t. I.
3. Râma est un nom juif, qui signifie : lieu élevé, lancer. Il y eut un Rahma, fils de Cus et petit-fils de Cham (Genèse, ch. XI, 7). Des historiens ont voulu voir dans le rapprochement de Bacchus et de Cus, une parenté : le premier serait le fils du second : mais ils ont oublié que Cus vivait peu de temps après le déluge, tandis que Bacchus n'est né qu'après le départ des hébreux de l'Égypte, il n'y a donc là qu'un simple rapprochement de noms.

comme Alexandre s'emparant de l'île Phénicienne, pour enlever l'île de Ceylan, construit une immense chaussée qui part de la terre ferme pour déboucher dans l'île. Qui lit la description de la construction de ce môle, croit lire celle de la jetée, que le conquérant Macédonien fit édifier par ses soldats pour prendre la ville phénicienne : sauf l'exagération Indoue qui est formidable [1].

« A l'ordre de Sougriva, les Singes de s'élancer pleins d'empressement vers le bois par centaines de mille. Là, se chargeant d'açvakarnas, de shorées, de bambous et de roseaux, de koraïyas, de pentapères arjounas, de nauclées, de tilâs, de mulsaris, de bakapoushpas et d'autres arbres ; apportant même des cimes de montagnes, les singes par centaines de mille en construisirent une chaussée dans les eaux de la mer. Les uns d'une force immense, arrachaient à l'envi des crêtes de montagnes ou de roches luisantes d'or, et venaient déposer leur faix dans la main de Nala. Des singes pareils à des éléphants élevaient ce môle de la mer avec des monts aussi gros qu'une ville et des arbres encore tout parés de fleurs.

« Le chemin s'en allait dans la mer, se dépliant sur les dix yodjanas de sa largeur, comme on voit dans la chaude saison un grand nuage se dérouler au souffle du vent.

« Ces travailleurs à la force immense, pour lier entre eux les intervalles de la jetée, couchèrent là des arbres attachés avec des arbrisseaux pullulants de sauterelles, avec des câbles de lianes et de roseaux.

« Les autres par centaines de mille, chargeant d'un seul coup sur leurs épaules des sommets de montagnes, en formaient les assises du môle dans les eaux de la mer.

---

[1]. Cette exagération est parfois poussée si loin qu'elle déroute notre imagination et devient même grotesque. Ainsi le roi des Vautours avait 60,000 ans, dix mille de plus que le *squelette* de Hyell. L'armée des singes était tellement nombreuse qu'une portion seulement comptait par centaines de milliards. Seule, la cervelle d'un savant ne se trouverait pas là dépaysée. Page 170, t. II.

Des singes rapides, vigoureux, secouaient impétueusement et renversaient même dans l'Océan, *roi des fleuves*, les arbres nés sur le rivage [1]. »

Voyons maintenant Quinte-Curce :

« On jetait donc dans la mer des arbres tout entiers avec de grandes branches ; on les chargeait en suite de pierres ; et sur ce double lit on recommançait à jeter d'autres arbres ; puis on entassait de la terre par dessus ; et l'amoncelant de même sur d'autres lits de pierres et d'arbres, on venait à bout d'en faire comme un lien qui donnait de la consistance à l'ouvrage [2]. »

Certes, on ne dira pas ici qu'Alexandre a voulu imiter Râma ; l'histoire n'imite pas le roman : et de plus Alexandre comme la plupart des grecs, croyait que les Indous ignoraient l'écriture tandis que les Arias connaissaient parfaitement Alexandre qu'ils avaient vu à Nysa et sur le mont Méros et ne pouvaient ignorer son histoire. Au reste, Alexandre a pris Tyr avant d'aller faire la conquête des Indes.

Il y a dans ce poème une peinture de bûcher où la femme se brûlait — quand elle perdait son mari —; ici c'est une épreuve par laquelle passe Sitâ pour prouver qu'elle est restée pure entre les mains de son ravisseur.

La création des hommes après le déluge par Deucalion dont les pierres lancées se métamorphosaient en hommes a été naturellement imitée par Valmiky d'une manière assez originale, que nous recommandons à MM. Renan, Saffray, d'Assier e tutti quanti. « Jadis, lancé par le vent, un grain de poussière entra dans *l'œil gauche* du maître des créatures, et le contact de cet hôte incommode lui causa une impression douloureuse. Brahmâ le prit donc avec la main gauche et l'envoya

---

[1]. Cette épithète de *roi des fleuves*, donnée à l'Océan est remarquable, quand nous nous rappelons que les Égyptiens avaient donné ce nom d'Océan (oceames, mère nourrice), au Nil, ce roi des fleuves. Diodore, l. I, sect. I, X. Râmayana, page 163 et 164.

[2]. Quinte-Curce, *H. d'Alexandre*, l. IV, ch. III, 12.

tomber au loin ; puis cette pensée lui vint à l'esprit : « Que va-t-il naître de cela ! » A l'instant même s'éleva une forme de jeune fille aux yeux de lotus, aux regards tremblants comme l'éclair, au visage rond comme le disque de la lune, et brillant comme un flocon d'écume sur lequel vacille un rayon de lumière [1]. »

Si le grain de poussière était entré dans l'œil droit de Brahma et que le dieu l'eût jeté loin de lui qu'en serait-il arrivé ?

Peut-être bien un homme ?

Grave question que nous soumettons à la sagacité des savants de notre temps; eux, qui savent si bien trouver la généalogie humaine jusque dans des fetus de singe ou des œufs de poissons. Après tout, autant vaut descendre d'un grain de sable que d'une huître ; du moins c'est mon opinion. Nous abandonnons volontiers à ces messieurs leur vanité de race.

A quelle époque le Râmayana a-t-il été écrit ?

Si nous en croyions Michelet qui, dans son style emphatique au suprême degré, nous dit :

« Maintenant qu'il a apparu dans sa vérité, sa grandeur, il est facile de voir que, quelque soit le dernier rédacteur, c'est l'œuvre commune de l'Inde, continuée dans tous ses âges.

« Pendant deux mille ans, peut-être on chanta le Râmayana dans les divers chants et récits qui préparaient l'épopée. Puis, depuis près de deux mille ans, on l'a joué en drames populaires, qui se représentent aux grandes fêtes [2]. » Il y aurait au moins quatre mille ans.

Nous demanderons avec tous les égards dûs à l'un des plus grands polichinelles du siècle : vous parlez de deux mille ans plus deux autres mille ans, ce qui fait quatre mille ans, mais à partir de quand ? Vous oubliez de le dire; est-ce avant le Christ ou avant M. Michelet ? Le devine qui

---

1. P. 174, t. II.
2. Michelet, la Bible de l'humanité, le Râmayana.

pourra; supposez que ce soit avant la date où a paru la Bible de l'humanité, cela ferait encore 2136 ans avant l'ère vulgaire, puisque la Bible de l'humanité a été publiée en 1864[1]. Or comme l'Arianie a été colonisée par Bacchus quinze cents ans environ avant notre ère, ce qui tout compte fait établirait que le Râmayana, aurait été écrit six cents ans avant que l'écriture ne fût connue sur les bords de l'Indus. Cela est peut-être très croyable pour un libre-penseur qui, comme on le sait, ne marche qu'appuyé sur la logique et la raison, mais pour un crédule chrétien cela est difficile à accepter ; voyons donc quelque chose de plus sérieux ; si le Râmayana a été écrit par un seul poète, et pourquoi pas ? Il y a un ensemble complet de doctrine, de conception, de plan, qui ne laisse guère de doute à cet égard ; dans ce cas la prise de Lanka établirait sans conteste que ce curieux poème a été composé après la conquête de l'Inde par Alexandre. Un passage du commencement de l'ouvrage semble encore indiquer qu'il a été fait à cette époque :

« A l'aspect de Viçvâmitra moissonnant par centaine les Pahlavas, Çabalâ en créa de nouveau ; et ce furent les formidables Çakas, mêlés avec les *Yavanas*[2] (les grecs). »

Ce qu'il y a de certain c'est que Râma, resté fidèle aux lois de Manou, puisqu'il portait de longs cheveux et n'avait pas la tête rasée comme les Boudhistes, vivait cependant après la venue de Boudha puisqu'il l'attaqua fortement en s'adressant à son frère Bharata[3], qui occupait son trône à sa place et était venu le voir dans la forêt où le héros s'était retiré pour subir sa pénitence.

« Tu ne fréquentes pas, j'espère, des *Brahmanes athées* ? Car ce sont des insensés, habiles tisseurs de futilités, orgueilleux d'une science inutile. D'une nature difficile pour concevoir une autre théologie plus élevée,

---

1. Bouillet.
2. Râmayana, t. I, p. 56. Trad. d'H. Fauche.
3. Bharata vient de l'Hébreu, Bara, créer, en sanscrit, qui porte.

ils te viennent débiter de vaines subtilités, après qu'ils ont détruit en eux la vue de l'intelligence ! As-tu soin d'imiter, jeune taureau du troupeau des hommes, la conduite que l'on admire en ton père [1]. »

Il n'est pas possible de désigner plus clairement les Boudhistes, *ces savants athées* des bords de l'Indus qui, ainsi que nous le verrons dans le livre suivant, à la suite de Gaudama, avaient, au nom de la raison, détruit la théogonie Arienne pour y substituer le culte de la science.

Il en résulte que cet ouvrage n'a pas pu être fait avant le VIe siècle qui a précédé le Christ ; mais si l'on tient compte que le Boudhisme a longtemps été à l'état latent avant d'entrer en lutte avec le Brahmanisme, on doit en conclure qu'il n'a dû être fait que beaucoup plus tard, car ce passage dénote une phase aiguë entre les deux partis rivaux et en supposant même que Valmiky ait fait vivre son héros à l'époque même ou le poème a été composé, cette époque s'identifierait avec celle d'Alexandre.

Ainsi que l'ouvrage précédent, le Râmayana est écrit en sanscrit.

---

[1]. Râmayana t. I, p. 228.

LIVRE VI

Boudha.

A côté des lois immorales et contre nature édictées par le code de Manou, on rencontre plusieurs préceptes réglant les mœurs des Brahmanes qui voudront ou devront faire pénitence. Quelques-unes de ces lois ont été le point de départ de toute la doctrine de Boudha, combinées avec celles qui traitent de la métempsycose. La loi de Manou avait dit :

« Ce n'est pas une faute que de manger de la viande, de boire des liqueurs spiritueuses, de se livrer à l'amour dans le cas où cela est permis ; le penchant des hommes les y porte, mais s'en abstenir est très-méritoire [1]. »

---

1. Lois de Manou, l. V, 56. — Le lyrique Michelet s'écrie avec cette fausse sentimentalité qui n'a d'égale que son emphase : « Vraie bénédiction du génie. Tandis que, dans notre occident, les plus secs et les plus stériles font les fiers devant la nature, le génie Indien, le plus riche et le plus fécond de tous, n'a connu *ni petit, ni grand*, a généreusement embrassé *l'universelle fraternité* jusqu'à la communauté d'âme. » (*Bible de l'Humanité*, 1re partie, ch. VI.) Elle est belle ! elle est noble ! elle est grande ! elle est vraiment adorable cette *universelle fraternité* ! qui permet au noble de dépouiller l'ouvrier, et qui le fait fouler aux pieds des éléphants pour le moindre larcin ; qui force la femme à mourir avec son mari et détruit les enfants mal venus ou laids ; vous pouvez en être fiers, O grand pontife du Pathos ! car c'est le plus beau monument de l'infamie humaine, développant les sombres ailes de son génie loin des dogmes de Jéovah; oui, chez ce peuple qui a poussé la métempsycose jusqu'aux derniers échelons de la folie, c'est un crime de tuer un chat, mais l'enfant sera détruit sans pitié s'il n'est pas bien conformé ; on respectera l'existence d'un moucheron, mais le vieillard devra mourir quand sa vie deviendra à charge à ses proches ; on sera l'objet de la réprobation universelle pour mettre à mort un crocodile, mais le Brahmane expiera les plus grands crimes en lisant le *Rig-Véda* et les autres

« Ce n'est qu'en faisant du mal aux animaux qu'on peut se procurer de la viande, et le meurtre d'un animal ferme l'accès du Paradis ; on doit donc s'abstenir de manger de la viande sans observer la règle présente. »

« En considérant attentivement la formation de la chair et la mort ou l'esclavage des êtres animés, que le *Dwidja* s'abstienne de toute espèce de viande, même de celle qui est permise [1]. »

« Quelle que soit la qualité qu'il lui ait donnée en partage au moment de la création, la méchanceté ou la bonté, la douceur ou la rudesse, la vertu ou le vice, la véracité ou la fausseté, cette qualité vient le retrouver spontanément dans les naissances qui suivent [2]. »

Gaudama [3], frappé de l'état misérable des hommes qui

---

fautes par trois suppressions d'haleine [1] ; celui qui tuera un chien sera maudit, mais la femme, sous peine d'être déshonorée, devra mourir avec le tyran de sa vie. C'est le comble de la déraison aussi bien que du despotisme, comme de la barbarie. Michelet et ceux qui l'imitent auront beau couvrir de fleurs cette abominable loi de Manou, cette puanteur montera toujours du sein de la société arienne pour attester que le génie de l'homme n'a pas de limites quand il se vautre dans les turpitudes du despotisme humain !

1. Code de Manou, l. V, 48, 49.
2. Lois de Manou, l. I, 29.
3. *Gaudama, Boudha, Phra, Phralaong* ou *Phralaaong, Sakiamouni* ou *Thakiamouni, Joulaï* sont des noms différents qui désignent un seul et même individu.

« *Gaudama* était un Hindou... il acceptait les généalogies fabuleuses des rois, telles qu'on les trouvait dans les livres de son temps [2]. »

Le roi *Thoudaudana* serait son père et *Maia* sa mère. *Gaudama* était donc son nom de famille. Il se fit appeler *Boudha*, en débutant dans la carrière philosophique ; il prétendait avoir été *Phra* dans une vie antérieure. Il se dit *Phralaong*. *Phra* était le synonyme de *Boudha*.

« *Alaong* est un dérivatif du verbe *Laong*, voulant dire qu'on débute dans une voie de progrès qui doit mener à quelque chose de parfait [3]. »

---

1. Lois de Manou, l. VII, 70, 71, 72.
2. Légende de Gaudama, ch. Ier, p. 19, n. 1. La légende de Gaudama est écrite en pali.
3. Légende de Gaudama, ch. Ier, p. 26, n. 1.

devaient passer par des centaines d'existences avant d'arriver au repos final, enseigna que celui dont la vie serait exempte de toute faute, qui ferait abstinence de viande, de plaisirs et de femmes, arriverait de suite à la mort éternelle sans passer par toutes les transformations successives ordonnées par la loi. Et que celui dont la somme des mérites surpassait la somme des démérites, entrerait à sa mort au siège des nats¹ (purgatoire), et après l'épuisement des mérites excédants, renaîtrait dans le corps d'un être considéré comme heureux ici-bas, possédant, soit les avantages de la situation en tant que roi, prince, puissant ou riche, soit les avantages de la science en tant que Brahmane ou philosophe ; mais que les âmes des autres entreraient dans le corps des animaux ; il annonça que pour acquérir la science, il fallait être absolument maître de ses sens en s'abstenant de tous les plaisirs de la vie ; il donna l'exemple en quittant sa femme et son enfant, et il se retira dans un désert. La perfection qu'il enseigna consiste en l'indifférence complète à l'égard du plaisir et de la peine et mène tout droit à l'anéantissement final. Sa doctrine devait avoir dans la suite des temps un immense retentissement en Asie. C'est qu'en effet, les conséquences de la métempsycose étaient terribles, ne voir jamais de fin aux misères, aux douleurs, aux souffrances, aux angoisses, aux injustices, aux lâchetés de la vie, quitter une existence douloureuse pour retomber de suite dans les affres d'une nouvelle vie, devait à certains esprits sembler intolérable.

La doctrine de Boudha poussa au suprême degré les préceptes de l'abstinence de la viande.

Il fut défendu à ses disciples de tuer même les plus

On le désignait aussi sous le nom de *Sakiamouni* ou *Thakiamouni*, notamment chez les Birmans et en Chine.

1. L'état de nat est un état de plaisirs et de divertissements accordés à ceux qui dans les existences antérieures ont fait des œuvres méritoires, les êtres qui l'habitent y restent jusqu'à ce que la somme des mérites étant épuisée, ils retournent sur la terre sous une nouvelle forme humaine.

misérables insectes ; aussi le moine (Talapoin) devait-il être muni d'un filtre pour dégager l'eau qu'il buvait de tous les animaux dont la mort aurait constitué à son débit un redoutable *démérite* [1].

En ce qui concerne l'abstinence des femmes, Boudha exagère la prudence aussi loin que possible en interdisant, conformément à la loi de Manou, toute relation mondaine du moine Boudhiste avec même sa mère ou sa fille [2]. Jamais une femme ne devait entrer dans un couvent de Boudhistes. « Il est défendu aux Phongies de rester sous le même toit, ou de voyager dans la même voiture ou le même bateau que les femmes; ils ne peuvent rien recevoir de leurs mains. Les précautions sont poussées si loin qu'il n'est pas permis aux religieux de toucher les vêtements d'une femme, ou de caresser une petite fille si jeune soit-elle, ou même de toucher un *animal femelle* [3], et si par absolue nécessité, il doit se trouver en présence d'une femme, il ne doit jamais être seul [4].

Le Talapoin ne pourrait même tendre la main à sa mère si elle était tombée dans un puits.

Boudha a aussi emprunté au Code de Manou la médication par l'urine de Vache, venant, comme nous l'avons vu, des bords du Nil.

« Il est obligatoire pour un élu d'employer comme médecine l'urine de vache, dans laquelle on a exprimé le jus d'un citron ou de tout autre fruit acide [5]. »

Aucun homme contrefait ne pouvait être admis parmi les Boudhistes, c'était un précepte emprunté à la Bible [6].

La confession juive que nous avons signalée dans le code de Manou était aussi dans les pratiques boudhistes :

---

1. Bigaudet, Légende de Gaudama, ch. IV. — Lois de Manou, l. VII, 70 à 72.
2. Lois de Manou, l. II, 215.
3. P. Bigaudet, Légende de Gaudama, Notices sur les Phongies, art. V. Ceci était prudent, en considération des mœurs effroyables du temps.
4. Légende de Gaudama, ch. XIV.
5. Légende de Gaudama. Lévitique, XXI, 17 à 21.
6. Notices sur les Phongies, art. IV, 4.

« Le lecteur sera sans doute surpris de cette révélation inattendue, que la pratique de la confession a été établie parmi les Talapoins et qu'elle est observée jusqu'à présent, bien qu'imparfaitement, par tout religieux fervent [1]. »

Pour nous qui avons vu la filiation qui existe entre les Arias et les Hébreux, il n'y a rien là que de très naturel et qui ne peut nous étonner. Voici les trois préceptes pris dans les règles Boudhistes, dans le code de Manou et dans la Bible [2] :

« Lorsqu'un Rahan s'est rendu coupable d'une violation de la règle, il doit aller immédiatement à son supérieur, et, s'agenouillant devant lui, lui confesser son péché [3]. »

« L'homme qui a volé de l'or à un Brâhmane doit aller trouver le roi, lui déclarer sa faute et lui dire : « Seigneur, punissez-moi [4]. »

« Quand donc quelqu'un sera coupable dans l'un de ces points-là, il confessera de quoi il aura péché [5]. »

C'est encore au code de Manou que Boudha emprunta l'observance de l'aumône du peuple à l'égard des moines, en effet on y lit :

« Quand même on n'invite qu'un seul Brâhmane instruit à l'oblation aux dieux et à celle aux Mânes, on obtient une belle récompense, mais non en nourrissant une multitude de gens qui ne connaissent pas les livres saints.

« C'est à un Brâhmane distingué par son savoir qu'il faut donner la nourriture consacrée aux Dieux et aux Mânes [6]. »

---

1. Notices sur les Phongies, art. V,
2. Nous avons, dans le *Droit divin de la Démocratie*, ainsi qu'au commencement de cet ouvrage, constaté que la confession juive a été retrouvée au Pérou.
3. Notices sur les Phongies, art. V.
4. Lois de Manou, XI, 99.
5. Lévitique, ch. V, 5.
6. Lois de Manou, l. III, 129, 132.

En ce qui concerne le Boudhisme :

« Le céleste visiteur lui dit que le don des aumônes ne pouvait lui procurer que son admission aux sièges des nats, mais que l'observation exacte des prescriptions de la loi ouvrait la voie aux sièges des Brahmanes [1]. « Ces mérites sont strictement proportionnés au degré de sainteté ou de perfection de *celui qui reçoit l'aumône* [2]. »

C'est aussi aux Brahmanes que les Boudhistes avaient emprunté la procession des images [3]. Aussi cela ne fait-il aucun doute que le Boudhisme ne soit un rejeton du Brahmanisme.

« Nous le trouvons rempli de principes, de pratiques, d'observances et de dogmes appartenant au grand système Hindou. Gaudama étant lui-même un Hindou, élevé dans une société Hindoue, dressé dans les écoles Hindoues de philosophie, avait dû subir l'empreinte des opinions et des coutumes de ses contemporains. Il s'en éloignait, il est vrai, sur beaucoup de points importants, mais dans l'ensemble de son enseignement, il paraît avoir concordé avec eux [4]. »

Boudha n'inventa à peu près rien, il trouva les couvents d'anachorètes Brahmanes tout établis [5], qui déjà luttaient par une vie ascétique contre les débordements de mœurs que les Arias avaient contractées en Egypte. On pourrait peut-être dire qu'ils les consacraient puisque ces couvents ne pouvaient renfermer que les membres de la première caste, et que ces Brahmanes n'y entraient généralement que pour un temps afin d'expier

---

1. Bigaudet, Légende de Gaudama, extrait du Djats.
2. Légende de Gaudama, ch. IX.
3. Abel Rémusat, Foè Kouè Ki, ch. III, n 11.
4. Bigaudet, Notices sur les Phongies.
5. Les Pharisiens, en Judée, croyaient ainsi que les Brahmanes et les Boudhistes à la métempsycose. Ils avaient évidemment puisé cette doctrine en Egypte ; aussi bien qu'eux, ils croyaient l'immortalité de l'âme. Les Esséniens croyaient à l'immortalité de l'âme et à un Dieu créateur. Les Saducéens ne croyaient pas en l'immortalité de l'âme. Les Esséniens avaient des couvents comme les Brahmanes et les Boudhistes.

un crime qui, pour eux, n'entraînait aucun châtiment corporel, mais seulement une pénitence et quelques austérités.

S'emparant de quelques bribes de la loi juive apportée par Bacchus avec le torrent des infamies égyptiennes, il s'en servit pour essayer d'arracher ses contemporains aux désordres de son temps. Malheureusement l'orgueil l'aveugla, et, souvenir encore de la Bible, il naquit au pied de l'arbre de la science, ou plutôt cet arbre sortit de terre à l'instant même de sa naissance [1]. Aussi, Phralaong fut-il proclamé Boudha au pied même de cet arbre alors qu'à l'aide de la science il avait anéanti toutes ses passions, tous ses désirs, toutes ses sensations.

« Phralaong se dit alors : « La connaissance des quatre grandes vérités est la vraie lumière capable de dissiper l'ignorance et de procurer la science réelle au moyen de laquelle on pourra parfaitement s'arracher au tourbillon des existences ou à l'état d'illusion. »

Ces quatre vérités sont : 1º les misères de l'existence; 2º la cause productive de la misère, qui est le désir sans cesse renouvelé de se satisfaire, sans qu'on puisse jamais y parvenir ; 3º la destruction de ce désir ou le moyen de s'y soustraire soi-même ; ce qui est une affaire importante digne de la plus sérieuse attention ; 4º le moyen d'obtenir l'annihilation individuelle de ce désir, lequel n'est fourni que par les quatre Meggas, ou grands chemins menant à la perfection [2].

Et le résultat final de cette science qui devait arracher le genre humain à cette désolante transmigration et à ses dieux ridicules, fut l'anéantissement final : la terrible sentence de la Genèse :

« De ligno autem scientiæ boni et mali ne comedas, in quocumque enim die comederis ex eo, morte morieris [3] ! »

---

1. Légende de Gaudama, ch. II; tous les Boudhas devaient naître au pied de cet arbre,
2. Légende de Gaudama, ch. V.
3. Genèse, ch. II, 17. Confucius, persuadé de cette grande vérité, dit avec beaucoup de sagesse: « Recommandez au peuple l'observation des lois et *non l'étude des sciences.* »

Mais si Boudha poussa jusqu'à l'exagération quelques-uns des préceptes de Manou, il se sépara courageusement de quelques-unes de ses plus terribles lois : il proclama l'égalité devant la science ; il admit dans ses couvents de savants tous les Indiens, qu'ils fussent Brahmanes, Kchatriyas, Vaisyas, Soudras ou même Dasyous, qu'ils fussent blancs, jaunes ou noirs [1], lui-même était jaune [2] et conséquemment Dasyou, fils, soit d'un Brahmane, soit d'un Kchatriya et d'une négresse.

Il affirma que tous ceux qui avaient franchi la mer des passions et dont la science avait su dominer tous les sens, étaient véritablement Arias [3]. Ainsi, il ne dédaigna pas d'admettre dans ses rangs une troupe de comédiens :

« Un jour, on annonça qu'Ouggasena jouerait à l'extrémité d'un mât de 60 coudées de hauteur. Une foule immense de citoyens s'empressa d'aller voir la représentation. Les divertissements ne faisaient que commencer quand Boudha vint à passer avec quelques disciples. Il envoya Maukalan en avant pour prêcher Ouggasena. Bientôt il vint en personne et convertit le jongleur, qui descendit aussitôt de son mât, se prosterna devant Boudha et demanda à être admis comme membre de l'assemblée. Après d'autres instructions, il obtint la science de Rahanda. Sa femme et toute sa troupe se convertirent également [4]. »

Mais s'il proclama l'égalité des citoyens des quatre classes et des Dasyous, il n'alla pas jusqu'à abolir l'esclavage, c'est fâcheux pour sa gloire. En effet le roi de Radjazio fit cadeau de huit esclaves à Thoumana pour le récompenser de sa libéralité envers Boudha et le réformateur ne s'éleva pas contre ce procédé [5].

---

1. Légende de Gaudama, ch. XV.
2. Foè Kouè Ki, ch. XIII.
3. Légende de Gaudama, ch. XII. — Draper, *Histoire du développement intellectuel de l'Europe*, ch. III.
4. Légende de Gaudama, ch. IX, V.
5. Légende de Gaudama, ch. VIII.

Phra se sépara encore des Brahmanes, dans l'adoration des dieux. La théogonie grossière des Arias ne pouvait séduire un esprit aussi puissant, et la niaiserie de leur religion fut un de ses arguments les plus irréfutables pour établir sa doctrine ; il est vraiment regrettable qu'il n'ait pas su s'élever jusqu'à la connaissance du vrai Dieu, créateur de toutes choses, et si ses raisonnements spécieux devaient avoir raison facilement des pratiques ridicules d'un culte insensé, cette doctrine laissait le cœur et l'esprit absolument vides et refoulait les aspirations humaines vers un avenir meilleur comme un cauchemar sans réveil.

« Il commença par reprocher au Rathi d'enseigner à ses disciples le culte des montagnes, des arbres, des rivières et de tout ce qui existe dans la nature. Il l'initia ensuite à la connaissance des quatre grandes vérités. Eggidata voyant la vérité, se convertit immédiatement avec tous ses disciples [1]. »

Il écrasa le polythéisme idiot des Arias, mais il le remplaça par l'athéisme navrant du savant. Aux yeux de la raison humaine, c'était peut-être un progrès, mieux vaut ne rien adorer du tout que de rendre un culte ridicule à des objets, à des corps insensibles ; mais selon la raison absolue, ce n'était remplacer l'ignorance stupide du peuple le plus aveugle de la terre que par le vide orgueilleux de l'esprit humain ; les Arias rendaient à la matière des hommages qui ne sont dus qu'à Dieu, Sakya Mouni refusait au Créateur de lui rendre les hommages que la créature lui doit. Aussi nous dirons du paganisme indou et des libres-penseurs de l'Asie, ce que Plutarque a dit avec tant de justesse, il y a deux mille ans, du paganisme de l'Egypte et des athées de ce pays :

« Mais le plus grand nombre des Egyptiens en adorant les animaux eux-mêmes, en les entourant d'hommages, comme si c'étaient des dieux, n'ont pas seulement

---

1. Légende de Gaudama, ch. VIII.

chargé leur liturgie de pratiques ridicules et bouffonnes, ce qui est le moindre mal de toutes ces absurdités ; ils ont encore donné lieu à des opinions funestes qui ont fait succomber, sous la superstition la plus grossière, les esprits faibles et sans malice, et qui ont développé l'*Athéisme*, avec ses plus farouches théories, chez les hommes énergiques et audacieux [1]. »

C'est là le rôle que voudraient jouer parmi nous les libres-penseurs ; mais la situation est à mille lieues d'être la même ; Gaudama n'avait qu'à pétrir un peuple courbé sous des pratiques absurdes et ridicules et écrasé sous le talon despotique d'une aristocratie corrompue, vaniteuse, cruelle, despotique et farouche, il lui était facile de recueillir des prosélites en leur montrant, au nom de la science, toute la stupidité qu'il y avait à adorer des objets, astres, arbres ou montagnes, qui ne pouvaient avoir aucune influence sur leurs destinées et en ouvrant les bras à des malheureux qui étaient écrasés par de tout puissants maîtres, comme en leur faisant entrevoir un repos éternel, succédant à ces transmigrations sans fin, auxquelles l'homme infortuné était à tout jamais livré, éternel cycle dans lequel tournait la terrible destinée des humains, effroyable et perpétuel cauchemar qui empoignait, dans ses serres impassibles, la victime à sa naissance et ne l'abandonnait même pas à sa mort. Il n'en est pas ainsi pour les libres-penseurs de nos jours ; ils offrent bien le néant, comme les libres-penseurs de l'Inde, mais ce néant vient remplacer une promesse de récompense éternelle aux bons, après une seule existence vertueuse ou terminée par un sincère repentir, et des punitions aux méchants qui ont pu échapper aux lois des hommes durant leur existence ou qui ont été protégés par elles et qui sont morts exilés du repentir.

Il n'y a donc que les hommes absolument pervers qui puissent désirer le néant ; ceux qui ayant commis de tels crimes et qui éloignés de toute croyance religieuse,

---

1. Plutarque, sur Isis et Osiris, 71.

se rient jusque dans la tombe de la justice divine. Heureusement ils sont en bien petit nombre parmi nos sociétés chrétiennes, musulmanes et juives.

De plus, les libres-penseurs n'ont pas à renverser, tout au moins en France, une aristocratie qui n'existe pas. Gaudama, relativement parlant, avait la raison de son côté ; M. Renan et ses adeptes, absolument parlant, n'ont que la déraison. Ensuite le génie de Sakyamouni était à mille coudées au-dessus de celui du libre-penseur français. Un aigle à côté d'une *autruche* [1], sans jeu de mots.

Il est bien facile à l'Athéisme d'avoir raison du polythéisme qui n'est qu'un tissu de folies, mais il échouera toujours en face du monothéisme, parce que le mensonge n'a pas de prise sur la vérité.

Phra était-il sincère quand il racontait toutes les aventures qui lui étaient arrivées dans des existences précédentes, comme par exemple lorsqu'il dit que : « Dans une existence antérieure, *étant un bœuf* [2], il avait retiré d'un passage embourbé, un chariot lourdement chargé, pour sauver la propriété d'un Brahmine et réjouir son cœur ? » Evidemment non ; si bercé qu'il ait été, dans les langes de la métempsycose, il pouvait bien y croire en général, mais personnellement il savait bien que tout ce qu'il affirmait comme lui étant arrivé dans des existences précédentes, n'était qu'un mensonge, son intelligence était trop élevée pour qu'il ne sût pas, s'il l'avait jugé utile à son système et à son ambition, se débarrasser de ces folles superstitions ; mais il n'était pas possible et il n'est pas admissible qu'il allât jusqu'à croire sérieusement que tels ou tels faits lui étaient arrivés, dans d'autres vies, comme il le narrait toujours à ceux qu'il voulait amener à lui. Il était donc de mauvaise foi, et en cela il ne violait pas le code de Manou [3], il suivait le précepte de l'apôtre du

---

1. Renan, comme nous l'avons déjà dit, vient de l'hébreu, *Ranan*, qui signifie chanter, crier. *Autruche* et grenouille.
2. Légende de Gaudama, ch. IX.
3. Lois de Manou, l. VIII, 103. L'homme qui avait menti n'avait qu'à se rincer la bouche pour être lavé du mensonge, (lois de Manou, l. V, 145). C'était commode.

mensonge, M. Renan, qui a proclamé hautement que celui qui voulait diriger les peuples avait parfaitement le droit de les tromper ; ce qu'il met journellement en pratique, quand il donne des 15 ou 20 mille ans à telle ou telle nation, car l'auteur de la vie de Jésus est trop intelligent pour croire un seul mot de ce qu'il avance. N'est pas niais qui veut.

Boudha n'était pas de meilleure foi lorsqu'il parlait de millions d'années[1] ; il savait bien que cela n'était pas possible : mais les hommes aiment à ce qu'on leur parle de l'antiquité de leur race ; et à mentir, il faut le faire d'une manière qui en vaille la peine ; ce n'est pas lui qui serait resté comme nos libres-penseurs du jour, dans des données presque raisonnables : il était trop habile pour cela ; la raison ne séduit que les hommes honnêtes : et les fous ne sont entraînés que par les grandes extravagances ; celui qui ne ment que timidement comme M. Renan, ne convainc personne ; il n'a plus pour lui les honnêtes gens et il n'a pas ceux qui aiment la folie complète. Boudha, lui, beaucoup plus logique, n'employait sciemment que des moyens dignes d'entraîner tous les amateurs de choses extraordinaires. Mais comme nos savants il était illogique en prêchant comme eux le Neibban et en parlant de morale éternelle ; comme s'il pouvait y avoir une morale pour l'homme sans Dieu : comme s'il n'était pas le maître absolu de sa destinée et avait des comptes à rendre à qui que ce soit de ses actions[2] : toutefois Phra était moins illo-

---

1. Foè Kouè Ki, n. 14, ch. XXXIX. L'âge des sages est de 230 millions d'années, dont 151,200,000 sont déjà écoulées, et pendant lesquelles mille Boudhas doivent se succéder pour le salut de tous les êtres. La légende de Gaudama parle même de myriades de siècles. Notices sur les Phongies, art. I.
2. On s'est demandé si le libre-penseur pouvait être honnête? cette question n'a pas sa raison d'être ; du moment qu'il n'y a pas de Dieu, le bien et le mal n'existent pas ; puisque le mal n'est que la désobéissance aux ordres de Dieu : conséquemment l'honnêteté et la malhonnêteté n'existent pas non plus. Chacun a le droit de faire ce qu'il veut. — Les lois sont le résultat de la volonté des maîtres du jour et nous avons vu que ce que nous considérons, selon la morale Chrétienne, comme d'abominables crimes, avait été permis par toutes

gique qu'eux car il promettait en récompense d'une conduite honnête la fin des transmigrations, comme nous l'avons dit plus haut, tandis que les libres-penseurs ne promettent que l'anéantissement final à des Chrétiens qui croient à des récompenses éternelles après un seul temps passé sur cette terre. Boudha s'était encore séparé des Brahmanes dans plusieurs observances qui sont loin d'avoir la même importance que la proclamation de l'égalité et l'extinction des transmigrations, en arrivant à l'insensibilité morale, mais dont nous devons relater les deux principales, l'une parce que nous la trouverons ridiculisée dans l'Avesta, l'autre parce qu'elle amena la mort de Boudha, dont l'âme avait pu atteindre à l'insensibilité absolue, mais non le corps.

Chaque candidat, devait être sans infirmité en conformité du Code de Manou [1]; il était admis au nombre des Phongies [2], après avoir eu la barbe et les cheveux rasés, ce qui était une violation flagrante de la loi qui dit formellement : « Qu'il porte (l'Anachorète) toujours ses cheveux longs et laisse pousser sa barbe, les poils de son corps et ses ongles [3]. » Ce qui était conforme à l'histoire de Bacchus qui en partant pour les Indes, avait fait vœu de ne pas se couper les cheveux. Vœu qui fut observé par une certaine partie des Egyptiens [4], mais le plus grand nombre suivait la loi générale des bords du Nil : ils se rasaient de la tête aux pieds ; cette coutume a passé jusqu'en Chine, où les habitants se rasent encore la tête, sauf le sommet ; on la retrouve aussi chez les Garamantes, peuple voisin de l'Egypte et des Nasamons [5].

---

les lois de la terre, Grecques, Romaines, Perses, Ariennes, Phéniciennes, Gauloises, Américaines et Egyptiennes. Donc celui qui n'a pas de Dieu peut tuer, voler, piller, violer les femmes, prendre celles de ses voisins, etc., en suivant les préceptes légaux et conséquemment être estimable selon les lois où il vit. Selon ces lois il sera honnête, selon la doctrine Chrétienne et Juive il sera malhonnête.

1. Diodore, l. IV, II. — Légende de Gaudama, ch. XIV.
2. Légende de Gaudama, ch. III.
3. Lois de Manou, l. VI, 6. Cette coutume fut constatée par les soldats d'Alexandre aux Indes. Diodore, l. XVII, LVII.
4. Diodore, l. I. S. I, IX.
5. Hérodote, l. IV, ch. CLXXV.

C'est évidemment Sésostris qui l'a introduite en Chine lors de sa conquête des Indes.

Phra permit aussi à ses disciples, en violation de la loi de Manou de manger du porc ; et donnant l'exemple il s'en régala si bien, qu'un jour il en mourut ; ce qui longtemps encore après sa mort, fut le sujet des plaisanteries des Brahmanes. Nous trouvons dans la vie de Boudha plusieurs réminiscences de l'existence de Bacchus, ce qui n'a rien que de très naturel, d'après tout ce que nous savons de l'histoire de ce héros ; en effet Bacchus naquit de Sémélé qui mourut en lui donnant le jour et un coup de tonnerre accompagna cet événement [1].

La naissance du Boudha devait toujours être saluée d'un tremblement de terre [2] et sa mère devait mourir le septième jour après sa naissance, afin que, à l'instar de la mère de Bacchus, elle n'eût plus d'enfant. La mère du bœuf Apis, consacré à Bacchus, en Egypte ne pouvait plus, ainsi que nous l'avons vu, avoir non plus d'autres enfants.

« Sept jours après sa délivrance, Maia mourut et par la vertu de ses mérites, émigra au siège de Toucita, et devint la fille d'un Nat. Sa mort ne fut pas la suite de ses couches, mais elle quitta ce monde, *parce que le terme de sa vie était arrivé* [3]. »

Il existait dans l'Inde du Nord un colosse appelé en chinois, *Mi lè Phou Sà*, par corruption du nom sanscrit *Maïtreya Bodhisattwa*, c'est-à-dire Mitra ; ce colosse avait 24 mètres 40 c. de haut, il représentait le Boudha qui doit venir à la fin des temps pour sauver les hommes, dans « cinq milliards six cent soixante et dix millions d'années [4]. »

---

1. Diodore, 1. IV, II.
2. Légende de Gaudama, ch. XIV.
3. Légende de Gaudama, ch. III.
4. Foè Kouè Ki, ch. V, et n. 8. Il y a là des chiffres dont nous recommandons l'ampleur à l'imagination des libres-penseurs. A la bonne heure ! cela en vaut la peine.

Il y a dans cette légende une réminiscence tout à la fois de Bacchus et du Sauveur du monde, annoncé par la Genèse et dont le souvenir était vivace chez tous les descendants d'Abraham.

Phra dans les souvenirs de ses vies antérieures raconte que « sur le bord des rochers, au nord du ruisssau *Chan ni lo che*, il y a un Sthoûpa. Les malades qui y arrivent sont guéris, et sont garantis de beaucoup de maladies. Le Joulaï étant autre fois roi des Paons y vint avec sa troupe. Pressés de la chaleur et de la soif, ils cherchaient de l'eau qui ne s'y trouvait pas. Le roi des Paons d'un seul coup de bec, frappa le rocher et en fit jaillir de l'eau qui coula et forma de suite un lac [1]. »

Cette légende de Gaudama qui, sous la forme d'un paon, fait jaillir l'eau d'un rocher rappelle d'abord le bélier de Bacchus qui lui procura de l'eau lorsqu'il mourait de soif dans l'Arabie déserte, et ensuite Moïse frappant le rocher de Horeb [2].

Nous avons déjà dit que lorsque Gaudama mourut il fut enveloppé avant d'être placé sur le bûcher, d'un cercueil doré :

« Le corps fut aussitôt enveloppé d'une fine étoffe, couvert d'une couche épaisse de coton ; vint ensuite une seconde étoffe, puis une seconde couche de coton et ainsi de suite jusqu'à ce que l'opération eut été répétée cinq cents fois de suite. Quand cela fut fait, le corps fut placé dans un cercueil d'or, et un autre de même forme, et de même dimension fut retourné par-dessus en guise de couvercle [3]. »

Cette coutume était une réminiscence de la Grèce où le corps de Bacchus fut embaumé et doré, qui elle-même n'était qu'un souvenir de ce qui se faisait en Ethiopie [4].

Ctésias dit « que l'on fait une statue d'or qui le représente (le mort), dans laquelle son cadavre est enfermé ; et

---

1. Foè Kouè Ki, ch. VIII, n. I.
2. Exode, ch. XVII, 6.
3. Légende de Gaudama, ch. XV.
4. Diodore, l. I, s. I. XIII.

que c'est cette statue que l'on pose dans une niche et qu'on voit à travers du verre [1]. »

A quelle époque Gaudama a-t-il prêché sa doctrine ? Il est bien certain qu'il a dû s'écouler un grand nombre d'années entre l'arrivée des Arias dans les Indes et l'existence de Phra.

Il lui fallait une armée de mécontents qui pussent en haine des conséquences des lois infâmes de Manou se jeter dans ses bras comme dans ceux d'un sauveur : or, dans le principe les Arias, colonie Crètoise venue de fort loin, devaient être peu nombreux, il fallait donc un certain laps de temps pour que ce groupe pût s'augmenter, donner naissance à de nombreux dissidents, issus des mariages mixtes, des condamnés de toute nature et même des classes inférieures. Bacchus, ainsi que nous l'avons vu, venu dans les Indes vers 1500 ans avant Jésus-Christ y fonda un état nouveau et lui donna des lois : ce ne peut-être évidemment que longtemps après cette époque que naquit Gaudama :

La légende dit : « Il n'était pas tout à fait jour [2] quand il entra dans l'état de Neibban [3], l'année 148 de l'ère

---

1. Diodore, l. II, XII.
2. Il est bon de rappeler ici que Gaudama ne mourut pas sur le dos ; à l'instar des Lybiens nomades qui ont soin lorsque quelqu'un expire de le tenir de façon à ce qu'il ne soit pas sur le dos. — Hérodote, l. IV, CXC. — Légende de Gaudama, ch. XIV.
3. « Le mot *Neibban*, en sanscrit *Nirvâna*, d'après son étymologie, signifie ce qui a cessé d'être agité, ce qui est en état de calme parfait. Il est composé du préfixe négatif *nir* et de *vâ* qui signifie être mis en motion comme le vent. Il implique l'idée du repos par opposition à celle du mouvement ou existence. Etre dans l'état de Neibban, c'est, par conséquent, être emporté au-delà du domaine de l'existence, comme le comprennent les Boudhistes ; il ne peut plus y avoir désormais de migration d'un état à un autre » (Légende de Gaudama, ch. XIV). En hébreu, *ner*, signifie lampe; *baan*, éprouver. Nirvanâ signifierait donc éprouver le sort d'une lampe, c'est-à-dire s'éteindre comme elle. C'est en effet le sens qu'y attachent les Boudhistes modernes.

« A l'idée de Neibban, s'attache souvent celle d'extinction, comme d'une lampe qui cesse de brûler, et dont la flamme cesse quand l'huile est épuisée. ». (Légende de Gaudama, ch. XIV).

Eetzana, un mardi, dans la pleine lune de Katson, un peu avant le point du jour[1]. »

Cela ne nous dit rien quant à la comparaison avec notre ère.

Une grande divergence s'est établie entre les savants non seulement Européens, mais même Boudhistes, dans l'établissement de la date de la mort du grand réformateur Indou. Les Singalais Birmans et les Siamois quoique différant légèrement entre eux sont d'accord pour fixer cette date vers le milieu du sixième siècle avant Jésus-Christ.

Les Chinois et les Mongols, suivant en cela l'opinion des Thibétains, la font remonter à quelques siècles en arrière. Un traité Boudhique, traduit par les soins et sous la direction de sir Alexandre Johnston, du Singalais en Anglais, fait remonter la naissance de Boudha Shâkya Mouni à 2,400 ans et 20 jours moins 29 ans, avant 1813 de l'ère chrétienne, soit 558 ans avant notre ère, et non pas 998 comme le dit le traducteur du voyage de *Fa-hian*[2] : c'est peut être une faute d'impression. Ce chiffre de 558 ans cadre parfaitement avec les données des Birmans et des Siamois et peut conséquemment être présenté comme vrai.

D'un autre côté Séleucus entra en relation avec le roi indien Chandragoupta, de Patalipoutra, vers 310 avant le Christ. Ce prince eut pour petit fils Athoka, qui, d'après les auteurs Birmans, monta sur le trône de Polibotra (Patalipoutra) 218 ans après la mort de Gaudama : en additionnant ces deux chiffres et en retranchant une génération de 30 années nous aurons 498 ans.

De sorte que la vérité absolue flotte entre ces chiffres de 500 à 560 ans avant Jésus-Christ pour la date de l'existence de Gaudama — il n'a certainement pas vécu six cents ans avant l'ère chrétienne comme il est aussi constant qu'il était mort 500 ans avant le Christ.

Quand Alexandre conquit les Indes, les Macédoniens

---

1. Légende de Gaudama, ch. XIV.
2. Foë Kouè Ki, ch. XXXI, n, a, d, l, n, F.

rencontrèrent les philosophes Boudhistes vivant côte à côte avec les Brahmanes et ne se chamaillant pas trop :

« Aristobule raconte comment il lui fut donné de voir deux des philosophes de Taxila, Brachmanes l'un et l'autre : le plus âgé *avait la tête rasée* (c'était évidemment un disciple de Boudha), le plus jeune au contraire portait les cheveux longs (c'était un Brahmane resté fidèle aux préceptes du Code de Manou).

« Tous deux avaient à leur suite un certain nombre de disciples. Ils se tenaient habituellement sur la place publique, où chacun les saluait comme des oracles vivants, les laissant libres *de prendre sans payer ce qui leur plaisait parmi les denrées exposées.*

« Tout marchand de qui ils s'approchaient leur versait sur la tête de l'huile de sésame avec une profusion telle qu'il leur en coulait jusque dans les yeux, après quoi il leur laissait prendre aussi généreusement de son miel et de sa sésame ce qu'il leur fallait pour en faire les espèces de gâteaux dont ils se nourrissent [1]. »

Toute la théorie, tout l'esprit du Code de Manou est dans cette exposition : tout appartenant aux Brahmanes, nul n'avait le droit de s'opposer à ce qu'ils prissent ce dont ils avaient besoin ou envie. — C'est le règne du bon plaisir appliqué à une caste, aussi loin que le despotisme humain puisse le rêver.

Onésicrite fit parler un philosophe Indien, nommé Mandanis, qui lui tint un long discours sur la sagesse humaine, et duquel il tira cette conclusion « que la plus sage philosophie est celle qui enlève à l'âme les sensations de plaisir et de peine [2]... »

Ce qui renfermait toute la doctrine de Boudha : nous devons donc admettre que lors de la venue d'Alexandre aux Indes il y avait déjà un certain temps que Phra avait jeté les bases de ses idées philosophiques.

---

1. Strabon, l. XV, ch. I, 61 et 71.
2. Strabon, l. XV, ch. I, 65.

LIVRE VII

Zoroastre.

C'est une loi des sociétés que toute domination de quelque nature qu'elle soit a pour adversaire tous les mécontents : si cette domination est douce, facile, paternelle, l'opposition sera faible et désarmée : si au contraire celui ou ceux qui sont au pouvoir sont durs, égoïstes, cruels, les adversaires seront nombreux et remuants, et plus ceux qui gouvernent seront despotes, plus leur main sera lourde et redoutable; plus ils abuseront de la puissance qu'ils se sont arrogé ; plus ils seront près de tomber ; plus la classe des petits, des faibles souffrira et plus elle sera près de la révolte ; la tyrannie, quelque soit celui qui l'emploie, appelle directement, et avant peu, l'insurrection. Le pouvoir infâme dont s'étaient enveloppés les brahmanes des rives de l'Indus ne pouvait manquer d'amener une énergique protestation ; il fallait pour cela que le nombre des mécontents, grandi par la succession des âges, fût assez important pour opposer à la caste gouvernante un ensemble assez puissant pour lutter sans désavantage contre cette classe despotique et qui sait, peut être la renverser.

Nous avons vu Gaudama, s'appuyant sur la démocratie, détrôner, au nom de la science, toutes les divinités ariennes, et fonder des monastères de savants dont les portes étaient ouvertes à toutes les classes, même aux *Dasyous*, cette innombrable armée de déclassés, qui n'avaient rien tant à cœur que d'anéantir la caste qui les avait expulsés de son sein et surtout de ses privilèges. Il offrait la paix de ses couvents à toutes les races, pourvu qu'elles réprouvassent toutes les infamies, toutes les insanités, toutes les inégalités, toutes les cruautés des Brahmanes.

L'élan était donné, la porte était ouverte à la révolte ; ce qu'avait fait Phralaong dans l'ordre philosophique, Zarathustra le fit dans l'ordre politique, et avec une bien plus grande hauteur de vue : Boudha avait renversé les divinités absurdes des Indous, mais ne les avait pas remplacées, Zoroastre, qui avait été en contact avec les prisonniers Egyptiens et Juifs[1] de Cambyse proclama l'existence d'un être suprême.

Phra, appuyant sa doctrine sur la métempsycose, avait empêtré ses préceptes dans les liens de cette croyance ridicule ; il avait poussé le respect de la bête au plus haut point de la niaiserie humaine ; Zoroastre, sans s'affranchir complètement de cette absurde superstition, réagit toutefois violemment contre elle en promulguant ces lois qui condamnent le coupable à tuer mille serpents qui rampent sur le ventre et deux mille autres ; « mille grenouilles terrestres et dix mille aquatiques », « dix mille fourmis qui dévastent les grains et deux mille autres[2]. » Lois qui nous sembleraient stupides si nous ne savions qu'elles étaient une satire sanglante des puérilités des Brahmanes et des Boudhistes.

Nous rencontrerons donc dans l'Avesta, avec quelques réminiscences juives, des souvenirs Brahmaniques du Code de Manou, et un grand nombre de lois qui sont comme l'envers des préceptes des Arias : si ces lois étaient absurdes dans le Code arien, elles pourront y gagner en ayant été retournées dans l'Avesta ; si au contraire elles étaient sensées, elles deviendront odieuses dans le recueil de Zoroastre.

Il nous faut établir de suite l'époque approximative à laquelle a vécu Zarathustra.

Nous n'avons pas ici à réfuter M. Marius Fontane, nous l'avons fait au début de cet ouvrage : il est bien certain que donner une marge de 3,000 ans à 800 ans[3], avant le Christ, pour l'apparition de ce révolutionnaire, cela n'est pas sérieux ; et c'est afficher hautement son igno-

---

1. Diodore, l. I, s. II, IV.
2. Avesta, Fargard, XVIII, 146, 147, 148.
3. Marius Fontane, Histoire universelle, les Iraniens, p. 336.

rance en ces matières. L'Avesta est écrit en langue Phonétique, conséquemment il est ridicule de le faire promulguer avant l'invention de cette écriture : Il ne peut davantage avoir été fait avant l'existence de la colonie Crètoise sur les bords de l'Indus, c'est-à-dire 1500 ans avant Jésus-Christ ; mais nous avons une preuve irréfutable que l'auteur de l'Avesta a vécu dans un temps beaucoup plus rapproché de notre ère.

Cambyse s'éprit de sa sœur et voulut l'épouser, bien que cela ne se faisait pas dans son empire avant lui.

« Il convoqua les juges royaux, et leur demanda s'il n'y avait pas quelque loi qui permît au frère de se marier avec sa sœur s'il en avait envie. Ces juges royaux sont des hommes choisis entre tous les Perses. Ils exercent leurs fonctions jusqu'à la mort. » Ce qui prouve que de tout temps l'inamovibilité de la magistrature a été reconnue comme indispensable pour l'indépendance de la justice.

« Ils lui dirent qu'ils ne trouvaient point de loi qui autorisât un frère à épouser sa sœur, mais qu'il y en avait une qui permettait au roi des Perses de faire tout ce qu'il voulait. En répondant ainsi, ils ne violèrent pas la loi, *quoiqu'ils redoutassent Cambyse*[1]. »

Or l'Arianie faisait partie intégrante du royaume de Perse[2] ce que nous voyons dans la nomenclature des troupes de Xerxès peu d'années après.

« Les Indiens portaient des habits de coton, des arcs de canne et des flèches aussi de canne armées d'une pointe de fer[3]. »

Ils faisaient partie de la 12ᵉ satrapie sous Darius[4].

Or l'Avesta permettait contrairement au Code de Manou le mariage entre proches parents, même entre mère et fils comme entre fille et père : si cette loi eût existé

---

1. Hérodote, l. III, XXXI.
2. Strabon, l. XV, ch. I, 10.
3. Hérodote, l. VII, LXV.
4. Hérodote, l. III, XCII.

à cette époque dans un coin de l'empire des Perses, les ministres se fussent empressés de la lui faire connaître, tellement il était dangereux de déplaire à un maître cruel comme Cambyse qui ne plaisantait pas et se jouait de la vie de ses sujets.

Nous savons bien que M. Marius Fontane prétend que cette loi a été interpolée par les commentateurs de l'Avesta [1], mais nous savons aussi que cet écrivain n'est pas sérieux [2] et qu'il dit facilement sans preuve tout ce qu'il lui passe par la cervelle. Quand un passage le gêne, lui et ses congénères, naturellement il est interpolé ; ces libres-penseurs sont vraiment prodigieux : Ils ne croient en aucune divinité ou ceux d'entre eux qui acceptent à peu près un Dieu neutre, n'admettent pas qu'il se mêle des affaires de notre globe, quelque chose comme un dieu fainéant ; mais alors où est le mal d'épouser sa sœur ou sa mère ? est-ce que le chien ne le fait pas ? ce qui est certain, c'est que partout sur la terre, à l'exception du peuple juif et de ceux qui sont descendus de lui, comme les grecs et les arias, l'homme a épousé ses plus proches parentes sans en excepter sa mère. Nous avons vu au commencement de cet ouvrage que cette coutume existait *en Egypte ; elle est même avouée par l'auteur des Iraniens* [3].

---

1. M. Fontane, les Iraniens, ch. VIII.
2. Cet écrivain est si peu sérieux qu'après avoir nié l'existence de cette loi, comme une calomnie et l'œuvre de faussaires, il reconnaît lui-même qu'en Egypte les mariages se faisaient entre proches parents. Les Egyptes, ch. XVIII.
3. *Journal des Débats*, 22 janvier 1882. — Diodore, l. I, s. I, XIV. — M. Fontane, les Egyptes, ch. XXV.

Voulez-vous avoir un spécimen de la force du raisonnement des libres-penseurs ? lisez ceci :

« Le lendemain M. La Perre de Roo, envoyé par un docteur qui ne croit pas aux conséquences fâcheuses des alliances entre proches parents, dans *une maison de sourds-muets pour y étudier la question* ! alla frapper à la porte de l'institut des sourds-muets de Bruges : sur une cinquantaine d'infirmes que le directeur s'empressa d'interroger, pas un seul ne savait être issu de cousins germains ou de proches parents. » (Jules Soury, les mariages consanguins, revue nouvelle, 15 juillet 1882.) Et ces gens là se disent intelligents ; ils prétendent avoir seuls le monopole du bon sens ! et ils nous trai-

Les habitants de l'Ile d'Ierné, croient bien faire « en ayant publiquement commerce avec toute espèce de femmes, *voire avec leurs mères et leurs sœurs*[1]. »

tent de gens attardés, quand nous ne sommes pas des crétins, des idiots. Mais Monsieur, en ce qui concerne les enfants sourds-muets issus de mariages entre cousins germains, il n'y avait guère de chance d'en trouver ; ces sortes de mariages ne pouvant s'effectuer sans une dispense de l'autorité religieuse, quant à ceux issus de plus proches parents, frères et sœurs, pères et filles, mères et fils, il ne pouvait pas y en avoir un seul, quand votre ami aurait questionné un million d'enfants, cela eut été aussi impossible que de prendre la lune avec les dents, et le docteur dont vous parlez, ou n'a jamais existé, ce qui est tout à fait probable, ou s'est moqué de votre ami, ou était un imbécile, choisissez! — Votre raisonnement ne prouve donc absolument rien : mais en voici un donné plus loin par vous-même qui démontre admirablement le contraire de ce que vous voulez établir : « Il y a quelques mois, M. de Quatrefages signalait un cas remarquable de polydactylie dans l'espèce galline :

« Un coq à deux pouces donna naissance à toute une variété de poules et de coqs polydactyles. La variété s'est répandue et, dans le pays, on ne rencontre plus que des poules à doigts surnuméraires. »

Ainsi voilà un fait reconnu par vous-même ; l'hérédité existe : cela nous suffit : si donc vous prenez une femme bossue, n'étant pas bossu, vous aurez chance à ce que vos enfants soient bossus ; mais si vous prenez une femme bossue étant bossu vous-même, vous aurez double chance d'avoir des rejetons peu droits — cela est incontestable : donc si votre père était bossu et que vous épousiez votre sœur, vous unissez ensemble deux êtres qui, en vertu de l'hérédité, ont des tendances à avoir des descendants mal bâtis et si vous continuez ainsi pour les mariages de vos enfants, en les unissant ensemble, vous finirez par avoir une lignée de Gibbeux ; cela pourra être original, et parfait selon la libre pensée ; mais les hommes de bon sens, repousseront toujours ce moyen baroque de faire des races nouvelles. Ah, parbleu, si les hommes étaient immortels, qu'ils n'aient aucun principe morbide en eux, il n'y aurait aucun inconvénient à ne pas mélanger les races ; mais malheureusement nous n'en sommes pas là : et si les unions entre proches parents chez les animaux sont peu dangereuses, cela se comprend : c'est qu'ils ont moins de maladies que nous, toutefois les cultivateurs et les éleveurs, persuadés de la vertu de la sélection et des croisements, mélangent les races avec intelligence. Monsieur Soury, ne sachant comment expliquer la nécessité de la loi qui défend chez tous les peuples chrétiens les mariages entre proches parents, écrit :

« Appuyé sur l'autorité des lois civiles et religieuses, qui prohi-

---

1. Strabon, l. IV, ch. V, 4.

« L'aînée des filles, Artémise, d'Hécatomne, roi de Carie, épousa Mausole, son frère aîné ; le second des fils, Hidriée, fut marié à leur autre sœur, Ava [1]. »

bent ces unions à certains degrés et non sans apparence de raison, *du moins au point de vue moral.* »
    Mais la morale qu'est-ce ? si ce n'est la conséquence de l'obéissance à la loi de Moïse : en dehors de cette loi, il n'y a pas de morale ; nous l'avons dit cent fois, tout est permis : quel mal il y a-t-il de coucher avec sa sœur ou avec sa mère ? pourquoi cela serait-il immoral ? tous les animaux le font, et toutes les lois de la terre l'ont permis, sauf la loi de Moïse ; quel mal il y a-t-il à tuer, à voler ? tous les animaux le font et tous les Codes depuis celui de Lacédémone jusqu'à celui de Manou et la loi des douze tables ne l'ont pas défendu aux classes nobles et ont réglé l'assassinat. Et quand vous venez nous parler de la *morale éternelle*, cela nous fait rire, en présence de toutes les infamies que les Codes profanes ont permises, autorisées, réglées et ordonnées : vous repoussez la Bible ! et vous êtes forcés de lui obéir ; vous conspuez Moïse ! et ses lois vous étranglent et vous n'osez pas vous en affranchir ; vous préconisez, vous vantez, vous portez aux nues, Rome, Lacédémone, Memphis, Bactres, les rives de l'Indus, et vous voilez leurs mœurs ; vous adorez leurs lois et vous n'osez les proclamer à la face du soleil et vous vous mépriseriez vous-mêmes si vous alliez jusqu'à vous conformer à leurs principes ! à adopter les mœurs qui en découlent ! si votre abrutissement allait jusqu'à tendre le cou sous leur joug honteux, abominable, tyranique et anti-social !
    Ah ! vous êtes de singuliers philosophes, vous rougissez de vos principes et des conséquences qui en jaillissent et vous obéissez aux dogmes que vous attaquez.
    Nous vous mettons au défi de proclamer, avec Zoroastre, les Egyptiens, les Gaulois et autres que l'on a le droit et même que l'on est méritant d'épouser sa mère ! avec les Lacédémoniens et Manou, que les castes nobles ont le droit de voler et d'assassiner ! avec les Arias, les Spartiates et les Romains qu'il faut mettre à mort les enfants mal conformés ! avec les Crètois, les riverains de l'Indus et les Egyptiens que l'homme peut s'unir à l'homme et même à la bête ; avec l'univers presque tout entier, que le chef de la famille a droit de vie et de mort sur sa femme, ses enfants, ses esclaves et ses débiteurs ! Eh bien ! une seule loi, un seul code a défendu toutes ces choses que nous considérons, nous chrétiens, comme des infamies, parce que Dieu les a prohibées : et cette loi est celle de Moïse ! Que nous lui obéissions, nous, cela se comprend, nous croyons en Dieu, en l'immortalité de l'âme, en la justice éternelle, en un mot nous sommes des *ignorants*, des *fanatiques*, des *crétins*, des *idiots* ! mais vous ! des hommes de progrès, des savants, des es-

---

1. Strabon, l. XIV, ch. 11, 17.

Chez les Arabes, il existait une promiscuité épouvantable :

« Ils n'ont aussi qu'une femme pour eux tous : celui qui, prévenant les autres, entre le premier chez elle, use d'elle après avoir pris la précaution de placer son bâton en travers de la porte... ajoutons qu'ils ont commerce avec leurs propres mères [1]. »

Le Scythe « Scylès, étant monté sur le trône épousa Opœa, scythe de nation, femme de son père, et dont le feu roi avait eu un fils, nommé Osicus [2]. »

Mais nous voici dans la province de Naure qui se rapproche de l'Inde et faisait partie d'une des satrapies perses :

prits sans préjugé! ah! vous êtes bien inconséquents! Quant à moi qui n'ai pas divorcé avec la logique, je ne confierais ni ma bourse, ni ma vie, ni ma fille, ni mon honneur à un libre penseur, ce qu'autrefois on appelait simplement un *athée* ; car celui qui ne croit pas en la justice de Dieu, se rit à plus forte raison de celle des hommes. S'il n'est pas criminel, dans le sens que nous attachons à ce mot, c'est qu'il a peur des gendarmes ; il a tout ce qu'il faut en lui pour arriver à la célébrité en ce genre ; c'est un coquin à l'état latent. Non pas que nous croyions qu'un libre-penseur soit par cela même qu'il est athée un malhonnête homme dans le sens que nous attribuons à cette expression ; mais nous pensons que celui qui ne croit en rien, n'offre aucune garantie contre l'entraînement de ses passions : c'est un néo-païen pour lequel, il n'y a ni bien, ni mal, ni honnêteté, ni malhonnêteté, ni moralité, ni immoralité, toujours dans le sens que l'on donne à ces expressions depuis que l'Europe chrétienne et musulmane a adopté pour base de ses Codes les lois de Moïse ; cet homme doit trouver logique, naturel de satisfaire les besoins, les appétits de son égoïsme et rien ne doit le retenir que la crainte de tomber sous le coup de lois que sa raison réprouve et dont il doit logiquement s'affranchir par tous les moyens en sa puissance : Si par hasard il reste inoffensif, c'est que malgré lui et à son insu la force acquise des doctrines de ses pères, en vertu de l'hérédité, oppose à l'assouvissement de ses désirs une barrière que son respect humain n'ose pas encore franchir. Mais soyez tranquilles, si les doctrines du jour prennent pied, cela ne tardera pas à arriver, et alors la civilisation reculant de 20 siècles! vous aurez une jolie nation !

---

1. Strabon, l. XVI, ch. IV, 25.
2. Hérodote, l. IV, LXXVIII.

« Pour Sisimithres, il n'était pas éloigné de se rendre. Mais *sa mère, qui était aussi son épouse*, déclarant qu'elle mourrait plutôt que de tomber au pouvoir de qui que ce fut, avait déterminé le barbare à préférer le parti le plus honorable au plus sûr [1]. » Ce mariage du Satrape de Naure avec sa mère est d'autant plus remarquable qu'il établit, à n'en pas douter, que l'Avesta était observé du temps d'Alexandre, en Perse.

Dans l'île de Ceylan les femmes étaient communes, sans aucun égard naturellement aux lois du mariage qui n'existait pas dans ce pays [2].

« Si le roi est vu ivre par une de ses femmes et que cette femme le tue, elle en est récompensée en devenant l'épouse de son successeur ; or, le successeur du roi est toujours un de ses enfants [3]. »

Ajoutons que ce n'est pas un seul passage qui aurait dû être interpolé dans l'Avesta, si cette loi n'avait pas été promulguée par Zoroastre, mais quatre, car elle se trouve dans quatre livres de ce code [4].

Si M. Marius Fontane avait réfléchi, il aurait compris que cette loi était tout à fait dans l'esprit de l'Avesta : En effet toute loi importante du code de Manou est retournée dans le Code de Zoroastre. Or, nous savons que Bacchus imitant en cela le Pentateuque, avait défendu aux Arias les alliances entre proches parents [5] ; le grand révolutionnaire arien ne pouvait manquer de les permettre. Seulement il est regrettable que dans ce cas il ait fait fausse route et n'ait pas compris que par exception la loi qu'il remplaçait était supérieure à celle qu'il promulguait : les alliances entre proches amenant en peu de temps la dégénérescence de l'espèce.

Il est donc certain que cette loi est de Zoroastre,

---

1. Quinte-Curce, Vie d'Alexandre, l. VIII, ch. II, 10.
2. Diodore, l. II, XXXI.
3. Strabon, l. XV, ch. 1, 55.
4. Vendidad, Fargard, VIII, 37. Vispered, III, 19. Yaçna, XIII, 28. Yesht, XXI, 17.
5. Celui même qui souillait l'épouse de son père était comdamné à mourir sur un lit de fer rougi. L. de Manou, l. XI, 103-104.

comme il est aussi établi qu'elle n'existait pas du temps de Cambyse ou tout au moins avant son mariage avec sa sœur ; mais Cambyse régnait vers la soixante troisième olympiade, c'est à dire aux environs de 526 ans avant Jésus-Christ[1].

Il en résulte donc que l'Avesta n'a été fait qu'après cette date. Un fait qui semble fortement confirmer ce que nous avançons c'est que Cambyse, étant en Egypte, fit brûler le corps d'Amasis, qu'il avait fait retirer de son tombeau, après l'avoir fait battre de verges, lui avoir arraché les cheveux et l'avoir piqué d'aiguillons, par vengeance personnelle.

« Mais comme les exécuteurs étaient las de maltraiter un corps qui résistait à tous leurs efforts, et dont ils ne pouvaient rien détacher, parce qu'il avait été embaumé, *Cambyse le fit brûler*, sans aucun respect pour la religion. En effet, les Perses croient que le feu est un dieu ; et il *n'est permis, ni par leurs lois*, ni par celles des Egyptiens, de brûler les morts[2]. »

Il résulte de ce passage que du temps d'Hérodote on adorait le feu en Perse et qu'il était interdit de brûler les corps : mais que du temps de Cambyse on les brûlait encore, car si cela ne se fut pas fait et si c'eût été contre les lois, surtout les lois religieuses, jamais Cambyse n'aurait osé l'ordonner. Et la preuve que cela se faisait encore à cette époque en Perse c'est que nous voyons que Diodore en rappelant le fait ne parle que de l'Egypte comme n'ayant pas la coutume de brûler les corps, et appuie cette acte de Cambyse justement sur ce fait :

« Le trouvant embaumé dans son cercueil, il insulta son cadavre, et après avoir fait toutes sortes d'outrages à un corps inanimé et insensible, il le condamna au feu. Comme ce n'était point la coutume de brûler les morts en Egypte : *Il s'imagina qu'Amasis* quoique mort de-

---

[1]. Diodore, l. I, s. II, XXII. Cambyse n'a régné que 6 ans de 529 à 523, Ladvocat. De 530 à 522 d'après Bouillet.
[2]. Hérodote, l. III, XVI

puis longtemps pourrait sentir quelque douleur ou quelque honte de son supplice [1]. »

Il est donc incontestable que du temps de Cambyse les Perses brûlaient encore les corps, selon les prescriptions du code de Manou. Ce n'est qu'après lui que s'est établi la loi qui défendait sous peine de mort ces sortes de funérailles, pour les remplacer par la loi sauvage de l'Avesta.

Du temps d'Hérodote aussi il était défendu de contracter des dettes et de mentir, ce que permettait la loi de Manou [2].

D'un autre côté quand les Macédoniens allèrent sur les rives de l'Indus ; c'est-à-dire vers 327 ans avant Jésus-Christ une des lois les plus bizarres de l'Avesta était en plein exercice dans toute l'Inde, de la Scythie à l'océan Indien, de la Colchide au Gange : nous voulons parler de la coutume de faire manger les cadavres des décédés aux animaux carnivores en les exposant dans les dakhmas : et cette loi était, elle aussi, comme la précédente bien dans l'esprit de l'Avesta, c'est-à-dire à l'opposite des lois du Code de Manou. Ce Code avait ordonné que les enfants décédés seraient enterrés, et que les grandes personnes mortes seraient brulées : Zoroastre pour éviter de faire rien qui ressemblât à ces deux manières de se défaire des cadavres dût en inventer une troisième que l'on ne trouve dans aucun Code et chez aucune nation, hormis les indiens.

Dans l'Avesta, l'enterrement des morts est criminel [3]; il en est de même pour la crémation des cadavres [4]; mais le corps du défunt doit être transporté dans un dakhma, espèce de construction disposée à cet effet, où il est laissé « Deux nuits, trois nuits, ou un mois entier; jusqu'à ce que les oiseaux prennent leur vol... et alors il est étendu nu sans couverture, sur la terre ou la pierre,

---

1. Diodore, fragments des livres VI, VII, VIII, IX et X.
2. Hérodote, l. I. CXXXVIII.
3. Avesta, Vendidad, Fargard, 1, 48.
4. Vendidad, Fargard, 1. 65.

ou sur une poutre dans un endroit élevé, là ou les chiens et les oiseaux puissent en plus grand nombre l'apercevoir¹. » Cette loi était observée dans toute l'Inde.

« Les Mages n'enterrent (leurs morts) qu'après les avoir fait déchirer par des bêtes. En Hyrcanie on croit que d'être mangé par un chien, c'est le tombeau le plus honorable². »

Chez les Bactriens « Tous ceux d'entre eux qui, pour vieillesse ou pour maladie, étaient déclarés incurables, étaient jetés vivants en proie à des chiens dressés et entretenus exprès et qu'on appelait dans la langue du pays, d'un mot qui équivaut à notre locution de *fossoyeurs* ou de *croque-morts* et que par suite de cet usage, tandis que les alentours de leur capitale n'offraient aux yeux aucun objet impur presque tous les quartiers de l'intérieur n'étaient remplis que d'ossements humains³. »

« Notons encore cet usage particulier aux Taxiliens de jeter aux vautours les corps de leurs morts . »

« Enfin, chez les Caspii, il est d'usage d'exposer dans le désert les corps des septuagénaires, qu'on a laissés mourir de faim⁵... »

« Les habitants de la Colchide ensevelissent leurs morts dans des peaux bien cousues, puis les suspendent à des arbres⁶. »

« Les Neorites ressemblent en général aux autres peuples des Indes : mais ils se distinguent d'eux par une circonstance très-particulière. Tous les parents d'un mort l'accompagnent nus et armés de lances ; et après avoir fait porter son corps dans un bois, ils le dépouillent eux-mêmes de tous ses vêtements, et le laissent en

---

1. Avesta, Vendidad, Fargard, VIII, 21 à 28. Fargard, VI, 93 et suivants.
2. Cicéron, Tusculanes, l. I, XLV. — Plutarque, *si le vice suffit pour rendre malheureux*, 3.
3. Strabon, l. XI, ch. XI, 3. — Plutarque, *si le vice suffit pour rendre malheureux*, 3.
4. Strabon, l. XV, chap. 1, 62.
5. Strabon, l. XI, ch. XI, 8.
6. Elien, l. IV, ch. I.

proye aux animaux de la forêt. Ils brûlent ensuite tout ce qui le couvroit en l'honneur des Génies du lieu, et terminent toute la cérémonie par un grand festin qu'ils donnent à leurs amis [1]. »

Mais il y a mieux, cette coutume existait déjà du temps d'Hérodote : « Ils prétendent qu'on n'enterre point le corps d'un Perse qu'il n'ait été auparavant déchiré par un oiseau ou par un chien [2]. »

C'est évidemment entre le règne de Cambyse et Hérodote, c'est-à-dire entre 522 et 456 avant l'ère vulgaire que Zoroastre a vécu : au reste, un autre passage du même historien confirme notre démonstration et prouve que c'est du temps de Darius que ce législateur existait; que le lecteur en juge :

« Un jour *Darius*, ayant appelé près de lui des grecs soumis à sa domination, leur demanda pour quelle somme ils pourraient se résoudre à se nourrir des corps de leurs pères [3]. Tous répondirent qu'ils ne le feraient jamais, quelque argent qu'on pût leur donner. Il fit venir ensuite les Calaties, peuple des Indes, qui mangent leurs pères [4]; il leur demanda en présence des grecs, à qui un interprète expliquait tout ce qui se disait de part et d'autre, quelle somme d'argent pourrait les engager à *brûler leurs pères après leur mort*. Les Indiens se récriant à cette question, le prièrent de ne leur pas tenir un langage aussi odieux : tant la coutume a de force [5]. »

Ce passage, aussi bien que le précédent, est excessivement remarquable parce qu'il établit, sans conteste que du temps de Darius et d'Hérodote, il y avait déjà

---

1. Diodore, l. XVII, 571. Ce passage, ainsi que plusieurs autres, prouve que M. de Harlez s'est trompé quand il a dit que cet usage n'existait du temps d'Alexandre qu'en Bactriane. Avesta, introduction, p. XVII.
2. Hérodote, l. I, CXL.
3. Cette coutume des Indous a été flagellée par l'Avesta, Vendidad, Fargard VII, 59 et 60.
4. Les Derbices et les Massagètes avaient des coutumes analogues. Strabon, l. XI, ch. XI, 8 ; ch. VIII, 6. — Elien, l. IV, ch. I.
5. Hérodote, l. III, XXXVIII.

une portion des Indiens qui avaient horreur de l'incinération. Et il est certain que ces Indiens abandonnaient les cadavres des leurs aux animaux carnivores, comme il est avéré qu'ils ne les brûlaient pas ; et cependant avant Zoroastre il est constant que la loi de Manou qui ordonnait d'enterrer les enfants et de brûler les grandes personnes était observée dans toutes les Indes.

Il est donc certain que c'est sous le règne de Darius et avant la publication des livres d'Hérodote, c'est-à-dire 456 ans avant J.-C. que Zoroastre a opéré sa scission avec les Brahmanes. Et alors nous arrivons à une date presque précise car c'est entre 522 et 456 ans avant l'ère chrétienne que flotte la naissance de l'Avesta.

Nous avons dit que Zoroastre avait eu à cœur de renverser toutes les lois principales des Arias pour en donner d'autres qui sont empreintes dans toutes leurs parties, dans le fond comme dans la forme, d'une colère, d'une haine, d'une fureur qui ne peut se contenir ; jamais parti n'a imprimé un revirement plus violent dans les mœurs d'un pays ; toutes les lois, toutes les coutumes, tous les rites des Dévas (Brahmanes) sont sapés, attaqués, renversés, remplacés ou tout au moins modifiés. Les protestants de la réforme, les révolutionnaires de 93 n'opérèrent qu'une volte face modérée et anodine comparée à celle du farouche réformateur Arien.

Nous venons de citer deux lois, celle concernant les alliances, et celle ayant trait aux morts, nous devrons en ajouter un grand nombre d'autres, qui parfois seront d'un ridicule qui, ainsi que nous l'avons observé, ne peut s'expliquer que par l'idée de satire violente dont Zoroastre voulait flageller la loi de Manou qu'il remplaçait ; telle est par exemple la loi concernant la taille des ongles et des cheveux : le Code de Manou ordonnait à l'anachorète de porter toute sa chevelure et de ne pas se couper les ongles ; déjà Boudha avait réagi contre cette loi, mais Zoroastre va beaucoup plus loin et dans sa haine contre les Dévas il ne craint pas de tomber dans la niaiserie, probablement en voulant atteindre tout à la fois de son fouet les Brahmanes et les Boudhistes, mais principalement ces derniers.

« Lorsque sur cette terre visible, on met en ordre sa chevelure, on se coupe les cheveux, on se taille les ongles.

« Et qu'on en fait tomber les débris dans les maisons pour le malheur (des hommes).

« Car lorsque ces actes coupables se commettent, les Dévas se rassemblent sur la terre ;

« Les animaux nuisibles se rassemblent sur la terre ;

« Les animaux destructeurs que l'homme appelle vermine,

« Qui dévorent le grain dans les greniers, les habits dans les vestiaires.

« C'est pourquoi, toi, Zarathustra ! sur cette terre visible, soigne ta chevelure, coupe tes cheveux, taille tes ongles,

« Mais après cela porte les débris à une distance de dix pas des fidèles,

« A vingt pas du feu, à trente pas de l'eau, à cinquante pas du Bareçma formé selon la loi.

« Là tu creuseras trois trous (profonds) d'un *disti*, si la terre est dure ;

« D'un vîtasti si elle est molle.

« Jettes-y les débris.

« Puis prononce, ô saint Zarathustra ! ces paroles victorieuses : *at* qyâi, etc.

« Forme alors trois, six ou neuf cercles autour de ces trous, en l'honneur de Khshatra-Vairya [1].

« Et récite quatre, six ou neuf fois l'Ahunavairya [2]. »

Evidemment cette loi serait absurde au suprême degré si ce n'était pas une satire dirigée contre les deux autres sectes principales du groupe Arias. Notons en passant qu'elle établit que les Boudhistes existaient avant les Mazdéens.

Il en est de même pour toutes les lois qui condamnent le coupable à tuer des myriades d'insectes ; elles seraient ridicules si elles ne visaient pas les Brahmanes [3] et les Boudhistes qui en étaient arrivés au point d'avoir

---

1. Ne serait-ce pas ici les deux et troisième classes des Arias symbolisées ? les Kchatriyas et les Vaisyas.
2. Vendidad, Fargard XVII, 4 et suivants.
3. Lois de Manou, l. XI, 70.

toujours pendue à leur côté une passoire, afin de ne pas être criminels en mangeant un insecte quelconque.

Il s'en va naturellement que Zoroastre ordonna les plus cruels châtiments, contre ceux qui prêchaient l'abstinence des Brahmanes et des Boudhistes.

Certes, il n'est pas tendre, qu'on en juge ; on sent là toute la haine du sectaire :

« Et celui aussi qui frappe l'Ashemoagha impur qui enseigne l'abstinence d'aliments.

« Dès que celui-ci commet le premier de ses crimes et pas (seulement) à la seconde fois.

« Lorsqu'on lui voit commettre ce crime en ce monde visible,
« Qu'on entaille son (corps) entier avec des lames de fer,
« Et (qu'on châtie) plus encore ce corps livré à la perdition,
« Si on lui voit commettre un crime semblable dans ce monde visible,
« Qu'on lie tous ses membres de liens de fer,
« Et qu'on châtie plus fortement encore, ce corps livré à la perdition.
« Dès qu'on lui voit commettre ce crime en ce monde visible,

« Qu'il soit précipité malgré lui dans un gouffre haut de cent (hauteurs) d'hommes.

« Et (qu'on châtie) encore davantage son corps voué à la perdition.
« Si on lui voit commettre ce crime en ce monde visible,
« Qu'il subisse malgré lui les dernières expiations [1]. »

Les Brahmanes trouvaient indigne d'eux de cultiver la terre [2]; leur caste, ne se livrant à aucun travail manuel de quelque nature qu'il soit, s'était réservé la prière et le sacrifice du *Soma* ; Zoroastre commence par renver-

---

[1]. Vendidad Fargard IV, 149 à 162. Il semble ici que M. de Harlez dans sa magistrale étude et dans sa traduction de l'Avesta ait entrevu la vérité :
« L'Ashemoagha (le destructeur de la sainteté) est le dissident Mazdéen qui enseigne des doctrines ou pratiques condamnées par la loi... On pourrait rapprocher ce passage des défenses que porte la loi Brahmanique, relativement à l'usage de la viande ou de certains aliments. (Manou, 22-27 ; id. 6, 15, 17, 19). » De Harlez, note 5.

[2]. Toutefois, le code de Manou leur permettait en quatrième lieu, après l'aumône, de vivre en labourant. (L. IV, 4 et 8.) Mais pour qu'ils gagnent leur vie en labourant, il faut qu'ils aient beaucoup de monde à nourrir, (l. V, 9, l. X, 84).

ser, abolir même la caste noble; il n'y aura plus que trois classes, tout le monde pourra offrir le *Hôma* à la divinité et tout le monde sans distinction devra cultiver la terre[1].

Les Nobles, c'est-à-dire ceux qui offrent le soma, qui dans le Rig-Véda étaient toujours confondus avec les dévas ou dieux, deviennent des objets d'horreur, des réprouvés dans l'Avesta et toute prière devra commencer par cette strophe sacramentelle :

« Je réprouve les dévas. »

« Je professe en Mazdéen, Zarathustrien, adversaire des dévas, adepte de la loi d'Ahura[2]. »

Quant à la pédérastie, cette honte du Code de Manou elle sera déclarée un crime inexpiable[3] : et celui qui s'en sera rendu coupable sera déclaré déva (démon) de toute éternité :

« Celui-là est un déva, un serviteur des dévas ;

« Celui-là est un courtisan, un instrument des dévas,

« *Une concubine des dévas*, c'est un vrai déva, il est entièrement transformé en déva.

« Déva pendant sa vie, il reste *déva après sa mort*, à l'état d'esprit[4]... »

Cette loi terrible et sans pitié, qui poursuivait le pédéraste jusque dans la mort, est la plus énergique condamnation du Code de Manou et des nobles Arias, elle est probablement due au contact des Juifs prisonniers de Cambyse. « Tu n'auras point la compagnie d'un mâle, c'est une abomination[5]. »

Cette haine du noble Arien fut poussée si loin que, retournant la loi qui défendait dans le Code de Manou

---

1. Vendidad, Fargard, III, 76 et suivants. — Khorda-Avesta, Yesht, XIII, 89.
2. Yaçna, XIII, 1, 2. — Yesht, V, 13. — Gathas, XLVIII (XLIX), 4. — Vend. Far. III, 23, 24. Fargard, VII, 137 et suivants. — Fargard, XVII. — Yeshts, 1, 3.
3. Vendidad, Fargard, I, 44.
4. Vendidad, Fargard VIII, 98 et suivants jusqu'à 107.
5. Lévitique, ch. XVIII, 22.

au Brahmane d'épouser une fille d'une autre classe, Zoroastre défendit sous peine de mort au Mazdéen d'épouser la fille d'un déva (noble)[1].

Les Arias avaient un roi, à la fois puissant et esclave ; puissant pour écraser les classes inférieures, aux yeux desquelles il était un dieu, esclave des Brahmanes et devant être soumis à leur absolue volonté[2]. Avec l'Avesta, le roi disparaît comme ont disparu les Brahmanes. Il n'y a plus que trois classes : les prêtres, les guerriers et les cultivateurs[3] ; au reste comment y aurait-il un roi, l'Avesta étant écrit sous Darius, et l'Arianie faisant partie de l'empire des Perses, dont elle contribuait à former la douzième Satrapie ? Le roi des Arias était naturellement celui de toutes les autres parties de l'empire, c'est-à-dire, Darius.

D'après la loi de Manou, le mensonge était parfois préférable à la vérité, même en justice[4] ; l'Avesta devait proclamer la grandeur de la vérité.

« Ils ne trouvent rien de si honteux que de mentir et après le mensonge que de contracter des dettes ; et cela pour plusieurs raisons, mais surtout parce que, disent-ils, celui qui a des dettes ment nécessairement[5]. »

« Créateur des mondes corporels, Etre pur ! Par combien le contrat verbal entaché de fraude, poursuit-il (le coupable) ?

« Ahura-Mazda répondit : Il entraine *trois cents actes de pénitence* expiatoire (accomplis) par les proches parents... »

« Créateur ! quel est le châtiment de celui qui ment à une convention de valeur d'une terre ?

« Ahura-Mazda répondit : Qu'on le frappe de 1,000 coups de l'aiguillon, de 1,000 du Çraoshocarana[6]. »

---

1. Vendidad, Fargard, XIV, 65 et suivants. — Fargard, XVIII, 125, 126 et suivants.
2. Lois de Manou, l. VII, 37, 38, 39, 40, 41, 42, 43.
3. Khorda Avesta, Yesht XX, 6. Sans avantages politiques pour les prêtres, de Harlez, introduction, p. CLXI.
4. Lois de Manou. l. VIII, 104, 105 et 106.
5. Hérodote, l. I, CXXXVIII.
6. Vendidad, Fargard, IV, 24, 25. — 51, 52, 53.

20.

Ce passage d'Hérodote, comparé à l'Avesta, nous prouve une fois de plus que les lois de Zoroastre étaient vaguement connues du temps d'Hérodote par les Grecs et que conséquemment elles existaient 456 ans avant le Christ.

Cette loi et toutes celles qui lui ressemblent et qui sont interminables dans leurs graduations sont une violente satire contre les pénitences des Brahmanes et des Boudhistes, en même temps qu'elles sont cruelles; elles devaient presque toujours amener la mort du coupable : nous ne pouvons admettre la manière de traduire de M. de Harlez.

« Qu'il frappe 1,000 coups de l'aiguillon... »

Frapper qui? quoi? les rochers? les murs? les arbres? les passants? les voisins? Cela n'est pas admissible : c'est le coupable qui doit être frappé, et non lui qui doit frapper, ou la loi est absurde; que l'on soit révolté de la cruauté de cette loi, cela se comprend; mais qu'on la dénature au point de la rendre ridicule, cela n'est pas acceptable. Ou Zarathustra a réellement existé et ses lois sont sérieuses et il n'y a pas à en douter, ou il faut admettre avec M. Jonhston qu'elles ont été faites après coup et ne sont qu'une atroce plaisanterie. Mais si l'on reconnaît qu'elles ont vécu, et, malgré tout ce qu'en a dit ce dernier auteur épouvanté par leur atrocité et leur sauvagerie, il n'y a pas de raison valable pour croire le contraire, il faut admettre aussi que Zoroastre, l'ennemi haineux, passionné et violent des *dévas* ne plaisantait pas : au reste cela est établi sans conteste dans le Fargard XIII, où celui qui blesse un chien est condamné à la peine du *baodhovarsta*, c'est-à-dire à avoir les bras coupés, et celui qui tue un de ces animaux est condamné à recevoir 800 coups de l'aiguillon et autant du *Çraoshocarana*, peine qui à coup sûr doit être plus forte que la précédente; et qui dans le système du traducteur serait dérisoire [1]. Ceci soit dit sans diminuer en quoi que ce soit le mérite de la sérieuse

---

1. Avesta, Vendidad, Fargard XIII, 30 à 38.

étude de M. de Harlez, laquelle, à coup sûr, est un des ouvrages les plus travaillés que nous ayons lus sur la matière.

Partout chez les Indiens la destruction des enfants mal conformés existait à l'état légal, ainsi que nous l'avons vu précédemment. Aussi Zoroastre s'élève-t-il contre cette atroce coutume, peut-être le fait-il trop mollement et d'une façon qui n'est pas très claire, mais il faut lui tenir compte de la bonne intention [1] de détruire une loi qui a longtemps été la honte de l'Asie aussi bien que de l'Europe.

L'ivrognerie de l'Indou constatée par les soldats d'Alexandre [2] et prise en flagrant délit dans tous les hymnes des Védas et qui était si naturelle chez un peuple formé par Bacchus, ne pouvait manquer d'être réprouvée par l'Avesta.

Vous nous direz que c'est une singulière façon de prouver qu'un code est dérivé d'un autre que d'établir qu'il en est le contre-pied; mon Dieu, pas tant que cela; l'envers d'une étoffe prouve bien qu'il ne fait qu'un avec l'endroit. Il en est de Zoroastre comparé à Manou ce qu'il en fût de l'alphabet et de la langue Grecque comparés à l'alphabet et la langue Hébraïque qui furent retournés de façon qu'au lieu d'aller de droite à gauche ils se lurent de gauche à droite; opération dans laquelle nous avons constaté qu'un grand nombre de mots avaient été laissés par oubli dans leur forme primitive, ou à cause de l'usage journalier qu'on en faisait, comme Ab père et Em mère qui se lisaient בא et מא en hébreu et qui conservèrent en grec leur position; il en fut exactement de même pour l'Avesta; Zoroastre, par haine des Brahmanes, les dévas (dieux), tout-puissants de ce temps, eut à cœur de retourner toutes les lois du Manou primitif et celles que les Brahmanes y avaient ajoutées ; mais dans un travail aussi ardu il eut à vaincre tant de difficultés qu'il lui arriva d'en oublier un certain nombre ; et l'usage jour-

---

1. Khorda Avesta Yesht, XVII, 58 et suivants.
2. Quinte-Curce, *h, d'Alexandre*, l. VIII, ch. IX, 30.

nalier de quelques autres le força à entrer en tempéramment avec elles. Tel est par exemple le culte du feu ; en proclamant un être suprême, Zoroastre par cela seul, renversait tous les faux dieux des Arias, néanmoins il n'osa pas aller jusqu'à supprimer le culte du feu : seulement il changea le Soma en Hôma ; mais les Iraniens et les Arias en usaient de la même façon.

« Tous deux aussi l'avaient personnifié et attribuaient tant au breuvage qu'au génie, son représentant, la vertu de préserver de la maladie et de la mort, de donner des chevaux, des troupeaux et une descendance nombreuse [1]. »

L'Herbe sainte des Arias fut remplacée par le *Bareçma*.

« Pendant la prière, le prêtre devait tenir élevé, de la main gauche, un instrument appelé Bareçman ; c'était un faisceau étroitement serré, de branches de dattiers, de grenadiers ou de tamarisque [2]. »

« Nous présentons ces Hômas à Ahura-Mazda ;
« (Nous présentons) ces Hômas, ces Zoethras, le *Bareçma* formé selon la loi [3]. »

Cette coutume était encore une réminiscence de Bacchus ; les Scythes s'en servaient dans leurs rites :

« Les devins sont en grand nombre parmi les Scythes et se servent de baguettes de saule pour exercer la divination. Ils apportent des faisceaux de baguettes, les posent à terre, les délient, et, lorsqu'ils ont mis à part chaque baguette, ils prédisent l'avenir. Pendant qu'ils font ces prédictions, ils reprennent les baguettes l'une après l'autre et les remettent ensemble. Ils ont appris de leurs ancêtres cette sorte de divination [4]. »

---

1. De Harlez, traduction de l'Avesta. Introduction, p. CX. *Hôma* signifie : oblation de l'hostie ; de l'hébreu *Omen*, nourricier et de *Omah*, peuple. *Sôma* signifie : breuvage des dieux et vient de l'hébreu *Sama*, se réjouir. L'un est démocratique, l'autre aristocratique.
2. De Harlez, Avesta, Introduction, P. CLXV.
3. Avesta Yaçna XXIV, 1 et 2.
4. Hérodote, l. IV, LXVII.

Il ne faut pas oublier que les Scythes ont été maîtres de toute l'Asie occidentale jusqu'à l'Indus pendant 28 ans [1]; et que conséquemment plus d'une de leurs coutumes sont restées chez les habitants de ces contrées. Ce qui avait donné naissance à cette observance était que dans les festins, faits en l'honneur de Bacchus, les initiés, qui avaient trop bien fêté leur dieu, s'assommaient à coup de bâtons.

« Plusieurs étoient blessés et quelques-uns même si grièvement qu'ils en mouroient.

« Bacchus offensé de ces accidents ne condamna pas les hommes à s'abstenir entièrement de boire du vin pur, à cause du plaisir que procure cette boisson ; mais il voulut qu'au lieu de bâtons ils se servissent de baguettes [2]. »

Nous ne rappellerons pas ici tout ce que nous avons dit sur le mot *Mithra* que l'on rencontre souvent dans l'Avesta, nous nous sommes étendu assez longuement sur ce sujet, nous voulons seulement constater que c'est une réminiscence des Arias.

Pour le Brahmane, l'observance de la loi religieuse et la lecture assidue du *Rig-Véda* l'absout des plus grands crimes. Il en est de même pour les Mazdéens, celui qui observe les rites religieux ordonnés par la loi est lavé de tous ses crimes [3].

Le culte du Taureau passa aussi du Code de Manou dans celui de l'Avesta avec tout son cortège de ridicules superstitions, mais il n'alla pas jusqu'au crime de bestialité chez les Iraniens comme chez les Arias.

Cependant l'Avesta reconnut l'immortalité des bestiaux [4]; il admit que le taureau avait une âme [5], ainsi que tous les animaux sauvages [6]. La première créature fut le

---

1. Hérodote, l. I, CVI. Les Scythes sont issus de Japhet.
2. Diodore, l. IV, II. Bareçma vient du grec, *Barèma*, charge, dont la racine hébraïque est *Bar*, couper.
3. Vendidad, Fargard, VIII, 77 à 95.
4. Avesta, Yaçna, IX, 15.
5. Avesta Yaçna XVII, 25. — Yaçna XXVI, 43. — Yaçna III, XXVI. — Gathas XXIX, 5. — XXXIX, 1.
6. Gathas XXXIX, 4.

Taureau sacré, même avant *Gayomart*, le premier homme [1].

Il accepta la purification par l'urine de taureau et de vache, aussi bien que celle par l'urine humaine, quand celui de qui elle provenait était marié à sa mère, avec cette différence que la loi de Manou ne parle que de l'urine de vache, sans s'occuper de celle de taureau. Suivant en cela l'esprit général de sa doctrine qui consistait à retourner toutes les lois de Manou, Zoroastre remplaça parfois l'urine de vache par celle de taureau, ou par celle de l'homme marié à sa mère. Au fond, c'est exactement la même chose : c'est aussi immonde ; il est bien difficile de renier son origine [2]. C'est ainsi que Zarathustra défendit de cracher dans les rivières ou d'y jeter des ordures, d'abattre des arbres sans nécessité [3] ; d'uriner autrement que d'une certaine façon [4]. Mais il y a une coutume qui, venue de Judée avec Bacchus, a passé chez les Iraniens : c'est la confession, nous l'avons vue acceptée par Boudha ; Zarathustra en comprit toute la puissance sociale [5]. Il est vrai que dans l'Avesta, elle ne paraît plus qu'un écho affaibli de la législation hébraïque et indoue.

Nous retrouvons dans la division du peuple iranien, en Nmâna, exactement celle édictée par la loi de Manou ; qu'on en juge :

« Un chef de village...
« Un chef de clan...
« Un chef de district [6]... »

Voici maintenant la loi de Manou :

« Qu'il (le roi) institue un chef pour chaque commune,

---

1. Vendidad Fargard XXI, 1. — Vispered XXIII (W. XXI) 31 Gayomart vient de l'hébreu *Gaoua*, mettre au jour, *Mar*, amertume, enfanter la douleur.
2. Avesta, Vendidad, Fargard, VIII, 35.
3. Avesta, Introduction, p. LXXXI.
4. Lois de Manou, l. IV, 46, 47, 48.— Vend. Farg., XVIII, 92., cette loi pouvait bien être une satire de Manou.
5. Avesta, Vendidad Fargard, III, 67.
6. Vendidad Fargard, VII.

un chef de dix communes, un chef de vingt, un chef de cent, un chef de mille [1]. »

Ces lois étaient, dans le principe, empruntées aux lois mosaïques :

« Et choisis-toi d'entre tout le peuple des hommes vertueux, craignant Dieu, des hommes véritables, haïssant le gain déshonnête, et établis sur eux des chefs de milliers, des chefs de centaines et des chefs de dizaines [2]. »

Zoroastre ne sut pas non plus s'affranchir du culte des chiens ; cet animal était honoré dans une certaine mesure, chez les Arias ; il était défendu de le tuer, et la peine du meurtrier était la même que pour celui d'un Soûdra [3] : ce qui était certainement très flatteur pour la quatrième classe de la société arienne. Cette peine était le seizième de celle qui frappait le meurtrier d'un noble Brahmane, d'où il faut en conclure qu'un Brahmane valait 16 chiens ; c'était beaucoup ! Il est vrai que dans un autre passage, le code de Manou semble joliment rabattre la valeur des chiens :

« Il doit verser à terre, peu à peu, la part de nourriture destinée aux *chiens*, *aux hommes dégradés*, aux nourrisseurs de chiens, à ceux qui sont attaqués de l'éléphantiasis ou de la consomption pulmonaire, aux corneilles et aux vers [4]. »

Le ver étant mis sur le même pied que le chien, — le Brahmane équivaudrait à 16 vers, c'est encore beaucoup plus qu'il ne valait, mais c'est un peu plus raisonnable ; je connais certains savants qui, de nos jours, font tout leur possible, suent sang et eau pour convaincre le public qu'ils ne valent pas tant ; qu'ils s'évitent une si grande peine ; il y a longtemps que le lecteur de leurs beaux ouvrages est de leur avis.

---

1. Lois de Manou, l. VII, 115, 116 et suivants.
2. Exode, ch. XVIII, 21 et suivants. — Deutéronome, ch. I, 15. — Josèphe, *H. des Juifs*, l. III, ch. III.
3. Lois de Manou, l. XI, 131.
4. Lois de Manou, l. III, 92.

Quoiqu'il en soit, Zarathustra adopta la loi qui exaltait le chien et la porta à la plus haute puissance de la bêtise humaine ; comme l'on pourrait nous taxer d'exagération, qu'on lise ces admirables lois qui font tomber en extase le sentimental Michelet et son naïf disciple, cet excellent M. Marius Fontane :

« Créateur des mondes ! Si quelqu'un jette (sur une terre) un os de *chien* ou d'homme mort,

« (Ne fût-il) pas plus grand que la dernière phalange d'un doigt moyen,

« Et qu'il s'y répande de la graisse ou de la moelle,

« Quel est le châtiment de cette faute ?

« Ahura-Mazda répondit : Qu'il soit frappé, 50 coups de l'aiguillon, 50 du Çraoshocarana [1]. »

Et cela va par une progression grotesque jusqu'à 1,000 coups de l'aiguillon et 1,000 coups du Çraoshocarana, pour celui qui jette un corps de chien tout entier, c'est-à-dire à la mort, car le condamné ne pouvait survivre à un semblable traitement ; toute cette loi a l'air d'une affreuse plaisanterie, et pour se persuader que l'auteur de l'Avesta avait tout son bon sens quand il l'édicta, il faut se rappeler de sa haine des dévas ; mais voici mieux encore, toujours à l'égard des chiens :

« Créateur des mondes ! Si (une chienne met bas,)...

« S'il arrive quelqu'accident à ces chiens par suite du défaut d'entretien convenable,

« Qu'il expie (le propriétaire où la sainte bête a fait ses couches,) le tort qu'il leur a fait par la peine du Baodhovarsta [2]. »

Mais où le châtiment est vraiment atroce, c'est lorsque la loi condamne celui qui a tué un chien, selon les cas ou la valeur de l'animal, à 500, 600, 700, 800 coups d'aiguillon et à autant du Çraoshocarana.

« Tel est le (châtiment) pour le (meurtre) du *jazhus*,

---

1. Avesta Fargard, VI, 16 à 53. Cet instrument de supplice était une espèce de *Knout*.

2. Avesta, Vendidad, Fargard, IV, 61 à 67, cette peine consistait dans la suppression des bras.

du *vizus*, du Çukuruna, du chien-loup aux dents aiguës, du renard et de toutes les créatures de Çpento-Mainyus qui proviennent de la race canine, excepté l'udra aquatique. »

Celui qui donne un os trop dur ou des aliments trop chauds à un chien devient criminel et doit subir une expiation ; laquelle ? l'Avesta ne le dit pas, à moins que par analogie et comme se trouvant dans le même Fargard, on ne lui applique la peine du Baodhovarsta infligée à la fille qui nuit à son germe [1].

Et pour comble de bouffonnerie, les chiens qui ont eu une vie honorable vont dans le paradis... des chiens !

« Créateur des mondes ? Si des chiennes viennent à mourir, les sensations éteintes et devenues impuissantes, que devient le principe de connaissance (qui est en elle) ?

Ahura-Mazda répondit gravement et sans rire : « Il va au fond originaire des eaux, ô saint Zarathustra. Là, se trouvent avec elles deux udras aquatiques, un couple, l'un mâle, l'autre femelle [2]. »

Nous voulons bien que le chien comme le bœuf était utile à l'homme, mais ce n'était pas une raison pour l'élever aussi haut et le mettre constamment sur le même pied que l'homme ; Zoroastre a dépassé le but, et tellement, qu'il faut une grande bonne volonté pour ne pas croire que ce législateur avait un grain dans le cerveau, et qu'il faut cette innocence prodigieuse de M. Marius Fontane, pour tomber en arrêt extatique devant de pareilles lois !

Une ordonnance de Zarathustra, imitée du Code de Manou, est celle qui punit le médecin qui se trompe ; mais toujours en exploitant sa haine inextinguible des dévas. Manou punissait à l'amende du premier ou du second degré, selon que la victime de l'ignorance du savant, était bête ou homme, le praticien qui avait erré.

---

1. Avesta, Vendidad, Fargard XV, 10, 11, 12, 38, 39.
2. Vendidad, Fargard, XIII, 166, 167. — Khorda Avesta, Yesht, XXI, 44.

Zoroastre veut que les médecins s'exercent d'abord sur les dévicoles, ces ennemis éternels du Mazdéisme. S'il se trompe trois fois et laisse périr, entre ses mains, le patient, l'exercice de la médecine lui sera interdite ; à ce compte-là, chez nous, nous aurions bien peu de docteurs, il est vrai que le mal ne serait pas grand, on en serait quitte pour mourir en dehors des règles de la Faculté : si le médecin, malgré la défense qui lui était faite, continuait à exercer, et qu'un Mazdéen vint à souffrir de sa science, il était condamné à subir la peine du baodhovarsta [1].

Nous avons dit que Cambyse, revenant de conquérir l'Egypte et toutes les côtes de l'Arabie, avait emmené avec lui un grand nombre de prisonniers, parmi lesquels se trouvaient nécessairement beaucoup de Juifs ; leur influence se ressent dans plus d'un passage de l'Avesta. En première ligne, nous citerons l'histoire de *Yima* qui rappelle la création et le déluge, sans même oublier la colombe [2]. Il se pourrait toutefois que cette légende vînt des anciens Arias, car ils en ont d'analogues comme nous l'avons vu dans leurs ouvrages.

Mais ce qui vient bien du contact des Juifs de Cambyse avec les Iraniens, ce sont toutes les lois concernant l'impureté des femmes pendant leurs mois.

« Le quatrième des actes coupables que commettent les hommes,

« Est celui (de l'homme) qui connaît une femme ayant les marques...

« Le cinquième des actes coupables...

« Est celui de l'homme qui connaît une femme enceinte [3]...

« Créateur des êtres corporels. Etre pur. Si dans une maison de Mazdéens, il se trouve une femme qui a les signes...

---

1. Lois de Manou, l. IX, 284. — Avesta, Vendidad, Fargard, VII, 94 à 102.
2. Avesta, Vendidad, Fargard, II.
3. Vendidad, Fargard, XV, 22 à 26. — Toutefois les lois de Manou défendaient ces actes.

« Que cette femme soit placée en un lieu couvert d'une poussière sèche ;

« Et qu'ils élèvent ce lieu de moitié, d'un tiers, d'un quart ou d'un cinquième de la hauteur de l'habitation.

« Car s'ils ne le faisaient point, cette femme pourrait regarder le feu : s'ils ne le faisaient point, elle pourrait en fixer la flamme du regard [1]. »

Et la souiller ; vous avouerez que voilà une exagération tout orientale.

La Bible ne va pas si loin, il s'en faut de beaucoup :

« Tu n'approcheras point de ta femme pendant sa séparation de la souillure, pour découvrir sa nudité [2]. »

Et cela sous peine d'être retranché du milieu de la nation [3].

La femme ayant ses mois devait rester séparée sept jours et quiconque la touchait était souillé jusqu'au soir [4]. On voit que l'Avesta a encore renchéri.

Nous ne rappellerons pas que toutes les lois contre la pédérastie sont tirées de la Bible, nous l'avons dit plus haut.

Le serpent de la Genèse, cause de la perte du premier homme, n'est pas oublié par l'Avesta, et comme dans les livres saints, il est représenté marchant à l'instigation du démon [5].

Ainsi que dans la Bible, l'homme est souillé pour toucher un cadavre, avec cette différence que Moïse ordonna que l'homme ainsi souillé se purifierait en se lavant avec de l'eau [6], ce qui était une mesure hygiénique qui se comprend sans commentaire ; Zoroastre, imitateur d'une loi dont il ne comprenait pas la portée, voulut qu'il restât impur tant qu'il ne se serait pas lavé avec du *Goméza* (urine de taureau et de vache) [7]. C'était,

---

1. Vendidad, Fargard, XVI, 1 à 8.
2. Lévitique, ch. XVIII, 19.
3. Lévitique, ch. XVIII, 23.
4. Lévitique, ch. XV, 19.
5. Vendidad, Fargard, 1, 6, 7, 8.
6. Lévitique, ch. XXII, 4, 6.
7. Vendidad, Fargard, VIII, 271 à 279.

on l'avoûra, un singulier moyen de se débarbouiller ! encore fallait-il qu'il se lavât 15 ou 30 fois selon le cas. Il devait sentir bon après… Et ce romantique Michelet qui prétend que l'Iranien ne vit que de *parfums !* Ce que que c'est que d'avoir l'imagination vive et légèrement déraillée ! Après cela, la rose pousse au milieu du fumier ; c'est probablement ce que s'est dit cette plume hallucinée.

Cela ne nous étonnerait pas, non plus, que ce fût cette liqueur parfumée que le docteur Saffray ait prise pour la fameuse bière des Arias, qu'il aime tant à déguster ! Ces savants sont si malins et si gourmets !

Des bas-fonds du ridicule ignoble, la loi Mazdéenne s'élance parfois jusqu'aux sommets les plus élevés de la froide cruauté, notamment dans ces préceptes qui ont rapport au traitement des cadavres, tout en restant dans la niaiserie.

Si un homme porte seul un cadavre, après que la Druje Naçus[1] s'est promenée sur son corps sans en oublier les parties les plus secrètes, il est enfermé, vêtu à peine, et nourri juste pour qu'il ne meure pas de faim, on le garde jusqu'à ce qu'il soit débile, vieux ou impuissant, et alors on lui tranche la tête sur le sommet d'une montagne, où son corps devient la proie des animaux carnassiers[2]. Il n'est pas possible de rien imaginer de plus féroce que cette loi ; un homme que, pendant des années, on laisse suspendu sous la hache ! et que l'idée d'une mort violente berce de son éternel cauchemar.

Zoroastre a emprunté à la Bible les lois contre la magie[3] et la défense de pleurer les morts[4].

Il y a parfois des passages de l'Avesta qui ont un souffle biblique ; on entend comme un écho lointain et affaibli de cette grande voix qui résonna sur le Sinaï et qui devait plus tard emplir l'univers. L'on sent que

---

1. Naçus vient de l'hébreu Naca, frapper, tourmenter, tuer.
2. Vendidad, Fargard, III, 44 à 66. — Certains auteurs pensent qu'on scalpait le patient.
3. Lévitique, ch. XX, 27,
4. Vendidad, Fargard, III, 35 à 37.

l'auteur a voulu, sans pouvoir y atteindre, imiter l'ampleur et la simplicité de la phrase sacrée : lisez ce passage et vous serez étonnés avec nous de la ressemblance harmonique qui existe entre elle et le style Mosaïque :

« Ahura-Mazda répondit : c'est bien comme tu le dis en vérité, Zarathustra !

« Je fais couler les eaux de la mer Vourukasha, portées par les vents et les nuages, moi qui suis Ahura-Mazda.

« Je les conduis sur le cadavre, moi qui suis Ahura-Mazda ;

« Je les conduis sur le dakhma, moi qui suis Ahura-Mazda ;

« Je les conduis sur les fluides impurs, moi qui suis Ahura-Mazda ;

« Je les répands sur les os, moi qui suis Ahura-Mazda ;

« Je les ramène invisibles, moi qui suis Ahura-Mazda [1] ... »

Voici maintenant une réminiscence du passage de la mer Rouge :

« Brillante de toutes les beautés, elle rendit immobiles les eaux (supérieures) fit couler les autres et fraya ainsi un passage sec, au milieu du Vitanahaiti [2]. »

Zoroastre emprunta aux idées juives, la conception d'un mauvais esprit opposé au dieu suprême. Mais au lieu d'en faire un ange déchu, une créature foudroyée par l'Eternel, il en fit un rival coexistant éternellement à Ahura-Mazda.

« Anro-Mainyus est cet esprit primordial que les Gâthâs (Hâ xxx) nous représentent comme co-existant éternellement à Çpenta-Mainyus ou Ahura-Mazda, Jumeau (?) de celui-ci et qui prit pour son partage la

---

1. Vendidad, Fargard, V, 54 et suivants, Ahura-Mazda vient de l'hébreu *Ara* méditer, concevoir, produire — et *Mazda* de *Mazon*, nourriture.
2. Khorda Avesta, Yesht, V, 79.

mort et le mal. D'après le Boundehesh qui semble bien reproduire la doctrine avestique, sa nature et son origine sont assez différentes. Anro-Mainyus [1] existait dans les ténèbres éternelles ignorant Ahura-Mazda, sa lumière et ses œuvres [2]. » « Les uns pensent qu'il existe deux divinités en quelque sorte rivales, dont l'une produit le bien, et la seconde les maux [3] »

Naturellement nous trouvons dans cette doctrine tout un cortège de génies, les uns bienfaisants, les autres malfaisants [4].

Mais où était situé l'Airyana Vaêja, centre de la secte Avestique ? rien qu'à en juger par l'esprit de l'Avesta, dont toutes les colères, toutes les foudres, toutes les haines, toutes les fureurs sont dirigées contre les Brahmanes Védiques, ces *dévas* dont le nom seul fait frémir

---

1. Ce nom Anro-Mainyus vient de deux racines Hébraïques *Eres*, soleil et *Meni*, lune, et a été donné au génie du mal par Zarathustra, en haine des Brahmanes qui adoraient ces deux astres. Spenta-Mainyus vient de *Mana*, mot hébreu qui signifie *compter, établir* et de *Penta* mot égyptien qui, d'après Plutarque, veut dire *Cinq tout*. (Sur Isis et Osiris.)
2. De Harlez, Avesta, introduction, page CXXVI.
3. Plutarque sur Iris et Osiris, 46. Nous avons démontré dans le *Droit divin de la démocratie* l'erreur de cette doctrine. Le mal, nous ne cesserons de le redire, en lui-même n'existe pas, il n'est que le résultat de la désobéissance à la volonté de Dieu et l'infraction à ses lois : Conséquemment la conception d'un Dieu rival est une folie, que des hommes aveuglés par les ténèbres du paganisme, pouvaient seuls concevoir. Une doctrine à peu près semblable existait en Chaldée (Plutarque sur Isis et Osiris, 48). Les prêtres de ce pays croyaient qu'il y avait dans les planètes deux dieux bienfaisants, deux dieux malfaisants et trois intermédiaires, participant de la nature des uns et des autres. Au fond, cette doctrine venait d'Egypte où Osiris était le dieu du bien et Typhon le dieu du mal ; de sorte qu'il est possible que Zoroastre l'ait empruntée aux prisonniers Égyptiens de Cambyse. (Plutarque, sur Isis et Osiris, 49 et 50). On retrouve cette idée en Amérique, où chez les Cris, il y a le Kijemanito, l'esprit parfait, Dieu et le Matchi-Manito, le mauvais esprit. (Dictionnaire de la langue Crise, par le P. Albert Lacombe).
4. Peut-être Zoroastre a-t-il emprunté son mauvais génie comme nous l'avons dit plus haut, au Typhon égyptien qui représentait tout ce qu'il y a de mauvais et qu'Osiris (Bacchus) avait terrassé ; particulièrement la mer (Typhon) qui sans cesse tendait à envahir le Delta et que le Nil (Osiris) avait vaincue et repoussée. (Plutarque, sur Isis et Osiris, de 36 à 44). Le Typhon est encore, en Asie, la tempête dans ce qu'elle a de plus épouvantable.

d'indignation le réformateur, il devait être en plein territoire Ariaque. Là où était la montagne sacrée des descendants des colons Crétois. Il n'y a que les fureurs civiles qui puissent atteindre à un tel degré de passion. Ce n'est qu'au milieu du brasier, que le plomb bout et s'extravase en laves ardentes : c'est ce qu'établit, sans qu'il soit possible de le contester, ainsi que nous l'avons déjà dit, ce passage de l'Avesta :

« J'ai créé le cinquième des lieux, des séjours excellents, moi qui suis Ahura-Mazda ;

« Niça, située entre Moûru et Bâkdhi [1]. »

Il n'y a aucun doute que l'Airyana, et l'Arianie ne faisaient qu'un seul et même pays, un nom étant la corruption de l'autre ; et Niça est la Nysa de Bacchus, Moûru le mont Méros comme Bâkdhi n'est autre que la ville de Bactres.

Tout ceci est confirmé par ces deux paragraphes du Khorda Avesta :

« Le premier Yazata céleste qui s'avance au-dessus du Hara, marchant devant le soleil immortel, aux coursiers rapides ; qui, le premier paré de l'éclat de l'or, atteint les sommets brillants d'où il embrasse, favorisant les êtres, tout le *sol Aryaque*.

« (Ce sol) où les chefs valeureux dirigent ou mettent en ordre de nombreuses troupes, où de hautes montagnes, abondant en pâturages et en eaux, produisent les choses qui servent à l'entretien du bétail, où subsistent les lacs profonds, aux eaux vastes ; où des eaux navigables, au large cours, se précipitent à grand flot vers Iskata et Pouruta, vers *Moûru*, Haraeva, Gau, Çugdha et Quâirizâo [2]. »

L'Airyana, comme l'Arianie ou l'Aryanie, était donc situé à cheval sur le Caucase, de Bactres à l'Indus, en passant par *Nysa* ou *Niça* et le *Méros ou Moûru*. Par

---

1. Vendidad, Fargard, I, 18, 25 et 26. Moûru était considéré comme un lieu saint.
2. Khorda Avesta, Yesht X, 13 et 14.

la suite des temps et le triomphe de la lutte, l'Avesta s'étendit partout où les lois de Manou avaient établi leur empire, puisque sous Alexandre-le-Grand, moins de deux siècles après Zoroastre, nous voyons une de ses lois les plus bizarres et les plus significatives, *l'abandon des cadavres à la voracité des animaux carnassiers*, observée à Taxile[1] ville située entre l'Indus et l'Hydaspe, un de ses affluents, un peu plus au sud que le mont Méros et Nysa ; dans le pays des Néorites ou Horites, peuples habitant les rives de la mer Erythrée ou du sud et au midi de la Gédrosie[2] ; cette coutume existait aussi, chez les Caspiens, qui étaient placés sur les bords de la mer Caspienne, entre les Sociniens, la Médie et les Mardes[3], ainsi que dans la Colchide[4] : on l'a trouvée encore du temps d'Alexandre dans la ville de Bactres elle-même[5] et en Hyrcanie, province de l'empire des Perses[6].

N'oublions pas qu'à cette époque les alliances entre proches parents étaient en honneur.

Toutefois nous devrons faire observer que lors de la conquête d'Alexandre, il y avait encore dans tous les pays Ariens (Arie, Arianie, Bactriane, etc.), des Brahmanes et des Boudhistes, puisque ce héros conversa avec les uns et avec les autres.

Il faut donc admettre que dans toute l'Inde Arienne les trois partis vivaient côte à côte, mais en pleine lutte philosophique, à cette époque ; s'anathématisant à qui mieux mieux : le Boudhisme tendant à envahir les pays à l'est du Gange jusqu'aux extrémités de la Chine et le Mazdéisme se portant à l'ouest de ce fleuve ; quant au Brahmanisme, il râlait son dernier soupir entre ses deux redoutables sectes[7].

---

1. Strabon, l. XV, ch. I, 62.
2. Diodore, l. XVII, 571.
3. Strabon, l. XI, ch. XI, 7.
4. Elien, l. IV, ch. I.
5. Strabon, l. XI, ch. X, 3.
6. Cicéron, Tusculanes, l. XLV.
7. Plus tard le Brahmanisme, alors qu'on le croyait anéanti, se réveilla et chassa le Boudhisme de l'Inde : cette secte se retira en Chine où jusqu'à nos jours elle n'a pas cessé de dominer.

Quelle était la patrie de Zoroastre? était-il juif, ainsi que le prétendent les Arabes? nous ne le pensons pas ; nous ne croyons pas davantage qu'il fût mède ou perse proprement dit : car au fond il est bien certain qu'il était né dans cet empire, puisque l'Arianie faisait partie intégrante de la monarchie Perse, depuis longtemps, quand ce réformateur est né.

Nous sommes convaincu qu'il vint au monde dans l'Arianie même ; et qu'ainsi que César plus tard à Rome, il s'appuya sur la démocratie et notamment sur cette masse de Dasyous, enfants déclassés par le jeu naturel de lois épouvantables, pour saper le pouvoir exhorbitant des Brahmanes :

Il eut, aussi bien que l'ambitieux latin, le génie de comprendre l'immense puissance qui jaillit de l'union intime de la religion avec la démocratie : par ses liaisons avec les juifs de Cambyse, il fut à même d'apprécier la grandeur sociale des doctrines de la Bible ; il tenta dans une mesure restreinte il est vrai, de l'imiter : et certainement l'on peut dire en toute vérité qu'après Moïse, bien loin après lui, cependant, il fut le plus grand législateur qui ait existé. Si l'on dégage toute la rédaction de son Code, de ses scories barbares et de quelques lois qu'en haine des Dévas-Brahmanes, dont il ne comprit pas toute l'insociabilité ou la cruauté comme l'alliance entre proches parents, et la destruction des cadavres par les animaux carnivores, il reste un Code qui n'est pas sans grandeur. En ce qui concerne même les mariages entre proches parents il faut lui tenir compte de l'influence des prisonniers égyptiens amenés par Cambyse ; et de ce fait que les unions entre parents ne sont pas après tout contre nature, et qu'elles étaient un immense progrès sur la Sodomie et l'amour des bêtes pratiqués chez les Arias.

On a cherché le sens du nom de ce vigoureux réformateur ; à quoi bon ? Le naïf M. Marius Fontane, oubliant la règle la plus élémentaire de la science des étymologies [1], qui est de remonter à la forme primitive

---

1. Hippolyte Cocheris, origine et formation des noms de lieu. II

du nom, avant toute autre chose, donne à Zoroastre le sens *d'astre d'or* : on n'est pas plus léger, ni plus amusant.

« Le mot Zoroastre, lui-même, pouvant se comprendre comme un attribut, un titre, — *Astre d'or*. — Et la chronologie des légendes donnant des dates inconciliables, l'existence d'une série de Zoroastres, de réformateurs successifs, a été admise, parfois, au moins comme une signification. »

Nous le demandons au lecteur sérieux, est-il permis d'être plus jeune? qu'est-ce que *l'astre d'or* a à faire avec Zarathustra, ce fougueux révolutionnaire qui sapait dans sa base le paganisme Arien, adorateur du soleil?

M. de Harlez qui lui, est un homme intelligent, grave et sérieux, désespère — et a mille fois raison — de donner un sens à ce nom : faut-il donc absolument que le mot propre qui sert à désigner les grands hommes signifie quelque chose?

« Les philologues ont vainement cherché la signification du nom de Zoroastre. Les uns le divisent en *Zara Thustra* ; le premier mot signifierait *or*, le second (thwis) *brillant*. Les autres, avec plus de raison, séparent Zarath (pour Zarat) de *ustra*, mot qui désigne un *chameau*. Le sens serait, selon F. Muller, aux chameaux vieillis (*Zarat*. venant de *Zar*, jar, gèrascô). Selon Haug, *ustra*

---

faut lire ce qu'il dit page 150 sur le nom de la tour San Verena, qui par des transformations successives est devenue la tour Sans Venin.

Il en est de même des mots usuels de la langue dont le sens primitif tombé en désuétude, et qui sont dénaturés et amenés à un sens tout différent ; le peuple ayant plaisir à toujours donner une signification qu'il saisit, aux mots qu'il ne comprend pas. C'est ainsi que l'expression *vent de Galerne*, vent du nord-ouest et excessivement pernicieux, le mot galerne cessant d'être en usage à Paris, est devenu dans les idées du peuple *vent de Galère*. En ce qui concerne Zoroastre, le naïf M. Marius Fontane a fait comme le peuple! ce n'est pas un crime, mais à ce compte, s'il poussait la rage des étymologies jusqu'à rechercher celle de son propre nom Fontane, il en ferait facilement : Fons Asini; en serait-il flatté? Peut-être ; il est si vaniteux !

équivaudrait à *uttara*. *Zarathustra* serait « *le chef des vieillards* » ou « *le chef vieillissant*[1]. »

A tout ceci, nous n'ajouterons qu'un mot, c'est que Zara en hébreu veut dire répandre, concevoir, féconder ; mais thustra n'a aucun sens — et au fond nous sommes convaincu que Zarathustra, comme beaucoup d'autres noms propres, n'a aucun sens applicable à la destinée du réformateur Arien.

Zarathustra était assurément un Aria ; il devait être de la caste des Kchatriyas; ceux qui faisaient partie de cette classe n'avaient pas le droit d'enseigner les lois de Manou, mais ils pouvaient les lire; or, le code de Zoroastre dénote une profonde connaissance des lois et coutumes Ariennes : sa cruauté froide et calculée, sa haine inextinguible contre les dévas, sa fureur concentrée, tout indique l'œuvre d'un sectaire qui sape le pouvoir exhorbitant des Brahmanes.

Le réformateur s'est appuyé sur la démocratie aussi bien que Gaudama, mais de plus que lui, il a compris la puissance du principe religieux; et tandis que Phralaong atrophiait les disciples qui s'attachaient à lui par ses ridicules pénitences et son athéisme sournois, lui, il relevait ses adeptes par la grande idée d'un être suprême, créateur de l'univers et de ses habitants. Mais tous deux épurèrent la morale dissolvante des descendants abrutis des compagnons de Bacchus.

Les doctrines puériles et énervantes de Phra devaient avoir plus de prises sur les habitants de l'extrême orient, qui, issus directement des compagnons égyptiens de Rhamsès II (Sésostris) n'avaient guère pour religion que le culte des ancêtres.

Il est certain que les Chinois, ces nègres déteints, sont descendus des soldats que Sésostris sema tout le long de son voyage depuis la Colchide, où nous avons retrouvé la circoncision, jusqu'aux rives de l'Océan Pacifique, où nous retrouvons la couleur égyptienne de la peau des habitants des rives du Nil; la queue que les habitants portent

---

[1]. De Harlez, introduction, page XX.

sur leur tête rasée sauf une faible mèche ; le choix de leur roi en dehors de la famille royale, s'il se rencontre ailleurs un homme plus apte à gouverner que l'héritier présomptif ; ce qui explique les nombreuses dynasties ; — l'écriture hiéroglyphique ; les relations intimes avec les plus proches parents, même avec leur fille et leur mère ; la fête des lampes, le culte des morts, les îles flottantes et une foule d'autres coutumes dont l'exposition nous entraînerait dans des développements qui nécessiteraient un volume.

L'excellent et naïf Monsieur Marius Fontane, supprime Sésostris, comme le père Loriquet a supprimé Napoléon :

« Le « butin merveilleux » que Ramsès II rapporta de cette brillante campagne n'a jamais existé que dans l'imagination des historiens grecs, trompés sans doute par les prêtres égyptiens qu'ils avaient questionnés[1]. »

Cela est fort commode, mais c'était indispensable ; l'auteur de *l'histoire universelle sans histoire*, établissant ses enfantillages qu'il ressasse pendant 400 pages, sur des hymnes et n'ayant parlé dans son volume des Arias, que de ce qui se passe dans la lune, le soleil ou les nuages, mais ayant oublié Bacchus, Sésostris, Darius, Sémiramis, Cyrus, Cambyse, Alexandre et tout homme qui a un nom historique et a joué un rôle sur les bords de l'Indus ou du Gange, devait se trouver fort embarrassé par cette grande figure de Sésostris, que tous les historiens grecs, d'accord avec les monuments égyptiens, font aller planter sa tente jusque sur les rives de l'océan Pacifique. Mais avec cette grande autorité qui sait écraser avec une grâce naïve, tous les livres grecs et hébreux, il jette par-dessus bord ce gênant personnage ; et ne craint même pas d'accuser de plagiat toute la société égyptienne qui aurait menti effrontément, comme le ferait un libre-penseur de nos jours :

« Jaloux de sa réputation de « roi constructeur », Ramsès II fit graver son nom sur tous les monuments

---

1. *Les Egyptes*, ch. XXI.

de l'Egypte, *anciens et nouveaux*, de telle sorte que les grecs de très bonne foi, attribuèrent à Ramsès II, leur Sésostris, les hauts faits de tous les Pharaons antérieurs [1]. »

Ah ça ! mon cher bonhomme, vos lecteurs, les libres-penseurs sont donc bien abrutis, que vous comptez leur faire digérer de pareilles imaginations, échaffaudées sur quoi ? pas même sur ce que vous prétendez avoir vu en Egypte, mais sur les idées saugrenues qui troublent votre entendement. — Quoi, voilà un fait affirmé par tous les écrivains, par tous les monuments, que l'on retrouve palpitant dans les lois et coutumes de la Chine, et parce qu'il gêne le développement de votre belle histoire, vous le niez brutalement ; — allons donc ! décidément, vous n'êtes pas sérieux.

Les doctrines de Phralaong devaient avoir un immense retentissement chez ces peuplades à demi sauvages, et longtemps après sa mort, alors que tout l'Orient les avaient adoptées, nous voyons des pélerins chinois [2] venir à son tombeau, contradiction inénarrable, demander la sagesse *à l'âme anéantie* de ce roi des libres-penseurs. Ce qui prouve une fois de plus que le peuple ne pourrait jamais courber sous le joug de ces doctrines dissolvantes son front abruti [3]. C'est au reste ce

---

1. Les *Egyptes*, ch. XXIV.
2. Abel Rémusat, Foé Koué Ki.
3. Le peuple a parfaitement raison ; du moment que l'univers serait sans Dieu, nous ne saurions trop le répéter, rien ne pourrait enchaîner les caprices et les passions de l'homme. M. Marius Fontane, ce naïf historien sans histoire qui a trouvé le rare moyen de publier des volumes de 400 pages sans rien dire, aurait pu renfermer en 3 pages tout ce qu'il a écrit avec un entrain qui ne se repose jamais : — L'homme en Aryanie, en Iran comme en Egypte était au commencement, (avant le déluge) vertueux, chaste, honnête, bon, sage, généreux, habile, serviable, modeste, — et ce pendant 100 pages d'et cœtera ; — mais les prêtres vinrent, ils créèrent leurs dieux, à leur image pour dominer les hommes, et tous les vices, tous les malheurs, tous les despotismes, tous les débordements, toutes les ignorances, toutes les absurdités, toutes les infamies envahirent la terre ; — et cela pendant 200 pages d'et cœtera, puis il conclut... — tout haut, ce charmant prêtrophobe ; — si vous voulez être heureux, vertueux,

que constate le traducteur de la légende de Gaudama. Les Boudhistes, nous voulons dire la partie éclairée du peuple, adorent un être souverain, dispensateur des récompenses et des châtiments après la mort, et les autres adorent Boudha. Instinctivement, l'homme sent que n'étant pas venu de lui-même et par son propre pouvoir sur la terre, il faut bien que ce soit un être supérieur qui l'y ait placé, comme il comprend que les coquins étant seuls heureux ici-bas, il faut bien qu'il y ait un autre monde meilleur où les bons seront récompensés, autrement ce ne serait pas la peine de vivre et mieux vaudrait mourir de suite.

Les principes au contraire de Zarathustra plus fiers, plus mâles, plus graves, se rapprochant davantage des doctrines de la Bible, ce code humain par excellence, devait avoir plus d'influence sur la race Blanche, plus apte à en comprendre les préceptes moins abrutissants et moins ridicules.

En quelle langue est écrit l'Avesta? Si nous en croyons M. de Harlez, et sa démonstration paraît irréfutable, le *Zend* n'existe pas, ce mot signifie simplement traduction; de sorte que *Zend Avesta* voudrait dire traduction de l'Avesta.

Quelle serait alors la langue originaire de ce Code? probablement le Sanscrit, la langue savante de l'Inde; mais comme il était destiné au peuple, il dut y en avoir de suite une version qui fût à la portée de tout le monde; la langue de l'Avesta devait être un patois sanscrit, comme le provençal en France est un patois français, assez formé pour porter le nom de langue; assez étendu pour être compris d'un grand nombre de personnes. Au reste, cette question n'a qu'un intérêt relatif et simple-

---

doux, serviables, n'ayez *ni Dieu ni prêtres*, et... — tout bas : — *Nous serons vos maîtres, vous nous nourrirez à rien faire, nous vous écraserons, nous vous pressurerons à loisir, sans que jamais personne ne trouve à y redire.* Allons troupeau humain, chassez votre maître, étranglez vos bergers et vos chiens, et nous pourrons, tous les jours, tant que notre faim ne sera pas assouvie, tailler dans votre chair, côtelettes, aloyaux, gigots et filets; nous engraisser de votre substance, jusqu'à ce que nous crevions d'embonpoint.

ment philologique; puisqu'il n'y a aucun doute que ce ne soit une langue phonétique, issue, pour la plus grande partie de ses mots, du Sanscrit, avec addition, d'expressions tirées du Pehlevis, du Parsis, du Persan, etc., tous langages, eux-mêmes, phonétiques.

LIVRE VIII

Conclusion.

Nous voici arrivé au terme de notre étude; si le lecteur n'a pas été rebuté par la sécheresse et l'aridité du chemin, il a dû déjà depuis longtemps être fixé sur la conclusion de notre travail; et notre tâche est terminée.

Il a vu avec nous Noé bénir son fils bien-aimé, Sem, qui avait respecté en lui, les droits et les lois de la nature. Il a vu Dieu, en récompense de son obéissance, promettre à la postérité d'Abraham, l'empire de la terre; les enfants de Jacob entrer en Egypte, s'y multiplier, inventer ce merveilleux langage phonétique qui sera l'arme invincible avec laquelle ils conquerront l'univers, chanteront leurs triomphes et charmeront leurs douleurs; il a vu, sous trois chefs : Moïse, Cadmus et Danaüs, trois essaims d'hébreux aller coloniser la Judée, la Phénicie et la Grèce; et de là marcher à la conquête du monde. Dans *le Droit divin*, nous avons dit ce qu'étaient les hébreux, nous avons montré la grandeur de leur admirable Code; la seule loi, où le faible : enfant, femme, débiteur, serviteur, soit protégé contre le fort : maître, créancier, époux et père; le seul Code où les lois de la nature soient respectées. — Dans cette étude actuelle, nous avons dépeint les mœurs épouvantables des descendants de Jacob qui s'étaient séparés de Moïse. Avec nous, le lecteur a vu Bacchus à la tête d'une colonie de Crétois, envahir les rives de l'Indus et du Cophès, son affluent, y fonder une nation, à laquelle il donna cet abominable Code de Manou (Minos), où tous les droits de l'homme et de la nature sont méconnus; où le faible de quelque nature qu'il soit, est la proie du puissant; où les infâmes Brahmanes se livrent à toutes les débauches du despotisme et de la nature bestiale ; où l'homme blanc, oublié du Dieu, père et protecteur de Jacob, se ravale à toutes les turpitudes de la race nègre d'Egypte, avec laquelle ses ancêtres avaient été malheureusement pendant trop longtemps en contact; nous lui avons montré la tyrannie Brahmanique arrivée à un tel degré d'infamie, la corruption se vautrant dans des bas-fonds tellement immondes, que deux hommes mus au fond par la même répulsion, bien que marchant dans des voies différentes, Gaudama et Zarathustra, écrasèrent du pied les monstruosités de la loi de Manou ; et essayèrent de délivrer le peuple des chaînes que Bacchus avait rivées autour de leur cou et à chacun de leurs membres ; Phralaong éclairé par son seul génie, le génie humain, abandonné à lui-même, mais élevé à la plus haute puissance, tomba dans l'athéisme et la niaiserie monacale, tout en proclamant l'égalité, et ne sut pas se débarrasser des langes de la Métempsycose et de toutes les absurdités qui en découlent.

Zoroastre, éclairé au contact des Juifs de la Judée, s'éleva à la connaissance de l'être suprême, et proclama l'égalité de l'homme, sans toutefois, aussi bien que Boudha, oser abolir l'esclavage, et malheureusement ne comprit pas l'insociabilité de deux de ses lois principales, l'union des proches parents et l'abandon des cadavres aux animaux carnassiers.

Le lecteur a donc vu parfaitement la filiation de la race de Jacob.

Il l'a suivie avec nous, partout où la famille blanche a étendu son domaine : en Asie, en Europe, en Afrique ; partout, il a vu refouler les peuples Autochtones (les enfants de Japhet ?) du reste peu nombreux, faire la souche de toutes les grandes nations civilisées de notre époque ; et marcher encore aujourd'hui à la conquête de l'Amérique, d'où un décret des Etats-Unis vient, tout dernièrement, de refouler la race chinoise, c'est-à-dire la race nègre venue d'Egypte avec Sésostris et qui forma la race Jaune d'Asie, cette race Noire blanchie, devenue après son passage en Amérique la race Rouge[1] par son mélange avec les descendants des Phéniciens, venus d'Europe à travers l'Océan Atlantique, écrasée, refoulée, anéantie jadis par la race Blanche ; ce qui n'est pas à la louange des enfants de Jacob en général et des Espagnols, auteurs de tant de crimes, en particulier.

La promesse de Dieu à Jacob est donc accomplie. La race Sémitique a partout peuplé, civilisé la terre, elle a établi son sceptre incontesté sur tous les points du globe.

C'est à elle, à n'en pas abuser, à s'élever à la hauteur de sa mission, en en comprenant toute la sublimité et à se rendre digne de faire régner les grands principes de la Bible qui, s'ils ne sont pas encore partout mis en pratique, sont cependant admis par l'universalité des philosophes, à quelque nation, à quelque branche de la religion de Moïse, qu'ils appartiennent comme les seuls vrais et les seuls sociaux[2].

Voyez à quel point ce que nous disons est juste :

Les Anglais dont les lois sont les plus éloignées de la démocratie Mosaïque, sèment aux quatre vents de

---

[1]. M. Désiré Charney a retrouvé tout dernièrement encore, des monuments qui ont beaucoup de ressemblance avec les monuments boudhistes.

[2]. Les Canadiens-Français, dans l'Amérique septentrionale, colonisent avec un courage digne des plus grands éloges, à l'heure qu'il est, le *Manitoba*, province située de l'autre côté des forêts vierges, où se trouvent d'immenses savanes d'une étonnante fertilité ; cette province, absolument déserte il y a vingt ans, a aujourd'hui une capitale de 12,000 habitants. La plaine a été divisée en lots de 160 acres qui sont donnés gratis à tout colon qui s'engage à y demeurer trois années. Le Canada-Français qui n'avait que 60,000 habitants lors de la conquête, en a aujourd'hui 1,500,000 qui parlent le plus pur français ; si sa croissance marche toujours sur le même pied, dans cent ans, il aura 48,000,000 d'habitants. Ce petit peuple a une littérature remarquable, de nombreux écrivains, poëtes et prosateurs, portent, dans ces pays reculés, les mœurs et le goût français. Ses principaux représentants sont : MM. Crémazie, H. Fréchette, Faucher de Saint-Maurice, Legendre, etc. M. Louis Taché a publié, en 1881, un recueil de poésies Franco-Canadiennes qui renferme quelques belles pièces de vers. Il dirige les *Soirées Canadiennes*.

l'univers ce Code divin qui est leur plus sévère condamnation :

Ils sont inconsciemment les propagateurs enthousiastes et fiévreux de cette démocratie qui a dit aux hommes, la terre vous appartient à tous au même titre; toute inégalité en vous est une injustice qui est réprouvée ; absolument comme ces oiseaux qui, sans s'en douter portent à tous les coins du monde, à toutes les latitudes, le grain qu'ils ont ravi, et qui fera germer la vie dans les déserts les plus reculés, les solitudes les plus sevrées des joies de la civilisation, les plus éloignées de la demeure des hommes.

TABLEAU DES MOTS GRECS

DÉRIVÉS DE L'HÉBREU

Nous prions le lecteur de se reporter à ce que nous avons dit à ce sujet à la page 96.

Nous lui serons bien reconnaissant de se souvenir que si nous n'avons pas mis ce tableau dans le corps de l'ouvrage, à la place qui lui appartiendrait régulièrement, cela a été afin de ne pas entraver la suite de notre raisonnement; les esprits sérieux et de bonne foi, ne se méprendront pas sur notre but, et en idée, ils se reporteront pour ce tableau comme pour les suivants aux chapitres qui les concernent et où ils auraient dû être insérés. Nous répèterons ici, que nous ne donnons que les mots grecs dont l'étymologie hébraïque est incontestable.

RACINES HÉBRAÏQUES	DÉRIVÉS GRECS
Ab, aboth ; père, parents ;	Pappas, pater, ab, père.
Eb, verdure ;	Hébé, jeunesse.
Otsen, armes défensives ;	Astu [1], ville, citoyen d'Athènes.
Agapim, amas d'hommes ;	Agapè, amour, agapes, repas.

1. Voici un mot dont l'acte de naissance est signé par Diodore, l. I, s. XVI. « On assure que les Athéniens sont une colonie de Saïtes, peuples de l'Egypte : Et les Egyptiens prouvent cette origine en faisant remarquer que de toutes les villes grecques, Athènes est la seule qui porte le nom d'Astu, pris de la ville d'Astu en Egypte. » C'est de ce mot que nous avons fait Astucieux; et le mot sanscrit Astu, être, exister, en vient tout droit.

RACINES HÉBRAÏQUES	DÉRIVÉS GRECS
Ozen, oreille ;	Ozo, sentir.
Oulam, vestibule ;	Aulè, vestibule.
Iaquar, être cher ;	Icare, fils de Dédale, carus, cher.
Arag, tisser ;	Arachnè, araignée.
Abar, s'attacher ;	Abra, suivante.
Am, union ;	Ama, en même temps.
Ebouz, bouz, bô ; ratelier, mépriser ;	Boûs, bœuf.
Eleph ; mille, grand poids ;	Elephas, éléphant.
Ereb ; soir, dévastation ;	Erebos, erebe ; enfer, obscurité.
Io, aouah, iesh ; être ;	Eô, eaô, ei, eis ; être.
En ; non, ne pas ;	Nè, particule négative [1].
Ephah, ophan, ophe ; serpent, roue, vipère ;	Ophis, serpent.
Eden, base (nede dot) ;	Edoumaï, s'asseoir ; Edenè, plaisir
Erets, èris ; terre, ruine ;	Rea ; era, Rhéa, terre.
Ned, nede ; monceau, dot ;	Edna [2], dot.
Esh, feu ;	Estia, foyer, Vesta.
Etoun, fil ;	Othonè, coton.
Cara, creuser ;	Charax, sillon.
Ana, gémir ;	Anèr, homme.
Aphaph, entourer ;	Amphi, autour.
Agouth, pensée ;	Agô, penser.
Ecal, palais ;	Calos, beau.
Eres, ruine ;	Ressô, briser.
Abal, enfanter ;	Kubelè, Cybèle.

1. Nar, en Egyptien, signifie *poisson* et *haine*, d'où est venue évidemment l'idée de négation.

2. Il ne faut pas oublier que les Grecs ayant changé la méthode d'écrire et de lire de l'hébreu, de droite à gauche en gauche à droite, ont dû oublier un grand nombre de mots ou les changer incomplètement, en ce qui concerne l'écriture tout en les lisant de gauche à droite. Ainsi Nede qui s'écrit en hébreu ꜱᴀᴀɴ a continué en grec à s'écrire Eden en retournant simplement l'ouverture des lettres, et par métathèse Edne, il en est de même pour les mots qui se trouvent plus haut Erets, En, qui se lisaient sᴛᴀᴜꜱ et ɴꜱ, et qui en grec ont continué à s'écrire ainsi en retournant l'ouverture des lettres et ont fait Stere — Re, ere et nè. On pourrait en dire autant d'une foule de mots et notamment de Em, mère — qui lu en hébreu fait ᴍꜱ ; est resté en grec Me ; puis par redoublement enfantin est devenu Meme, — Mammè, tous nos enfants des campagnes disent encore mémé au lieu de maman, car c'est la prononciation naturelle, de même pour ab, père, lu en hébreux ꜱᴀ, qui est resté Bᴀ en grec, en retournant seulement l'ouverture des lettres, et de ba est devenu pa et par redoublement pappas.

RACINES HÉBRAÏQUES	DÉRIVÉS GRECS
Aga, effroi ;	Agaô, agadzomaï, être frappé d'étonnement.
Oze, prophète ;	Ossomai, prédire.
El, armée ;	Eilè, cohorte.
Arad, trembler ;	Arados, battement de cœur.
Bouts, crêpe, lin ;	Bussos, lin très fin.
Bour, fosse, sépulcre ;	Boura, gouffre.
Bous, fouler aux pieds ;	Pous, pied.
Baan, éprouver ;	Basaneuô, éprouver.
Bata, parler beaucoup ;	Battos, bègue.
Bacar, baca ; porter un nouveau fruit, baie ;	Bacchaï, bacchantes. Bacchus.
Bamah, bien élevé pour le sacrifice ;	Bèma, autel.
Baar, stupide ;	Barus, lourd.
Batzar, couper ;	Bassareus, dieu des vendanges.
Bari, gros ;	Barus, pesant.
Berecah, canal ;	Brecô, mouiller.
Cadh, mesure ;	Cados, seau, tonneau.
Kikajon, ricin ; en Égyptien, Kiki ;	Kiki [1], ricin.
Qara, chaume ;	Keirô, carè, tondre, tête.
Cinnor, espèce de guitare hébraïque ;	Kinurè, jeune pleureuse.
Cephas, rocher ;	Kephalè, cime, tête.
Cab, mesure de capacité ;	Kabos, mesure de froment.
Chatah, victime ;	Cathorma, victime expiatoire.
Kaneh, roseau ;	Canna, roseau.
Qane, coun ; droit ;	Canôn, règle, modèle.
Cis, bourre ;	Kistè, panier, corbeille.
Caoua, brûler ;	Caïô, brûler.
Cor, mesure ;	Coros, mesure.
Mecerah, épée ;	Machaira, épée.
Calal, achever ;	Calos, beau.
Caph, main ;	Captein, entourer.
Cara, creuser ;	Charassô, creuser.
Carar, danser ;	Chairem, danser.
Gamal, chameau ;	Camèlos, chameau.
Gai, gaie ; nation, vallée ;	Genos, gè, nation, terre.

1. Voilà un mot auquel Hérodote, Strabon et Diodore ont délivré un acte de naissance, et dont l'origine ne peut être conséquemment niée : « Les Égyptiens qui habitent dans les marais se servent d'une huile exprimée du fruit du Sellicyprion ; ils l'appellent *Kiki.* » Hérodote, II, XCIV. — Strabon l. XVII — Ch. II — 5. — Diodore, l. I, s. I, XIX. Nous retrouverons plus loin ce mot en sanscrit.

RACINES HÉBRAÏQUES	DÉRIVÉS GRECS
Gibben, Gibbeah ; bossu, montagne ;	Ubos, bossu.
Gaa, s'élever ;	Gaiô, s'élever.
Ge, voici ;	Ge, certes.
Gaoua, gémir ;	Goaô, gémir.
Daheremon, drachme ;	Drachmè, drachme.
Dai [1], tout puissant ;	Dia, déesse.
Dama, damain ; rassembler, anéantir ;	Dama, damaô, subjuguer.
Zer, splendeur ;	Seir, sciros, soleil, astre.
Zoud, bouillir ;	Dzeô, chercher avec ardeur
Zoun, nourrir ;	Dzôon, animal.
Zin, arme ;	Dzonè, ceinturon.
Zalophah, vent violent ;	Zaphelè, violent.
Tsaad, stade ;	Stadion, stade.
Zaken, barbe, vieillesse ;	Saccos, barbe épaisse.
Tit, boue ;	Thin, vase, bourbe.
Tirah, citadelle ;	Turannos, roi, tyran.
	Turos, la ville de Tyr.
Tam, intègre ;	Themis, justice.
Toush, voler ;	Thoussô, se jeter avec fureur.
Tereph, proie ;	Trephô, nourrir.
Iaga, travailler ;	Agô, diriger.
Iada, louer, célébrer ;	Odè, odô, ode, louer.
Alal, cri de douleur ;	Alalè, cri.
Lapid, lampe ;	Lampas, lampe.
Lebanon, encens ;	Libanos, encens.
Laag, lecture ;	Logô, lire.
Telaah, misère ;	Talas, malheureux.
Laat, cacher ;	Lathein, se cacher.
Laac, lécher ;	Leichô, lécher.
Mor, Myrrhe ;	Murra, myrrhe.
Mousar, instruction ;	Mousiquè, mousa. Musique, muse.
Maneh, mine ;	Mna, mine.
Metil, métal ;	Metullon, mine, carrière, métal.
Meliloth, épis ;	Mélilotos, Mélilot [2].
Man, mana, comptes, manne ;	Manna, grain, manne.
Mag, mage ;	Magos, mage. En sanscrit, Magha.
Mazon, am, aliment, mère ;	Mazos, mamma, mamelle, maman.
Maour, luminaire ;	Mairô, briller.

1. *Dai* fait par Métathèse *Dia*.
2. Il existait en Maurusie un arbre appelé Mélilotus, dont les indigènes tirait une espèce de vin. Strabon l. XVII, ch. III, II.

DÉRIVÉS DE L'HÉBREU

RACINES HÉBRAÏQUES	DÉRIVÉS GRECS
Megor, anéantir ;	Megairô, priver.
Maccah, blessure ;	Machaira, mâche, épée, combat.
Mana, mene, meni ; compter ; division, calcul, lune ;	Mènè, lune ; moon, en morinien ; maen, en flamand ; en sanscrit mena.
Mana, refuser ;	Manos, rare.
Marar, couler ;	Murô, couler.
Nether, nitre ;	Nitron, nitre.
Nazal, couler ;	Nazô, naô, couler.
Nairim, naar, narine, couler ;	Rin [1], nèros, nez, humide.
Nered, nerdh, naar ; nard, briller ;	Nardos, Nard.
Naoua, habiter ;	Naiô, habiter.
Noua, chanceler ;	Neuô, pencher.
Nouph, asperger ;	Nephos, nuage.
Naca, frapper ;	Nicaô, vaincre.
Nasas, dépérir ;	Nosos, maladie.
Naphal, se précipiter ;	Nephelè, nuage.
Shekel, sicle ;	Siclos, sicle.
Semel, image ;	Sèma, semelos, signe, limace.
Sopher, savant, scribe ;	Sophos, instruit.
Shem, signe, image ;	Sèma, signe céleste, effigie.
Sak, sac ;	Saccos, sac, a passé dans toutes les langues.
Shesh, schischschah, six ;	Ex, six.
Sappir, saphir ;	Sappheiros, saphir.
Sheba, shabat ; sabbat, repos ;	Epta, sept.
Sadin, chemise ;	Sindon, linge.
Sous, sousah, cheval, jument [2] ;	Sousis, sousai, course, chevaux persans.
Sour, s'éloigner ;	Surô, traîner.
Secel, folie ;	Scolios, penseur.
Salaph, renverser ;	Sphallô, renverser.
Samar, se hérisser ;	Smarageô, frémir.
Sas, ver ;	Sès, ver.
Sephel, coupe ;	Siphôn, corps creux.
Paddan, champ ;	Pédon, champ.

1. La ville de Rhinocorure en Egypte prenait son nom de ses habitants. — Voleurs auxquels on avait coupé le nez.
2. C'est de ce mot et de *Ra*, soleil, épithète qui se donnait à tous les rois d'Egypte, et qui vient de *Ra*, dompter, qu'a été formé le surnom de Rhamsès II (Sesoura, dont les Grecs ont fait Sésostris). Ce surnom lui avait été attribué par antiphrase, selon la coutume ancienne, parce qu'il coupa l'Egypte de canaux, afin d'arrêter les excursions des cavaliers Syriens et Arabes. (Diodore, l. I, s. II. X. — Hérodote, l. II, CVIII.)

RACINES HÉBRAÏQUES	DÉRIVÉS GRECS
Poun, être dans la peine ;	Poinos, travail.
Patash, étendre au marteau ;	Patassô, frapper.
Pardes, verger, paradis ;	Paradeisos, verger, paradis.
Pata, ouvrir ;	Padzô, petaô, délivrer.
Parats, briser ;	Peiratès, pirate.
Pol, plein, fève ;	Polis, ville.
Saba, société ;	Sebô, honorer.
Nabla, instrument de musique ;	Nebel, instrument de musique.
Iana, tromper ; Yavan, trompeur ; fils de Japhet ;	Iônia, Ionie, en sanscrit, Yavanas.
Tsarah, lèpre ;	Psôra, gale.
Qeboutsah, collection ;	Kibôtos, Kibésis, coffre, gibecière.
Qeber, tombeau ; Ebura [1], puits ;	Kebourè, tombe.
Qô, vomir ;	Cheo, verser.
Qaoua, attendre ;	Caiô, espérer, brûler.
Qout, s'ennuyer ;	Coteô, s'ennuyer.
Qala, brûler ;	Chliainô, échauffer.
Qetsiah, casse ;	Cassia, écorce odoriférante.
Qinnamon, cannelle, cinnamome ;	Kinnamômon [2], cannelle.
Rana, raine ;	Rinè, ranis, auge, aspersion.
Raa, connaître ;	Oraô, air du visage.
Raoua arroser ;	Reô, couler.
Trouah, vocifération ;	Threô, vociférer.
Raam, frémir ;	Bremô, frémir.
Sheer, chair ;	Sarx, chair.
Shagal, violer ;	Salageô, violer.
Sebah, vieillesse ;	Sebè, vénération, crainte.
Eschol, rameau ;	Scholè, école.
Shacan, habiter ;	Scènè, tente.
Shanah, renouvellement ;	Enos, année.
Taara, brûler ;	Therô, chauffer.
Tannour, brûler ; four ;	Tanaïros, ténare.
Tera, porte ;	Thura, porte.
Tannim, monstre ; tan, chacal, désert ;	Thanatos, mort.
Ibri [3], hébreu ;	Ibèr, sorte de cresson ; l'Hèbre.

1. C'est de ce mot qu'est venu le nom des villes, *Eburovices* (Evreux), *Eburodune* (Embrun), *Eburobrige*, chez les *Celtes* ; *Eburobritie*, *Ebora*, *Ebure*, en *Ibérie* ; *Eboracum* en *Bretagne* (Angleterre) ; *Eburodune* (Olmutz) sur la Morawa ; *Ebure*, près de la Vistule, et celui d'*Eburones*, peuple de la Belgique.

2. Encore un mot dont l'origine est donnée par Hérodote : « Noms que nous avons appris des Phéniciens, » dit-il. L. III, CXI.

3. C'est de ce mot qu'est venu le nom des rivières de l'*Hèbre* en

Nous n'avons pas à répéter ici que nous ne donnons ces étymologies, dans ce tableau et dans les suivants, que pour exemples, car il est incontestable que toute la langue grecque, sauf quelques mots empruntés aux autochtones, vient pour la majeure partie de l'hébreu et pour le reste, de l'Egyptien hiéroglyphique, hiératique ou démotique [1].

Les ancêtres des Grecs, ayant été plus que les autres Israélites mêlés avec les riverains du Nil, il est certain qu'ils ont dû emprunter au langage populaire plus d'une expression.

Nous citerons entre autres : *Bebaion*, forteresse, qui vient de *Bebon*, obstacle ; *Kiki*, ricin, issu comme nous l'avons vu de *Kiki*, huile ; *Iris*, arc-en-ciel, d'*Iris*, prunelle ; *Pur*, feu, dérivé de *Pour*, *Baar*, en hébreu, ou plutôt de *Piromis*, prêtre, en Egyptien, (*Pour*, *Omah*) homme pur, bon, vertueux (Hérodote, l. II, CXLIII), d'où le nom de *Puramis*, pyramide, donné par les Grecs et peut-être par les Egyptiens à leur tombeau. *Theos* vient de *Thoth*, qui a aussi produit le *Taauth* assyrien, le *Taaut* phénicien et le *Theoth* mexicain.

Smuchô, abattre, est issu de *Smu*, renversement.

Tuphôn, ouragan, est dérivé de *Typhon*, le gonflé ; il était représenté par un hippopotame surmonté d'un épervier.

Nemô, partager, *Nêma*, portion, *Nenemènaï*, donner, viennent de *Nemanoun*, nourrice ; *Uios*, fils, de *Hyios*, fils ; *Udôr*, eau, de *Hydor*, eau, *Hysaï*, pleuvoir ; d'où le surnom de Bacchus *Hyès*, souverain de la puissance humide.

Koptô, blesser, est dérivé de *Coptein*, priver ; *Sairô*, balayer, de *Saireein*, embellir ; *Methièmi*, causer, de

---

Thrace, de l'*Ibère* et de l'*Iber* de l'Ibérie, comme de l'*Ibère* de l'Ibérie du Caucase, ainsi que le nom de ces deux provinces.

1. Au reste, il est probable que les Hébreux eux-mêmes avaient emprunté la majeure partie de leur langue à ces différents dialectes. Il est à croire que si Champollion avait compris l'hébreu, il n'aurait pas eu tant de difficultés qu'il en a eu à déchiffrer les hiéroglyphes.

Methyer, plein et cause ; *Athuros*, sans porte, de *Athyri*, habitation d'Horus ; *Murias*, dix mille et *Onoma*, nom, de *Myrionyme*, nom de la nature capable de toute espèce de formes et d'apparences.

A ces quelques mots, pris entre mille, nous n'ajouterons que *Nù*, particule de doute en grec, parce qu'il a une importance capitale : En Egyptien, *Nar*, figuré par un poisson, signifie tout à la fois *poisson* au sens propre et *haine* au figuré [1], à cause sans doute de la répulsion que les riverains du Nil avaient pour le poisson qui leur donnait l'éléphantiasis ; ce mot a passé dans toutes les langues avec des acceptions dérivées de son double sens. Dans son sens propre, il est devenu, en hébreu, *Naar*, fleuve ; en sanscrit, *Nâras*, eau ; en grec, *Nèros*, humide, d'où les Néréides, la rivière *Nare* en Amérique. Dans son sens figuré, il est devenu l'expression négative par excellence, *Ne*, *Nou*, *No*, *En*, *Ain*, en hébreu ; *Naar*, détester, dans cette même langue ; *Na*, non, en sanscrit ; *Ne*, *Non*, *In*, en latin ; *No*, *Nor*, *Not*, en anglais ; *Non*, en Italien ; *No*, en espagnol ; *Nein*, *Nicht*, en allemand ; *Neen*, en flammand ; *Neg*, en danois ; *Ne*, en esclavon et en russe ; *Nan*, chez les Celtes. Il a passé même en Amérique où nous retrouvons *Nama*, non, dans la langue Crise, et *Ma*, en Quiché. Nous ferons remarquer que presque toutes les lettres grecques ont la même valeur numérale que les lettres correspondantes hébraïques.

---

1. Plutarque, sur Isis et Osiris.

TABLEAU DES MOTS SANSCRITS

DÉRIVÉS DU GREC ET DE L'HÉBREU

Nous invitons le lecteur à se reporter aux pages 176 et 177 de cet ouvrage où nous avons expliqué que nous renvoyions à la fin du volume les tableaux des mots sanscrits dérivés du grec et de l'hébreu, afin de ne pas entraver la marche du raisonnement. Nous le prions de remarquer que nous donnons les étymologies sanscrites venant du grec, en nous basant sur le travail de Burnouf, mais que nous ne répondons pas de leur exactitude ; il est parfois fort difficile, pour ne pas dire impossible, de savoir si tel mot vient directement de l'hébreu ou a passé par le grec avant d'arriver au sanscrit, si l'on se souvient que Bacchus était un héros mi-grec, mi-phénicien et qui devait nécessairement avoir emmené avec lui des colons de ces deux nations, peut-être même des hébreux puisqu'il avait longtemps vécu sur les confins de la Judée. Pour éclairer notre pensée, prenons trois exemples : ainsi il est bien certain que *Aga*, péché, ne vient pas du grec *Agos*, pur ou impur, mais de l'hébreu *Aga*, effroi. Comme il est probable que *Attâ*, mère, vient du grec *Atta*, mon père, lequel est dérivé d'*Atan* (hébreu), mariage ; mais il n'est pas aussi facile de décider si *Karpôsa*, coton, vient du grec *Karposas*, gaze très fine, ou directement de l'hébreu Karpos, voile. Ce qu'il y a d'assuré c'est que dans les trois cas la racine primitive est hébraïque. Il peut se faire aussi qu'il y ait quelques mots dont la racine primitive soit égyptienne, comme *Na*, non, qui vient de *Nar*, haine.

Nous répéterons que dans les questions d'étymologie, il faut avant tout avoir égard à l'histoire, autrement on est-exposé à dire des choses qui n'ont pas le sens commun ; c'est ainsi que M. Loubens (*Recueil de mots français tirés des langues étrangères*) fait venir Cigare « De *Cigarro*, venant de *Cigarra*, cigale, probablement à cause de la comparaison entre la *forme d'une Cigale* (!) ou bien encore de Cigarar, rouler. » Tandis que ce mot vient de la langue Quichée des expressions *Ziq*, tabac, cigare, pipe, et *Ziquar*, fumer, parfumer, lesquelles expressions pourraient bien elles-mêmes venir de l'hébreu *Cicar*, cercle.

DÉRIVÉS SANSCRITS	RACINES GRECQUES	RACINES HÉBRAÏQUES
Axa, roue ;	Axôn ;	Azar, environner.
Axi, œil ;	Occos, l. oculus ;	Aza, voir.
Agni, feu, dieu du feu ;	Aglaos, aiglè, lignis ;	Ag, sacrifice.
Agra, éminent ;	Akè, acros, l. accas, acutus ;	Agar[1], amasser.
Aga, péché ;	Agos ;	Aga, effroi.
Agkura, flèche ;	Agcura.	
Agg, aller ;	Aggaros ;	Agar, entourer.
Aja, bouc ;	Aïx, lat, axis, chèvre ;	Aia, vie ; ez, chèvre.
Attâ, mère ;	Atta ;	Atan, mariage.
An, anîmi, être vivant ;	Aèmi, anemos, lat, animus ;	Ana, gémir, habiter.
Antar, antre ;	Entòs, goth, undar, germ, unter.	
Antra, entrailles ;	Enteron.	
Anya, autre ;	Allos, lat, alius ;	Ani, moi.
Ap, âpas, eau ;	Aphròs ;	Aphiq, torrent.
Apa, inséparable ;	Apò, lat, ale, goth. of, augl. of.	
Apatrâpa, honte ;	Entropè.	
Api, sur ;	Epi ;	Apha, sur.

1. Remarquez que le mot sanscrit *agra*, est exactement le même que le mot hébreu *agar*, ra pour ar, comme dans *éprevier*, et *epervier*, alexander, alexandre. (Diod., l. II, s. II — XXXI, ligne 19) par métathèse.

DÉRIVÉS SANSCRITS	RACINES GRECQUES	RACINES HÉBRAÏQUES
Ab'ra, nuage ;	Ombros, (abra, compagne) ;	Abar, s'assembler.
Amasa, temps, maladie ;	Amar, èmar, èméra pour sèméra ;	Amar, parler ; Amas, opprimer.
Amirta, immortel, Dieu, prêtre ;	Abrotos, àmbrosià ;	Amir, cime.
Arani, les deux morceaux de bois qui produisent le feu ;	Ernos, lat, ornus, alnus ;	Ara, s'enflammer.
Arj, exécuter, travailler ;	Ergon ;	Arag, tisser, argan, coffre.
Arita, rameur ;	Erèssô ;	Ara, voyager.
Art', demander ;	Aitéô ;	Arath, ouvrier.
Art'a, richesse, fruit ;	Aitia ;	Arath, fabricant.
Arpayâmi, arranger ;	Olumpos, Alpes [1].	
Arya (ari), noble ;	Ariadnè, goth. êra, germ. chre [2]. Ehrmann (arminius) angl. Ireland. Scand. les ases, etc.	
Arvan et arval, cheval ;	Ariôn, le cheval primitif ;	
Alam, assez ;	Alis ;	Alam, lier.
Aç, aça, açnâmi, manger ;	Esthio ;	Acal, manger.
Açakta, a (cak), impuissant ;	Akikus ;	Coa, force, puissance.
Acmagarb'a, diamant ;	Smaragdos.	
Açman, acma, roc, montagne ;	Acmôn ;	Amaq, être profond.
Açvva, cheval ;	Icneomai, zd. aspa, lith. osvva, l. equus ; ippos.	

1. Voyez jusqu'où peut aller la rage de l'étymologie quand même, *Alpes* vient de Alpia pour Albia, c'était une vérité d'axiome du temps de Strabon. « On fait remarquer que ce qui se dit aujourd'hui Alpia, voire même Alpina, se disait anciennement Albia », Strabon, l. IV, ch. VI. I, de ce mot est venu le mot latin Albeo, être blanc, parce que les Alpes sont couvertes de neige, d'où les noms, Albe, Elbe, etc., mais lui-même il vient de *Laban*, être blanc.

2. Comme nous l'avons dit, ce mot vient tout simplement d'Ariane, femme de Bacchus.

DÉRIVÉS SANSCRITS	RACINES GRECQUES	RACINES HÉBRAÏQUES
As'tan, huit ;	Octô, lat. octo, goth. ohtau lit. arztuni ; Germ. acht, angl. eight, franc. huit.	
As, as'tu, asmi, être, appartenir à quelqu'un ;	Eimi, (Astu, athénien) ;	Astu, citoyen de la ville d'Astu en Egypte.
Asavas, souffle ;	Aàdzô, asthma ;	Azaz, être robuste.
Asura,	Oromasdès, ormuzd.	
Asvvapna, qui ne dort pas ;	Aüpnos.	
Asvvast'a, infirme ;	Asthenès.	
Asmat, nous ;	Ammes, ammus, ammin.	
Ahas, jour ;	Eôs, auôs ;	Esh, feu.
Aham, moi ;	Egôn, égô. l. ego, germ. ich. bret. am ;	Amar, penser, aiam, être terrible.
Ahi, serpent ;	Echi, ophis [1], lat. angim ;	Aoua, marcher obliquement, tortueusement ; aon, perversité.
A, à, vers ;	A, dans alochos ;	E, voici.
Akalayâmi, agiter ;	Okéilô ;	Agalat, manière d'agir ; Galal, tourner.
Agas, péché ;	Agos ;	Agan, se cacher.
Ardra, humide, lâche ;	Ardô ;	Arad, trembler.
Alimpâmi, oindre ;	Aleiphô	
Açu, rapide ;	Ocus ;	Ag, bondissement.
I, êmi, aller à ;	Eimi, imen, ithi, lat. ire, eo, iri ; Lith, eimi ; slave, iti ; got. iddjà ;	Aia, être, iesh, être.
Ik, aller ;	Eicô, oïchomaï ;	Iaqa, obéir; Isaac.
Il, aller ;	Elaô, élaunô ; germ. eile ; goth. illu ;	Alal, qui resplendit.
Ix, voir ;	Ossomaï.	

1. Ophis vient de l'hébreu ephah, serpent, ophan, roue, comme nous l'avons dit précédemment, mais ahi vient du mot hébreu aou.

DÉRIVÉS SANSCRITS	RACINES GRECQUES	RACINES HÉBRAÏQUES
Iba, éléphant ;	Elephas [1] ;	Eleph, grand poids, mille. Aba, épais, abi, densité.
Ut, frapper ;	Othô ;	Atat, briser, at, ruine.
Uda, eau ;	Udôr, lat. unda ; A. S. ydhu. sl. voda ; G. anc. vvauden ; q. vvasser ; ang. vvater ;	Arabe, nada, couler, de naar, fleuve ; nod, outre [2].
Und, unadmi, mouiller ;	Udôr ;	Arabe, nada, couler, de naar, fleuve ; nod, outre ; Ou de l'Egyp. Hydor.
Upada'dâmi, apporter ;	Upotithèmi.	
Upapadyô, aller à ;	Uparcheïn.	
Upari, sur, dessus ;	Upér, lat. super ; goth. ufar ; germ. uber ; angl. upon.	
Upalabami, prendre ;	Upolambanô.	
Upasarpâmi, approcher ;	Uphérpô.	
Us', brûler ;	Auô ;	Esh, feu.
Udas, mamelle ;	Outhar ; lat. uber, a. udder ; g. ûtar ;	Ada, orner, shad, mamelle.
Urnâ, laine, toison ;	Eros.	
Urd'da, élevé ;	Orthòs.	
Rixa, percé ;	Arctos, l. ursus.	
Riu, aller ;	Goth. rinnan ; germ. rinnen ; a. run ;	Roun, vaincre.
Ribu, divinité ;	Orphêus.	
Èka, un ;	Eis.	
Ekatama, un ; êkatara, un ;	Ecastos, écateros.	
Ed, croître, prospérer ;	Oidos ;	Ed, temps, éternité.
Aésamas, cette année ;	Sètes, sèmeron.	

1. Nous ne croyons pas que *Iba* vienne de *Eléphas* ; mais à coup sûr, ce dernier vient de l'hébreu Eleph : M. Burnouf fait venir Elephas de Iba, *avec l'article sémitique al*, il faut avoir le diable au corps pour faire un pareil amalgame : *Iba* vient, à notre avis, de l'hébreu *Aba*, épais, abi, densité.

2. Ce mot vient de l'Egyptien *Naar*, poisson, mais *Uda* sanscrit et *Udôr* grec peuvent venir de l'Egyptien *Hydor*, eau.

DÉRIVÉS SANSCRITS	RACINES GRECQUES	RACINES HÉBRAÏQUES
Oga, réunion ;	Okeanós [1] ;	Aga, chanter.
		Agapè, réunion.
Kak, rire ;	Cachadzô, Cagchadzô.	
Kantaka, épine ;	Kéntron.	
Kant' ;	Penthos, pothos ; l. patior.	
Kanvva, nom d'un rishi ;	Ganumèdès.	
Katara, qui des deux?	Potheros, goth. hvathər; a, vvhether;	Catar, attendre.
Kat', raconter ;	Kôtillô ;	Catab, écrire.
Kad, crier ;	Kèdos, goth. hatan ;	Kid, désastre, qada; brûler.
Kadà, quand ?	Pòte (kote).	
Kapi, singe ;	Kèpos, keipos, ger. affo. a. ape.	Qoph, guenon.
Karanda, corbeille ;	Kartalos.	
Karira, cruche ;	Kéras ;	
Karka, le cancer, cruche ;	Karkinos ;	Karkole, creux.
Kard, avoir des borborygmes ;	Chordè ;	Qereb, entrailles.
Karpâsa, coton ;	Karpasos, l. carbassus ;	Karpas, voile.
Kalama, roseau ;	Kalamos, l. calamus, culmus ;	Kalam, injurier.
Kalya, préparé ;	Kalos ;	Kala, enveloppé.
Kasaku, soleil ;	Smintheus.	
Kastîra, étain ;	Kassiteros ;	Qatsir, moisson.
Kârava, corneille ;	Kórax, l. corous, a. crow ; g. raben, arab. gorâb ;	Qara, crier.
Kâla, temps ;	Kairos, Kèr ; l. kalendae ;	Kala, contenir.
Kâla, noir ;	Kelaïnos, kèlis ; l. caligo ;	Kalah, tache, destruction.

1. Il fallait complètement ignorer l'histoire pour avoir fait venir ôkeanos, océan, d'oga ; chacun sait que les Égyptiens appelaient ainsi le Nil, dans les commencements de cette nation, et que ce n'est que plus tard, et que par extension, que ce nom a été appliqué à la mer intérieure et aux autres mers. « L'eau fut appelé océan, mot qui veut dire *mère-nourrice*... au reste l'océan, chez les Egyptiens, n'est autre chose que le fleuve du Nil, où ils prétendaient que les Dieux ont pris naissance. » Diodore, l. I. S. I, VI. — S. II, XXXVI.

DÉRIVÉS DU GREC ET DE L'HÉBREU 275

DÉRIVÉS SANSCRITS	RACINES GRECQUES	RACINES HÉBRAÏQUES
Kirmîra, bariolé ;	Kìrròs.	
Kîta, dur, ver ;	Kis ;	Kis, bourse.
Kîdric, quel ?	Pêlicos ; l. qualis ; goth. hvvêleiks, g. vvelcher, sl. Kolik ;	Ki, car, kaka, comment.
Kudyacêdin, voleur ;	Toichôruchos ;	Kidon, opprimer.
Kuhûka, coucou ;	Kokku.	
Kûpa, trou ; puits, mât ;	Kupè, cavité :	Kaphis, soliveau, en Égyptien, kyphi, parfum.
Kûl, défendre, couvrir ;	Kôluò ;	Kal, ceinture.
Kirmi, ver ;	Elminis, lith. kirminis, goth. vaurms, a. worm ; l. vermis ;	Kirsem, ravager.
Kirâmi, lancer ;	Keras, kerannumi :	Qara, ajuster ; qaram, couvrir.
Knat', frapper ;	Kteinô, ectanon ;	Kana, terrasser.
Kratu, qui accomplit ;	Kratos ;	Karat, abattre.
Kramêlo, chameau ;	Kamèlos, l. camelus ;	Gamal, chameau.
Krî, acheter ;	Priamaï, pernèmi ;	Qarats, couper.
Kruç, crier ;	Krôdzô, kradzô, krangè ; l. crocio ;	Qara, appeler.
Krûra, âpre ;	Krauros ; lat. crudus, crudelis ;	Qara, déchirer.
Klad, appeler en criant ;	Kladzô, lat. Plango ;	Gala, s'irriter.
Xam, terre ;	Chamaï ;	Qama, moisson.
Xi, tuer ;	Ktinnumi.	
Xur, raser ;	Xcô, xuô ;	Qatsats, déchirer ou Qarats.
Xura, rasoir ;	Xuros :	Qarats, couper.
K'an, creuser ;	Chaino, l. canalis ;	Qanau, koun, dresser.
K'alina, mors de cheval ;	Chalinos ;	Qal, rapide.
Kid, tourmenter, affliger ;	Kèdos ;	Kid, ruine.
Kéda, fatigue ;	Kèdos ;	Kid, ruine.
Kôla, boiteux ;	Chôlos ;	Kela, vieillesse.
Gaùdarba, surnom d'agni ;	Kéntauros.	
Gô, bœuf ;	Bous, l. bos ; a. cow ; d. koe ; s. ko, g. kuh ;	Gaa, mugir.

DÉRIVÉS SANSCRITS	RACINES GRECQUES	RACINES HÉBRAÏQUES
Grah, prendre ;	Gripidzo ; l. prehendo ; g. greifen, f. griffe ;	Gara, combattre.
Grâha, action de prendre ;	Grups, germ. greif ;	Gara, combattre.
Garma, chaleur ;	Theros, thermos ; irl. garaim, goth. vvarny'a ; g. vvarm ;	Camar, brûler.
C'a, et, même :	Kaï, lat, que ;	Ci, car, ainsi que.
C'akra, cercle ;	Kuklos, l. circus, circulus ;	Galgul, roue, cicar, cercle.
C'akra, cygne ;	Kuknos, l. cygne.	
C'atwâriuçat, quarante ;	Tettarakonta, l. quadraginta.	
C'ar, aller ;	Skaïro ; l. curro, currus, carrus, f. char ;	Casar, sauter.
Caluka, petit pot ;	Skallion ;	Celi, vase.
C'ur, brûler ;	Kau, dans Kaiô ; lith. kurrù :	Cour, fournaise.
C'ôra, voleur ;	Phôr, l fur ;	Cara, dresser des embûches.
Cadis, chaume ;	Scandix, skias ;	Qada, brûler.
Canda, couvert ;	Scandalon, piège ;	Qadar, être noir.
Câda, couverture ;	Skènè ;	Qada, brûler.
Card, vomir ;	Scôr ; l. serco ;	Qo, vomir.
Cad, couvrir ;	Scotos ; irl. scath ; got. skadu ;	Qada, brûler.
Câyâ, ombrage ;	Skia ;	Gaie, vallée.
Cid, briser, couper ;	Schidzô ; l. scindo ; g. scheiden ;	Cid, ruine, désastre.
Cêda, couper, morceaux ;	Schidè ;	Cid, désastre.
J'anitri, père ;	Genétôr ; l. genitor ; irl. genteoir ;	Iana, placer, ianaq, têter.
J'anî, femme (mariée) ;	Gunè ; irl. gean ;	Ianaq, têter.
J'am, femme, épouse ;	Gamos, gametis ; irl. gamh ;	Em, am, mère, union.
Jarat, vieux ;	Gérôn ;	Gaar, se courber ; Iarat, précipiter.
J'aras, vieillesse ;	Géras ;	Gaar, se courber.
J'âgri, veiller ;	Egeirô, égrègora ;	Iare, avoir peur.
Jânu, genoux ;	Gonu ; l. genu. germ. knie ;	Iana, poser, asseoir.

DÉRIVÉS SANSCRITS	RACINES GRECQUES	RACINES HÉBRAÏQUES
J'âmitra, diamètre ;	Diàmetron [1].	
Jituma, gémeau ;	Didumos [2].	
Jiras, vieillesse ;	Gèras ;	Gaar, se courber.
J'iva, vivant ;	Bios ;	Aia, vivre.
J'ûka, la balance ;	Djugon [3] ;	laqa, séparer.
Jnâ, connaître ;	Gignôscò ; l. gnarus, gnosco ; a. knovv ; germ. kann, kennen ;	Iana, poser.
J'yâ, mère, la terre ;	Bios ;	Gaie, vallée.
Jyac, la planète de Jupiter ;	Dzeus [4] ;	Zea, ce qui brille et se meut.
Takma, enfants ;	Tecnon ;	Taca, s'appuyer.
Tàra, étoile ;	Astèr ; zend, ctâre ;	Tour, circuler ; taara, brûler.
Tàvat, aussi grand, tant ;	Tosos ; lat, tantus ;	Taa, déterminer ; taat, autour de.
Trî, traverser ;	Ter, dans teretron ;	Tour, circuler ; taaros, combattre.
Trix, aller ;	Tréchò ;	Tour, explorer.
Tritya, troisième ;	Tritos ; zd. tritia ; l. tertius, lith. trécios, goth. thridja ; g. dritte.	
Trap, avoir honte ;	Eutrépô.	
Trapa, honte ;	Eutropè.	
Traya, trois ;	Trias.	
Tras, trembler ;	Treô, tremò, trestès ; l. tremo ; f. transe.	
Tri, trois ;	Treis ; l. tres ; lith. trys ; goth. thri ; a. three ; g. drei.	
Tris, trois fois ;	Tris ; l. ter.	
Twam, toi, tu ;	Tu, su, tunè ; l. tu ; goth. thu ; g. du ; a. thou ;	Atta, toi, attem, vous.
Dama, action de dompter ;	Damos, dans ippodamos ; l. damnare ;	Damam, anéantir.

1. M. Burnouf a l'amabilité de reconnaître que ce mot a passé du grec en sanscrit. — Pourquoi celui-là plutôt que les autres ?
2. « C'est le mot didumos passé en sanscrit. » Burnouf.
3. Même aveu de M. Burnouf.
4. Nouvel aveu.

DÉRIVÉS SANSCRITS	RACINES GRECQUES	RACINES HÉBRAÏQUES
Danv, aller ;	Doneô ;	Dan, juger.
Dam, épouse ;	Damar ; a. dam. f. dame ; l. domina ;	Dam, sang ; dama, ressembler, Eve faite à la ressemblance d'Adam.
Dam, dompter ;	Damnèmi ; l. domare ; a. tame ;	Damam, être dans la stupeur ; étouffer.
Dara, trou, grotte ;	Deira ;	Dar, marbre ; adar, percer.
Day, aimer, détruire ;	Daomaï ;	Dei, chute.
Darad, précipice, montagne ;	Deiras ;	Adar, percer.
Dâ, détruire ;	Daïzô ;	Daa, précipiter.
Dâtri, donateur ;	Dotès ; l. dator.	
Dâru, qui déchire ;	Doru ;	Adar, percer.
Dîrga, long ;	Dolichos ; zd. daregha ;	Dor, durée.
Du, tourmenter ;	Odunè ;	Daa, repousser ; dei, chute.
Dü, aller ;	Duô, dùsis ;	Daa, voler ; daar, courir.
Dugda, lait ;	Galactos, lat. lactis ;	Dad, mamelle.
Durmanas, triste ;	Dusmenès ;	Dama, pleurer.
Dahitri, fille ;	Thugatèr, lith. dukterès ; goth. dauhter ; a. daughter ; g. tochter.	
Dricyê, être vu ;	Derkomaï.	
Drih, croître ;	Driaô.	
Drì, fendre ;	Dérô ; a. tear ; anc. g. zar ; g. zehre.	
Devri, beau-frère ;	Daèr, lith. devveris ; slav, dever ; l. levir.	
Drâ, fuir ;	Dranaï ;	Darac, marcher.
Dru, arbre ;	Drus ; goth. triu ;	Dour, demeurer.
Dyô, prêtre ;	Zeus[1], dios. l. Jovis, dia ;	Dai, tout puissant ; Zea, en Égyptien.

[1]. Pourquoi M. Burnouf qui a fait venir Jyac, Jupiter, du grec Zeus, fait-il venir maintenant Zeus de Dyô, il n'est pas permis d'être plus inconséquent. Zeus est un mot égyptien qui vient de Zea, et qui désignait le Dieu d'Ammon, ce qui se meut ; les Latins qui avaient du sang phénicien mélangé au sang grec dans leurs veines, en avaient fait Deus, mot qui a passé dans toutes les langues modernes, dérivées du latin directement.

DÉRIVÉS DU GREC ET DE L'HÉBREU

DÉRIVÉS SANSCRITS	RACINES GRECQUES	RACINES HÉBRAÏQUES
Drac, dormir ;	Drathein ; l. dormire; sax, dröm, g. traum ;	Tora, fatigue.
Dvvâr, porte ;	Thura ; l. foris, porta ; goth. dam, lith. durrys, g. thür, a. door ;	Tirah, demeure; tora, porte.
Dvvi, deux ;	Duo, di, l. duo ; zd. bi, irl. do; a. two ; lith. du ; goth. tvvai ;	Bo, aller, bous, pieds.
Dvvipad, bipède ;	Dispons ; lat. bipes ;	Bo, aller, pasa, marcher.
Dvvis, deux fois ;	Dis ; lat. bis, zend. bis ;	Pasa, marcher.
Dûpa, encens ;	Tuphos ; Kuphi ;	Egyp. Kyphi, parfum.
Dûma, fumée ;	Thuma ; l. fumus ; lith. dûmai.	
Dè, tarir, téter ;	Thaomaï, thèlus, tithènè ;	Dad, mamelle.
Dmâ, souffler, brûler ;	Asthma ;	Dama, pleurer.
Naba, vieillard, nuage, oiseau ;	Nephos ; l. nebula, anc. g. nibul ;	Naba, prophétiser.
Navan, neuf ;	Ennea ; l. novem ; goth. mim ; a, nine.	
Nasta, disparu ;	Necros ; goth. naus, irl. nas ;	Naza, s'écouler.
Nah, lier, se revêtir de ses armes ;	Neô, nèthô ; l. necto, neo ; irl. nargaim ;	Naa, gémir.
Nâman, le nom ;	Onoma ; goth. naman.	
Nâra, eau; nâri, femme ;	Naros ;	Naar, fleuve ; enfant[1], luire, briller, couler; Naarah, jeune fille.
Nitambin, qui a de grosses fesses ;	Kallipugos.	
Nind, blâmer, mépriser ;	Oneidos ;	Noud, fuir.
Niç, nuit ;	Nux ; lat. nox ;	Naash, serpent ; nari, nuage.

1. Ce mot est bien remarquable : il a, comme nous l'avons dit plus haut, en sanscrit et en hébreu les deux acceptions d'eau, et d'être humain.

DÉRIVÉS SANSCRITS	RACINES GRECQUES	RACINES HÉBRAÏQUES
Nae, navire ;	Naus ; lat. navis ; irl. navi ;	Noud, fuir, errer.
Pancan, cinq ;	Pente ; lith. penki ; bret. pemp ; goth. fims ; lat. quinque, irl. cuig.	Caph, main.
Pat, tomber ;	Piptô ; lat peto ;	Pat, ouvrir.
Pari, autour, çà et là ;	Peri ;	Para, produire ; peri, suite.
Paridadâmi, mettre autour ;	Peritithèmi ;	Peti, suite, retour.
Para, antre ; Etre suprême ; para, vers ;	Para, de, dans, parmi ;	Por, taureau ; parah, vache[1] ; para, produire.
Paraça, hache ;	Pelecus, hache ;	Pelec, bâton.
Palita, qui a les cheveux blancs ;	Polios, blanc, vieux ;	Palat, se délivrer.
Paç, paçâmi, lier ;	Pègnumi, enfouir, l. pango ;	Pac, couler.
Pândya, nom d'un pays dans le nord de l'Hindoustan ;	Pandiôn, même pays, et Pandia, fête de Jupiter à Athènes.	
Pâd, pied ; pâda, pied, vers ;	Pous, pied ; pied de vers ;	Pasa, marcher, pada, délivrer.
Pâpa, pécheur ;	Cacos, méchant ;	Ab, père.
Pâtra, vase ;	Potèrion, coupe ; l. patera,	Pata, être ouvert.
Pitri, père ;	Patèr, l. pater, zende, patars ; goth. fadar ; germ. vater angl. father ; etc.	Ab, père.
Pipôsâ, soif ;	Dipsa ? soif[2].	

1. Voici un mot qui est bien remarquable ; en hébreu, c'est-à-dire dans cette langue qui a pendant plusieurs siècles, été parlée en Egypte, où l'on adorait le taureau, il signifie taureau, vache ; en sanscrit où il a dû arriver en passant par le grec, il a entre autres significations celle d'*Etre suprême* ; à lui seul il prouve toute la filiation de l'hébreu, du grec et du sanscrit.

2. M. Burnouf comme beaucoup d'étymologistes, se préoccupe beaucoup trop du sens et pas assez de la forme. Il est évident que ces deux mots n'ont aucun rapport ensemble ; l'acception change souvent en passant d'une langue dans une autre, la forme au contraire

DÉRIVÉS DU GREC ET DE L'HÉBREU

DÉRIVÉS SANSCRITS	RACINES GRECQUES	RACINES HÉBRAÏQUES
Pippali, poivre long;	Péperi, poivre ; l. piper ;	
Pivora, gras, gros ;	Piaros, gras, fertile ;	Para, fructifier.
Pura, ville ;	Polis ? (Purgos ; germ. burg);	Pourah, Pressoir. Pol, fève ; ang. poll, liste de personnes.
Piparmi, remplir ;	Pimplèmi, lat. plenus, lith. pilnas, remplir ;	
Pralabê, prévenir ;	Prolambânô, prendre.	
Pulla, épanoui ;	Phullon, folium, flos ? ; germ. blame ; etc. ;	Pili, admirable.
Bahu, nombreux ;	Bathus, profond ;	Boou, confusion.
Bax, dès ;	Ephagon, manger ;	
Banj, briser ;	Règnumi, briser ;	Baan, éprouver.
Bara, qui porte ;	Baros, charge ;	Bara, fort, gros.
Bal, tuer ;	Ballô, lancer ;	Bala, vieillir, tomber, cesser d'être, détruire. En Egyptien, bal, dissiper la folie [1].
Bâs, lumière ;	Phôs, lumière ;	Baz, butin, baar, brûler.
Bittichœra, voleur ;	Toichôruchos, voler ;	Batar, ruiner.
Bi, craindre ;	Phobos, crainte ;	Pa, danger, Bei, prière.
Bû, naître ;	Phuô, lat. fui ; lith. buti ; slav. byti ; irl. fuilim ;	Bo, marcher.
Bûta, qui est ;	Phuton ;	Bo, marcher.

reste la plupart du temps intacte. Au reste, dans la même langue, le même mot a parfois des sens entièrement opposés et qui n'ont aucun rapport ensemble, du moins en apparence, ou qui se perd dans la nuit des temps : prenons le mot mine, par exemple ; il a trois acceptions bien différentes, qui lui sont venues de plusieurs côtés : *mine* du visage ; *mine* d'or ; *mine* monnaie, sans compter *mine* mesure, qui a de l'analogie avec la précédente ; et *mine* pour faire sauter une fortification, qui a du rapport avec la deuxième. Il arrive donc très souvent qu'un mot passe d'une langue dans une autre avec une acception entièrement nouvelle, inconnue de la langue mère, nous n'en citerons qu'un « *bagne* » mot français qui signifie galères, lieu où l'on met des forçats, et qui, en Italien, *bagno*, d'où il a tiré son origine, signifie *bain*.

1. Plutarque, sur Isis et Osiris, 79.

DÉRIVÉS SANSCRITS	RACINES GRECQUES	RACINES HÉBRAÏQUES
Bùmi, terre, sol ;	Bômos, hauteur, autel ;	Bamah, lieu élevé pour le sacrifice.
Bratri, frère ;	Phratôr, 1. frater, germ. bruder, ang brother ; irl. brothair ; etc.	
Brû, sourcil ;	Ophrus ang. brow ; f. froncer ;	Bara, briser.
Brûna, fœtus ;	Bru dans embruon ;	Bara, rompre, bar, fils.
Mani, bijou, perle ;	Mannos, bracelet ; l. monile ;	Mineah, présent.
Mati, pensée ; mata, croyance ;	Mètis, réflexion ;	Mata, étendre.
Madu, doux ;	Methu, meli ; lat. mel, lith. medûs ;	Mataq, être doux.
Manu, homme ;	Minos, nom du législateur Crètois ;	Min, race.
Marmara, murmure ;	Mormurô, murmurer ;	Marar, gémir; arabe, couler.
Malina, sale, noire ;	Melas, melanos, noir ; lith. mêlinôs ;	Maal, mêler.
Matri, mesureur, mère ;	Mètèr ; lat. mater, lith. mote ; germ. mutter ; angl. mother, etc. ;	Em, mère. Muth en égyptien [1].
Miç, mêler ; unir ;	Mignumi, mêler ; lat. misceo ;	Macar, marier.
Mâs, la Lune, mois ; Mâna, mesure ;	Mèn ; mois, lunaison ; lith. mênu ; angl. moon. mouth ; lat. mensis, etc. ;	Meni, lune, masa, s'écouler [2]
Mih, uriner ; Miha, pluie ;	Omichèn, omiclè, l. mingo.	
Muni, solitaire ;	Monos ;	Mana, compter.
Mura, clôture ;	Muron ;	Mora, respect.
Mûra, aveuglé ;	Môros, fou ;	Mora, crainte.
Mirdu, lent, mou ;	Bradus, lent ;	Marod, affligé.

1. Plutarque, sur Isis et Osiris, 56.
2. Le mot grec Mèn vient de l'hébreu Meni ; le mot sanscrit Mâs vient de l'hébreu Masa et Mâna vient de Meni.

DÉRIVÉS DU GREC ET DE L'HÉBREU

DÉRIVÉS SANSCRITS	RACINES GRECQUES	RACINES HÉBRAÏQUES
Mêd, méditer ;	Mèdomai, penser ;	Mad, mesure ; Maddouim, vision.
Mêdos, intelligence ;	Mèdos, pensée ;	Maddouim, illusion.
Mêna, l'épouse d'Indra, la lune ;	Mèn, lune ;	Meni, lune.
Môru, montagne sacrée ; mont Mérou ;	Meros, antre ? cuisse ;	Emer, vin [1]. Meri, gras.
Mêlâ, encre ;	Mélan ;	Maal, mêler.
Mnâ, répéter ;	Mnaomai, raconter ;	Mana, compter.
Mlac, se faner ;	Marainô, flétrir ;	Mala, disparaître.
Yugma, lien ;	Dzeugma, lien ;	Agam, être affligé, agmon, jour.
Jôjâmi, joindre ;	Dzeugnami, lat. jungo, lith. Jimgin (atteler) ;	Agmon, jour.
Rudira, sang ;	Eruthros ; lat ? ruber, rufus ; lith. randa ; germ. roth ; angl. red ; fr. rouge ;	Erets, terre rouge.
Lagu, léger, impondérable ;	Elachus ; lat. levis, fr. léger ; lith. leugvvas ; angl. light ;	Laag, pensée.
Lagg, parler ;		
Lip, oindre ;	Lipadzo, graisser.	
Lih, lécher ;	Leichô ; lat. lingo ; goth. laigô ; fr. lécher, angl. lick ; etc.	Laqaq, lécher.
Lilâ, amusement ;	Lilaïomaï, désirer ardemment.	
Valmika, fourmilière ;	Murmèx [2], lat. formica.	
Vall, couvrir, mouvoir ;	Ballô, lancer, mettre ;	Baal, épouser.
Vaç, désirer ;	Ecôn, volontaire ;	Baq, sonder.

1. Il est remarquable que le nom de cette montagne Mêru, dédiée à Bacchus le dieu du vin, signifie vin en hébreu.

2. Il faut une grande bonne volonté pour faire venir ces deux mots-là, l'un de l'autre, (Valmika et Murmèx), nous prions le lecteur de se souvenir que c'est de Burnouf que sont tirés tous les mots des colonnes grecques et sanscrites.

DÉRIVÉS SANSCRITS	RACINES GRECQUES	RACINES HÉBRAÏQUES
Vas, se revêtir ;	Ennumi, esthès, lat. vestire ; goth. vasjà ;	Baz, butin.
Vastra, vêtement ;	Esthès, lat. vestis, goth. vasti ;	Baz, butin; bad, habit de lin.
Vah, porter ;	Ochéô ; lat. veho ; lith. vehu.	
Vaha, qui porte ;	Crèt. baiges ; gr. aiges.	
Vâ, vâmi, souffler ;	Aô, aêmi, aèr ; lat. aer ;	Aia, vie ; or, lumière.
Vâra, temps opportun ;	Ora ; lat. hora ;	Or, lumière ; en égyptien, Horus, fils d'Osiris.
Vinca, vingtième ;	Eikati ; lat. vigenti ; angl. tvventy ; germ. zvvanzig.	
Virsana, scrotum ;	Orchis ; lat. veretrum.	
Virnhâmi, croître ;	Renchô, hennir.	
Vêça, entrée ;	Oikos ; lat. vicus ; goth. veihs ; lith. ûkis ;	Beq, sonder ; baqar, pénétrer.
Çakuni, oiseau ;	Kikumos ; lat. ciconia (?)	
Kiki, geai bleu, singe, renard ;	Kikumos, chat-huant, kiki ;	Kikaion, ki, ricin ; en égyptien, kiki, ricin[1].
Çikkina, huileux ;	Huile de ricin ; lat. cici ;	En Egyptien, Kiki, Ki.
Çarvara, sombre, l'un des deux chiens de Saramâ ;	Kerberos ;	Cabar, se multiplier.
Çuska, sec ;	Saucros, tendre ; lat. siccus, irl. sioc ; zd, huska, slav. sûch ;	Shaaq, poussière.

1. Il est probable que le sens de ce mot que nous avons déjà signalé comme très curieux à cause de son origine égyptienne qui ne peut être mise en doute, a changé, parce que, soit le chat-huant, soit le geai, ou le singe, mange le fruit du ricin. *Çikkina* en sanscrit signifie aussi huileux. N'oublions pas que Strabon, Hérodote, et Diodore ont signé son acte de naissance.

DÉRIVÉS SANSCRITS	RACINES GRECQUES	RACINES HÉBRAÏQUES
Çarkarâ, sable, sucre ;	Saccharon, lat. saccharum ;	Shaaq, poussière ; Shacar, s'enivrer.
Çaru, arme ; la foudre d'Indra ;	Keraunos, foudre ;	Shaar, aurore, noircir.
Çunya, vide, désert ;	Kenos, vide ;	Qinian, biens.
Çura, le soleil ; *Suradêvas* ;	Kuros, *Soroadeios* [1] ;	Qara, invoquer, cour, rond.
Cyâma, noir, vache ;	Kuanos, bleu ;	Qinian, biens.
Çravos, oreille, domesticité ;	Kléos, rumeur ;	Qarab, approcher.
Çrêni, crênika, ligne ;	Skènè, tente ;	Qeren, sommet, angle.
Civi, s'enfler ;	Cuô, baiser ;	Coun, disposer.
Sas, six ;	Ex ; lat. sex ; zd. csvvas, goth. saiho ; lith. szeszi, germ. sex ;	Shesh, six.
Sag, couvrir ;	Sattô, saturer ;	Song, reculer, shagar, petits, fœtus.
Saggama, réunion, union ;	Gamos, union ;	Shaga, séduire.
Sad, aller ;	Odos, chemin ;	Sade, pays.
Saptan, sept ;	Epta ; lat. septem ; zd. hapta ;	Sheba, sept, le Sabat.
Sama, égal ;	Omos ; lat. similis, goth. sama ; angl. same ;	Sama, se réjouir ; semel, image.
Samam, avec, ensemble ;	Ama ;	Sama, se réjouir ; shama, entendre.
Sammârjmi, balayer ;	Omorguumi, nettoyer ;	Samar, se hérisser.
Sala, eau ;	Salos ; lat. sal ;	Sala, rejeter.
Sal, aller ;	Allomaï, lat. salio ; lith. selu ;	Sal, corbeille dans laquelle on envoie.
Sah, pouvoir ;	Echô, force ;	Shaa, ravager.
Su, exprimer ;	Uô (?), pleuvoir ;	Soua, laver.
Suraggagui, voleur ;	Toichôruchos.	
Surûpa, instruit ;	Eurôpè, Europe, fille d'Agénor.	

1. Nous ne reviendrons pas sur ce mot, dont nous avons expliqué toute la valeur ; il prouve à n'en pas douter que *devas* vient de deios. *Soroadeios* était un des surnoms de Bacchus ; ce héros était le dieu du soleil en Egypte et en Grèce, il ne pouvait que l'être aussi en Arianie. Ce mot n'est naturellement pas cité par Burnouf ; il a trop de valeur et est trop significatif.

DÉRIVÉS SANSCRITS	RACINES GRECQUES	RACINES HÉBRAÏQUES
Stu, louer ;	Stoma ? bouche.	
Stupâ, amas ;	Tumbos ; lat. tumulus.	
Sru, couler ;	Reô ; lat. ruo ;	Sour, s'en aller.
Svva, son, sa, ses ;	Ou, sphe, lat. sui, lith. savv.	
Svvâdu, doux ;	Edus ; lat. suavis ; lith. soldas ; germ. sürz ; angl. svveet ;	Eden, joie, base.
Hara, qui ravit ;	Cheir, main ;	Ara, dépouiller.
Hima, froid ; la lune ;	Cheima ; lat. hiem, lith. ziêma ;	Iamma, annuellement.
Hu, sacrifier ;	Thuô, immoler.	
Hôrâ, heure ;	Ora [1], Horus fils d'Osiris, dieu du soleil ;	Or, lumière.
Hrès, hennir, aller ;	Chrémêthô ;	Resen, frémir.
Hird, cœur ;	Kear, lat. cor ; germ. hern ; angl. heart ;	Qereb, intérieur.
Lêbê, concevoir ;	Lambanô ;	Leb, cœur.
Marta, mortel ;	Mortos ;	Marat, déchirer.
Mâruta, souffle vital ;		
Mâra, mort ;		
Barbara, sot ;	Barbaros ;	Bar, fils ; et Bara, fuir, briser.

1. Encore un aveu de Burnouf ; comme ce mot représente le lever d'un signe du Zodiaque, il avoue qu'il vient du grec ; s'il avait su l'histoire aussi bien que les langues orientales, il aurait compris que tout le sanscrit venait soit de l'hébreu en passant par le grec ; soit de l'hébreu tout droit.

TABLEAU DES MOTS SANSCRITS

DÉRIVÉS DIRECTEMENT DE L'HÉBREU
SANS PASSER PAR LE GREC

Nous répéterons, ici, ce que nous avons dit au tableau des mots grecs venus de l'hébreu ; nous ne donnerons que les mots venant sans ambages de l'hébreu, renfermant la forme toujours et parfois le sens. Autrement, il faudrait un volume entier.

DÉRIVÉS SANSCRITS	RACINES HÉBRAÏQUES
Agami, aller tortueusement ;	Agar, entourer; agam, marais.
Anta, fin, mort, frontière ;	Ata, envelopper.
Abitas, du côté de ;	Abat, échanger ; abot, lien.
Avatâra, descente ;	Abar, prendre l'essor, être puissant.
Ara, rayon de roue, rapide, (arani) ;	Ara, brûler.
Arabê, entreprendre ;	Arab, négocier.
Kara, œuvre, ouvrière, combat ;	Cara, préparer.
Kinnara, musiciens célestes ;	Cinnor, guitare.
Ku, crier ; pousser des lamentations ;	Caa, être affligé.
Kuça, sein ;	Cicar, cercle.
Gada, tout ce qui couvre, ou fait obstacle ;	Gada, abattre ; Gadar, entourer de murs ; d'où l'île de *Gadira*; et *Gadès* en Ibérie. Angl. Gad, rôder.

DÉRIVÉS SANSCRITS	RACINES HÉBRAÏQUES
Gamin, marcheur, voyageur ;	Gamal, chameau.
Giri, action d'avaler ;	Garar, ruminer.
Gudêra, bouchée ;	Gerah, rumination.
Gôvis, bouse de vache ;	Goush, ordure.
Gosa, bruit, murmure lointain du tonnerre,	Goash, trembler.
Cala, mobile ;	Cala, forcer, calal, rouler.
Carana, danseur :	Cara, danser.
Câla, chaume qui couvre une maison ;	Cala, finir, achever.
Jada, froid, engourdissement, eau ;	Iada, saisir.
Janana, père, race ;	Iana, demeurer.
Jud, aller, nouer ;	Judas, louange.
Târa, cheval ;	Taara, combattre.
Ta, globe, cercle ;	Ta, appartement.
Takka, action de couvrir ;	Daca, se courber.
Tata, rive, plaine ;	Taa, vaste.
Tara, chemin, passage, massue ;	Tara, cuirasse.
Talla, étang, creux, trou ;	Tala, mettre en suspend.
Tira, rivage, flèche ;	Tera, porte.
	Tirah, citadelle [1].
Da, femme ;	Dam, sang, ressemblance.
Dana, richesses ;	Dai, abondance.
Dâma, demeure, place, pays,	Dama, réunion.
Naga, arbre, montagne ;	Naga, briller.
Nagara, ville ;	Nagar, s'étendre.
Nata, danseur ;	Nata, tourner.
Nada, espèce de roseau ;	Nada, pousser.
Naba, air, pluie ;	Naba, sourdre, bouillonner.
Nâta, danse ;	Nata, tourner.
Nâça, perdition ;	Naca, tuer, ravager.
Nasa, nas, nez ;	Nazal, couler.
Nô, non, ne pas ;	No, refuser.
Parakâ, couteau du sacrificateur ;	Parar, briser ; Paraq, déchirer.
Parkata, héron, regret ;	Paraq, déchirer.
Pâta, lecture ; pâtava, adroit, éloquence ;	Pata, flatter.
Purana, l'Océan ;	Pour, rompre.
Pa, fertilité, accroissement ;	Ab, père, eb, verdure.

[1]. C'est de ce mot qu'est venu le nom des villes de *Tyr* en phénicie, de *Turones* (Tours) dans le pays des Celtes, celui de la Mer *Thyrrhénienne* et celui de *Touranien*.

DÉRIVÉS DIRECTEMENT DE L'HÉBREU

DÉRIVÉS SANSCRITS	RACINES HÉBRAÏQUES
Badavâgni, feu sous marin, symbolisé par, une tête de cheval ;	Bada, feindre.
Bada, meurtrier ;	Bada, feindre ; bad, bâton.
Banij, négociant ;	Baan, éprouver.
Bahurae, riche ;	Baar, explorer.
Buddî, intelligence, opinion ;	Bad, illusion.
Brahma, prière, *Brahme* ;	Bara, créer ; Bar, pour, dévorer, fuir.
Makara, signe du Zodiaque, le Capricorne ;	Macar, échanger [1].
Manu, législateur, ou plutôt beau-père du législateur indien, Bacchus ; Minos ;	Manos, fuite [2].
Manh, croître ;	Mana, compter.
Mâna, honneur, considération ;	Manah, sort, vicissitudes.
Mina, les Poissons, signe du Zodiaque ;	Min, race.
Mira, la mer ;	Mar, amertume ; Mor, celt.
Yati, sage, ascète, mendiant boudhiste ;	Jatam, solitaire.
Yavana, ionien :	Iavan, grec ; Iana, poser.
Yâc, offrir, demander,	Iaats, conseiller.
Yados, bête aquatique, l'Océan ;	Iada, saisir.
Yava, loque ;	Iaa, être beau.
Yuga, joug ;	Iaga, travailler.
Ra, feu ;	Or, lumière. (Ra, surnom des rois d'Egypte ;) Ra, mauvais ; Raa, voir.
Rana, son, bruit ;	Rana, rendre un son tremblant, grenouille ; ranan, crier, autruche, d'où vient Renan.
Rab, prendre en main ;	Rab, puissant.
Rama, agréable ;	Ramah, bien élevé.
Râkâ, la pleine lune, jeune fille réglée ;	Rac, tendre.
Raja, roi souverain ;	Raa, craindre.

1. Ce mot est très significatif ; Pan craignant le géant Typhon, ce mauvais génie de l'Egypte, fut transformé en bouc par Jupiter ; il est curieux de le retrouver dans le Zodiaque Arien, sans que son nom ait été modifié, en quoi que ce soit, nom qui peint sa métamorphose.

2. Ce nom convient bien à Minos, le législateur Crétois.

DÉRIVÉS SANSCRITS	RACINES HÉBRAÏQUES
Râti, bataille ;	Rata, terrasser.
Râsa, bruit, tumulte ;	Raash, effrayer.
Râci, amas, signe de Zodiaque, en général ;	Raqia, firmament.
Ric, vider ;	Riq, vider.
Rôda, obstacle ;	Raad, trembler.
Rôma, trou ;	Rimah, lieu élevé ; Roma, lance.
Laka, front ;	Laqa, conquérir ; lequa, science.
Laya, séjour, union, habitation ;	Laoua, table.
Lava, Moisson, fils de Râma ;	Laoua, table, de lanc, polir.
Lêka, trait, lettre, Dieu, écriture, caractère ;	Leqa, science, caractère.
Lôka, vue, vision, l'univers ;	Leqa, artifice.
Lôt, être insensé ;	Louts, se moquer.
Vaka, grue ; appareil pour sublimer les métaux ;	Baqa, éclore, diviser.
Vatsa, enfant, fils ;	Bath, fille.
Vâcya, qu'on peut ou qu'on doit dire ;	Basar, annoncer.
Vênu, roseau ;	Bana, bâtir.
Catâra, la foudre ;	Catar, environner.
Çad, tomber, çada, végétal ;	Qada, brûler ; cid, ruine.
Çala, dard, pique, Brahmâ ;	Çala, s'anéantir.
Sabâ, maison, assemblée, réunion ;	Saba, s'enivrer [1].
Sabâpati, maître d'une maison de jeu ;	
Samâna, un des cinq souffles vitaux, égal, pareil ;	Sama se réjouir ; Saman, désigner.
Samûda, contracté, diminué, courbé ;	Shamad, détruire.
Sara, marche, eau, lac, étang ;	Sara, s'étendre, se déborder.
Sarat, abeille, vent, nuage, caméléon ;	Saar, tourbillon, tempête.

1. N'est-il pas curieux de retrouver ce mot, absolument hébreu, aux Indes, sans aucune modification, et qui servit à désigner les prêtres de Bacchus. « Je crois que leur fête (des hébreux) du sabbat n'est pas non plus étrangère à Bacchus. *Sabbes* est encore aujourd'hui le nom de plusieurs prêtres de Bacchus. » (Plutarque, les Symposiaques, l. IV, question VI, 2.) L'historien grec se trompait sur l'étymologie du mot *Sabbes* qui vient de *Saba*, s'enivrer, ce qui convient parfaitement aux prêtres de Bacchus ; et non de sabbat (jour de repos chez les Juifs) qui vient de *shabat*, se reposer, lequel a produit sheba qui signifie *sept*, et a enfanté *epta, septem, sieben, seven, saptan*, etc.

DÉRIVÉS DIRECTEMENT DE L'HÉBREU

DÉRIVÉS SANSCRITS	RACINES HÉBRAÏQUES
Sânu, cîme ;	Shen, pointe de montagne.
Sâra, bon, le vent, maladie, eau ;	Sara, s'étendre.
Sinha, signe du Zodiaque, le Lion ;	Shinan, renouvellement.
Sub, sib, subaya, fortuné, beau ;	Saba, se rassasier.
Surae, riche ;	Sour, dominer.
Sura, le soleil (suradévas, Indra de soroadeios, Bacchus) ;	Sour, régner.
Sûca, indication, signe ;	Saqar, cligner des yeux.
Sôma, la liqueur sacrée ;	Sama, se réjouir.
Saeda, maison ;	Eden, base.
Hata, frappé, tué ;	Atat, briser.
Hana, qui tue ;	Ana, attaquer.
Hali, sillon du labour, halin, laboureur ;	Elon, plaine.
Hasat, réchaud ;	Esh, feu.
Hid, hidayâmi, vêtir ; limdana, union, sexuelle ;	Aad, s'unir.
Lub, désirer ;	Leb, cœur.
Dasyu, issu de mésalliance, dégradé, voleur ;	Dasha, pulluler.
Magg, aller, tromper ;	Magan, livrer ; Magen, bouclier; Maggid, messager.
Mâtariçwan, le vent ;	Matar, faire pleuvoir.
Mâdi, habitation ;	Mad, habit.
C'an, tuer, frapper ;	Cana, terrasser.
Cara, agissant ;	Cara, arranger.
Cala, mouvement de va et vient;	Cala, envelopper.
Cil, voiler ;	Cil, rusé.
Tau, aider, étendre ;	Tana, donner ; Tanan, extension.

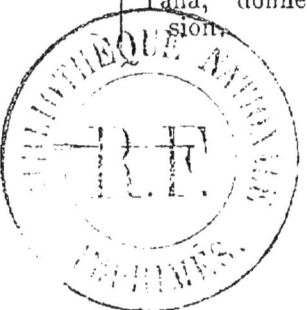

Arcis-sur-Aube. — Imprimerie Léon FRÉMONT.

TABLE DES MATIÈRES

	Pages
Avant-Propos	I
LIVRE I. — *L'Age de la Race humaine*	1
LIVRE II. — *L'Écriture Phonétique*	49
LIVRE III. — *Les Phéniciens*	63
LIVRE IV. — *Les Grecs.* — Chapitre premier. L'Hégire	85
Chapitre II. — La Langue	93
Chapitre III. — Des Mœurs et des Coutumes	99
Chapitre IV. — Des Colonies	107
LIVRE V. — *Les Arias.* — Chapitre premier. Bacchus	119
Chapitre II. — Les Lois, les Mœurs et les Coutumes	139
Chapitre III. — La Langue	175
Chapitre IV. — Les Védas	179
Chapitre V. — Çakountala	185
Chapitre VI. — Le Mahâbhârata	187
Chapitre VII. — Le Râmayana	189

LIVRE VI. — *Boudha*	199
LIVRE VII. — *Zoroastre*	217
LIVRE VIII. — *Conclusion*	257
Tableau des mots Grecs dérivés de l'Hébreu	261
Tableau des mots Sanscrits dérivés du Grec et de l'Hébreu	269
Tableau des mots Sanscrits dérivés de l'Hébreu	287

CHEZ LE MÊME ÉDITEUR

Les Menées de M. de Bismark en Orient. Politique apparente et secrète des puissances dans le Levant, par F. Bianconi, ancien ingénieur en chef des chemins de fer ottomans, et Ph. Guilhon. 1 vol. in-8. . . . . 3 »

La Démocratie et l'Église, par Bordes-Pagès. 1 vol. grand in-18. . . . . 2 »

État présent de l'Église catholique romaine en France, par E. Michaud. 1 vol. grand in-18. . . . . . . 3 50

Histoire du Christianisme et de la Papauté, par Max Gossi. 1 vol. in-8 . . . . 5 »

La Lumière sur la Vie et la Mort, par J. Sem. 1 vol. in-8. . . . . 6 »

Philosophie de la Nature, par Henri Levittoux. 2e édition. 1 vol. in-8. . . . . 10 »

La Philosophie Terrestre, par Barsalou-Fromenty. 1 vol. in-8. . . . . 5 »

Un Curé et son âme, par Barsalou-Fromenty. Brochure in-8. . . . . 1 »

L'Homme, par C. Carteron. Étude humoristique de nous-mêmes et de la société actuelle. 1 vol. in-8 . . . . 3 »

Essai de philosophie naturelle. Le Ciel, la Terre, l'Homme. Troisième partie : L'HOMME — LES PEUPLES — L'HUMANITÉ; par Adolphe d'Assier. 1 vol. in-18 . . . . 3 50

La Personnalité, par J. Abasolo. 1 vol. grand in-18. . 2 50

Les Hommes célèbres caractérisés par leur nom, par J. de Cazeneuve. Études psychologiques sur les rapports qui peuvent exister entre le nom et certaines individualités. 1re série, tome 1er : Alphonse DE LAMARTINE. Marie-Anne-Élisa BIRCH (Mme de Lamartine); Camille FLAMMARION, Sylphie PÉTIAUX (Mme Flammarion); Marie-Victor HUGO, Jules DENIS, baron DU POTET. 1 vol. grand in-18 . . . . 3 »

Qu'est-ce que la France? par Arnould Frémy. 1 vol. in-8. . . . . 7 50

Paris. — Imprimerie de l'Étoile, Boulet, directeur, rue Cassette. 1.

www.ingramcontent.com/pod-product-compliance
Lightning Source LLC
Chambersburg PA
CBHW060456170426
43199CB00011B/1223